Harald Reichelt

Spiritualität und die Wissenschaft

disserta
Verlag

Reichelt, Harald: Spiritualität und die Wissenschaft, Hamburg, disserta Verlag, 2014

Buch-ISBN: 978-3-95425-542-9
PDF-eBook-ISBN: 978-3-95425-543-6
Druck/Herstellung: disserta Verlag, Hamburg, 2014
Covermotiv: © laurine45 – Fotolia.com

Bibliografische Information der Deutschen Nationalbibliothek:
Die Deutsche Nationalbibliothek verzeichnet diese Publikation in der Deutschen
Nationalbibliografie; detaillierte bibliografische Daten sind im Internet über
http://dnb.d-nb.de abrufbar.

© disserta Verlag, Imprint der Diplomica Verlag GmbH
Hermannstal 119k, 22119 Hamburg
http://www.disserta-verlag.de, Hamburg 2014
Printed in Germany

Vorwort

Die vorliegende Arbeit basiert teilweise auf meiner Magisterarbeit (Religionswissenschaft), die ich im April 2009 an der Katholischen Fakultät der Universität Wien vorgelegt habe, wobei jedoch bewusst einige Passagen weggelassen und wesentliche Kapitel neu hinzugefügt wurden, die meines Erachtens zu einem besseren Verständnis für den Wandel der Sicht hinsichtlich der Spiritualität und der Wissenschaft in der Gegenwart beitragen und auch den nur scheinbar grundlegenden Zwiespalt zwischen spiritueller Weltsicht und den Glauben an ein naturwissenschaftliches Weltbild aufzeigen könnten.

Das grundsätzliche Verständnis für „Spiritualität" unterscheidet sich ebenso wie ihre konkrete Ausprägung. Der Begriff Spiritualität hat offensichtlich heute ein sehr weites Spektrum an Bedeutungsnuancen erfahren, die je nach Weltanschauung, konfessioneller Bindung, persönlicher Bildung und Einstellung des Experten in der Formulierung differieren können. Eine Begriffsbestimmung wird überdies dadurch erschwert, weil vor allem im englischsprachigen Schrifttum die Begriffe Religiosität und Spiritualität häufig synonym verwendet werden. Viele dieser Definitionen, die für Spiritualität, Religiosität und Religion in diversen religionswissenschaftlichen, soziologischen, philosophischen und psychologischen Abhandlungen angegeben werden, können zwar einander ähneln, aber sie beschreiben meist nur ganz spezielle Aspekte der Spiritualität. Es kann dadurch für den geneigten Leser der Arbeit der Eindruck erweckt werden, dass ich nur ein „Florilegium", eine Blütenlese von Definitionsmöglichkeiten der Spiritualität ausgewählt habe, doch habe ich ganz bewusst doch möglichst viele Definitionen aufgelistet, um zu zeigen, dass gerade der Begriff Spiritualität von Psychologen, Soziologen, Philosophen oder Religions-wissenschaftlern ganz unterschiedlich interpretiert wird, weshalb auch die vorliegenden Definitionen so schwer in Einklang zu bringen sind. So meint z. B. Birgit Heller: *„Das Schlagwort Spiritualität hat derzeit Konjunktur. In den modernen westlichen Gesellschaften gibt es kaum einen Bereich, der von der „Spiritualitätswelle" völlig unberührt geblieben wäre. Für die Religionswissenschaft ist die Verhältnisbestimmung von Religion und Spiritualität, die sich in diversen Diskursen zeigt, von besonderem Interesse. Wird Spiritualität in Opposition zu Religion definiert - was teilweise geschieht, ist fraglich, inwiefern Spiritualität* *überhaupt noch Thema der Religionswissenschaft sein kann"*[1]. Dagegen kann man allerdings einwenden, dass die Spiritualität eigentlich nicht in Opposition zur Religion definiert werden kann, da sie zweifelsohne den Kernbestandteil jeder Religion ausmacht. So vertritt z. B. Evelyn Underhill die Ansicht: *"spiritual life is the heart of all real religion and therefore of vital concern to ordinary men and women"*[2] und Takeuchi Yoshinori weist als Herausgeber des Sammelbandes der buddhistischen Spiritualität besonders in seinem Vorwort darauf hin: *"No religion has set a higher value on states of spiritual insight and liberation, and none has set force so methodically and with such a wealth of critical reflection of states of spiritual insight …"*[3]. Wenn also Spiritualität als *das* Kernelement jeder Religion aufzufassen ist , wie könnte man sie dann in Zukunft in den religionswissenschaftlichen Debatten ausklammern wollen? Sicher sind methodologische Abgrenzungen gegenüber den unbedachten und unreflektierten Äußerungen zum Thema Spiritualität erforderlich, denn nicht jede beliebige, wenn auch Gemeinschaft fördernde menschliche Tätigkeit kann – zumindest aus religionswissenschaftlicher Sicht auch als spirituell bezeichnet werden, weil nicht jede menschliche Tätigkeit spirituellen Charakter aufweisen kann, auch wenn sie unter Umständen von einigen Soziologen so gesehen werden soll.

Die neuesten Erkenntnisse der naturwissenschaftlichen Disziplinen scheinen heute durchaus in der Lage zu sein, eine „geistlose", materialistische Welterklärung und eine ganz neue Sicht hinsichtlich der Entstehung der Welt und des Lebens offerieren zu können, aber schon im vorigen Jahrhundert hat die Entdeckung der Quantenphysik den Glauben an die Exaktheit, Richtigkeit und Wahrhaftigkeit wissenschaftlicher Erkenntnisse ins Wanken geraten lassen, weil sie doch allen bisher anerkannten und logischen Gesetzen der klassischen Physik zu widersprechen scheint. Daher ist es an der Zeit, ein neues Weltbild zu konstruieren, das den heutigen natur- aber auch geisteswissenschaftlichen Erkenntnissen gerecht werden kann.

Wien, im Mai 2014   H. W. Reichelt

---

[1] Feststellung von Univ.- Prof. Dr. Dr. Birgit Heller bei der Beurteilung meiner Magisterarbeit (22. 06. 2009).
[2] Underhill, E., The Spiritual Life: Great Spiritual Truth for Everyday Life, Oxford 1993, 8, 33.
[3] Yoshenori, T., (Hg.), Buddhist Spirituality: Indian, South-east Asian, Tibetan, Early Chinese, New York 1994, xiii.

Inhaltsverzeichnis

1 Einleitung

In der europäischen Gegenwartsgeschichte hat sich nach zwei mörderischen Weltkriegen und dem Aufbegehren der Studenten 1968 ein tief greifender weltanschaulicher Wandel in Europa vollzogen, der die Spätmoderne und die heute oft als Postmoderne bezeichnete Welt der Gegenwart so nachhaltig beeinflusst hat. Der entscheidende Paradigmenwechsel in den Wissenschaften führte zu einer allgemeinen Skepsis gegenüber allen früheren Werten und Vorstellungen und auch zu einer zunehmenden Verunsicherung und in der europäischen Gesellschaft zu einer gewissen Orientierungslosigkeit. Der Individualisierungsschub, der auch als ein Produkt der wohlfahrtsstaatlichen Modernisierung aufzufassen ist, hat die in die Industriegesellschaft eingebauten Lebensformen zunächst *enttraditionalisiert*[4]. Die moderne sozial abgesicherte Arbeitsmarktgesellschaft hat nicht nur die ehemaligen Grundlagen der Klassengesellschaft gründlich zertrümmert, wobei sich nicht nur die sozialen Klassen und Schichten sukzessive aufgelöst haben, sondern auch das ehemalige Familienideal als solches eliminiert. Die Kernfamilie mit ihren traditionellen „Normalbiographien" ist heute kaum mehr vorhanden, weil sie den neuen partnerschaftlichen Lebensentwürfen[5] Platz machen musste. Mit dem Verlust des traditionellen Bewusstseins der überkommenen Denk-, Lebens- und Arbeitsformen müssen infolge dessen auch die Mechanismen der Angst- und Unsicherheits-bewältigung, die in dem sozial-moralischen Netzwerk (Familie, Ehe, Männer- und Frauenrollen) ehedem noch funktioniert haben, versagen. Gleichzeitig wird jetzt die Strategien der Lebensbewältigung den emanzipierten Individuen selbst abverlangt, was zu sozialen und kulturellen Erschütterungen sowie psychischen Verun-sicherungen führen muss, wodurch ganz neue Herausforderungen für die gesellschaftlichen Institutionen, hinsichtlich Ausbildung, Beratung, Therapie und Politik erforderlich werden. Die Vergewaltigung der realen Welt durch die fortschreitende Technik und auch die Globalisierung haben außerdem zu einem ungeahnten Fortschrittsglauben geführt, nämlich zu einem Glauben an die Allmacht der Wissenschaft und zu einem Glauben an die Möglichkeit einer rein wissenschaftlichen (materialistischen) Erklärung der Welt und der Phänomene des

---

[4] Vgl. Beck, U., Risikogesellschaft. Auf dem Weg in eine andere Moderne, Frankfurt am Main 1986, 251.

[5] Lebensgemeinschaft, Lebensabschnittspartnerschaft, Patchworkfamilie, Single Haushalt, etc.

Lebens. Aber die Wissenschaft kann heute nicht mehr wirklich überzeugen angesichts der widersprüchlichen Vielstimmigkeit ihrer Experten.

Zwar konnten die Abendländer bislang noch ihr kulturelles Monopol verteidigen, allerdings ist nicht einzusehen, weshalb ein kognitiver, spiritueller, ethischer, sozialer oder politischer Fortschritt in Zukunft nur von jenen Gesellschaften erfolgen müsste, die heute über große finanzielle Ressourcen und damit über entsprechende Machtmittel verfügen. Viele, geistig hoch differenzierte und bewunderungswürdige Kulturen haben sich trotz ihrer heute vielleicht noch rudimentären Technik und aus europäischer Sicht tristen hygienischen und sozialpolitischen Verhältnissen eine durchaus lebenswerte Umwelt geschaffen, die oft mehr Lebenszufriedenheit und spirituelle Ausgeglichenheit beschert als das rastlose Treiben in den Großstädten[6] der westlich orientierten Welt.

Es ist für viele Menschen sicherlich kein Geheimnis, dass wir in den Industriestaaten in einer herzlosen, rein kommerziell ausgerichteten Medienwelt leben, in der Tatsachen verfälscht, Lügen verbreitet und Meinungen nach Gutdünken weltweit manipuliert werden können. Der alles beherrschende Medienmarkt entwirft vielfach Schreckensszenarien, die eine sich selbst gefährdende Zivilisation vorhersieht und kolportiert eine zunehmende Ratlosigkeit der Gesellschaft angesichts der sich auflösenden Strukturen der Industriegesellschaft. Infolge der Flexibilisierung der Arbeitswelt und der ökonomischen Rationalität haben sich frühere Familien-strukturen schon weitgehend aufgelöst und damit neue Partnerschaftsideale geschaffen und auch die Single-Existenz gefördert. In der Politik und der Wirtschaft geht scheinbar nichts mehr ohne Korruption[7] und jeder weiß, dass die Umwelt in allen Weltgegenden entweder zerstört oder durch Abfall und Industrieabgase verunreinigt und belastet wird. Der durch CO_2–Emissionen angeheizte Treibhauseffekt der weltweit betriebenen Industrieanlagen hat schon jetzt zu einer beachtlichen Erderwärmung geführt, die einerseits Unwetter mit Über-schwemmungen und andererseits Dürreperioden in ehemals fruchtbaren Gebieten zur Folge hat, wobei das Ausmaß der Folgeschäden noch in keiner Weise

---

[6]   Schweder, R. A., Moralische Landkarten, „Erste Welt" - Überheblichkeit und die neuen Evangelisten, in Harrison, L.E., Huntington, S.P., Streit um Werte. Wie Kulturen den Fortschritt prägen, Hamburg 2002, 210.

[7]   Lipset, S.M., Lenz, G.S., Korruption, Kultur, Märkte, in Harrison, L.E., Huntington, S.P. (Hg.), Hamburg 2002, a. a. O., 145 f.

abzuschätzen ist. Die Ausdünnung der Ozonschicht, die die schädliche UV-Strahlung des Sonnenlichtes absorbiert, hat durch den Ausstoß gasförmiger Halogenverbindungen ein beängstigendes Ausmaß angenommen. Der Siegeszug des Industriesystems hat aber die Belastbarkeit der Natur schon bei Weitem überschritten, weshalb es auch zu globalen sozialen, politischen, ökonomischen und kulturellen Spannungen gekommen ist. Man müsste sich also heute durchaus fragen, ob wir auf dieser „unheilen", rastlosen Welt überhaupt noch Zeit oder irgendwo eine Nische der Stille, der Besinnung und damit der Spiritualität finden könnten. Es erscheint mir daher sinnvoll zu sein, die Urgründe dieser als unselig empfundenen Entwicklung mit einem Streifzug durch die Entwicklungsgeschichte der Wissenschaften und der Philosophie aufzuspüren und nachzuzeichnen. Der mehrfache Paradigmenwechsel in der modernen Wissensentwicklung, die schon im späten 18. Jahrhundert einsetzende Säkularisierung, die Abnabelung von traditionellen kirchlichen Institutionen, der um sich greifende Liberalismus, der sich später zu einem krassen, egozentrischen Individualismus und Libertinismus ausgewachsen hat, sind sichere Anzeichen einer weitgehenden Entsakralisierung unserer Lebenswelt. Aber nicht nur die Raffgier des kapitalistischen Systems, der individuelle Egoismus, die Beliebigkeit in allen Belangen, die zunehmende Gewaltbereitschaft, die anhaltende Herabwürdigung des menschlichen Lebens und die allgemeine Sexualisierung des Alltags, sondern auch global gesehen die einseitigen Interessen der Wirtschaftsmächte und die machtpolitischen Intentionen einzelner Staaten und die immer rücksichtslosere Ausbeutung unseres Planeten lassen aus heutiger Sicht, nichts Gutes für die nähere Zukunft erwarten. Genauso wie sich der Kommunismus - Marxismus totgelaufen hat, muss auch das kapitalistische System und der mit diesem verbundene, bisher ungebrochene Besitz- und Fortschrittswahn angesichts der Weltwirtschaftskrise in vieler Hinsicht als gescheitert betrachtet werden. In der Geschichte der Menschheit - soweit wir es wissen - hat es niemals ein „goldenes Zeitalter" gegeben, doch haben die Menschen immer schon von einem solchen geträumt, es aber in die Zukunft oder in eine graue Vorzeit verlegt[8].

Besonders in den reichen Industrieländern haben die Menschen ihre spirituellen und mentalen Kräfte des Heils und der „Heilung" über Bord geworfen und sie durch eine

---

[8] Ovid (Publius Ovidius Naso, röm. Dichter 13 v. Chr. – 17 n Chr.) Metamorphosen, Zürich 1964, 89-112.

mechanisierte, vorwiegend wissenschaftlich ausgerichtete, technisierte Medizin und durch industriell erzeugte, aber teure[9] Medikamente ersetzt. Aber es gibt Anzeichen, dass sich die Menschen wieder ihrer spirituellen Fähigkeiten bewusst werden und somit auch die heilenden Kräfte der Spiritualität erfahren. Uralte Methoden der Heilkunst, die ja in vielen Ländern der Erde (Indien, China, Tibet, Brasilien, in vielen Ländern Afrikas und Südamerikas) heute noch hoch im Kurs stehen und nach wie vor praktiziert werden, kommen auch in den hoch- entwickelten Industrieländern wieder in Mode (Akupunktur, Homöopathie, Raiki, Schamanismus, Tai Chi, Geistheilung etc.). Allerdings muss man noch den Konkurrenzkampf[10] zwischen der als „alternativ" (komplementär) bezeichneten Heil-„kunst" und der modernen, wissenschaftlichen Medizin abwarten, der sicher noch eine geraume Zeit in Anspruch nehmen wird, aber vielleicht doch zu einer neuen, möglicherweise holistischen[11] Auffassung des Heilens und der Heilung führen wird.

Obwohl sich die traditionellen christlichen Kirchen heute in einem ständigen Rückzugsgefecht aufreiben und immer mehr Anhänger an neue, religiöse und spiritistische oder auch wissenschaftlich-agnostisch ausgerichtete Gruppierungen verlieren, muss man sich doch auch die Vorstellung bewahren, dass die griechisch-römische Antike, das jüdisch-christliche Erbe, ebenso wie der Einfluss früher arabischer Gelehrter dem europäischen Kontinent und somit der westlichen Zivilisation die wissenschaftliche und politische Vormachtstellung vor allen anderen Ländern dieser Erde eingeräumt, gesichert und bewahrt hat. Der rasante Aufschwung der Wissenschaftsentwicklung hat erst vor ungefähr vierhundert Jahren in der europäischen Welt eingesetzt, der zu unserem heutigen Wissenstand geführt hat. Wenn heute auch die eurozentrische Sichtweise (Überheblichkeit?) nicht mehr gefragt ist und die abendländischen, christlichen Wurzeln zunehmend geleugnet werden, sollte man sich doch in Erinnerung rufen, dass unsere Welt die meisten, umwälzenden Errungenschaften der heutigen Welt im besonderen Maß der

---

[9]   Der hohe Preis der industriell erzeugten Medikamente ergibt sich aus den hohen Entwicklungskosten und den von den Gesundheitsbehörden geforderten aufwendigen klinischen Prüfungen zur klinischen Sicherheit, bevor ein Medikament seine offizielle Zulassung erfährt. Vgl. Langbein, K., Martin, H.-P., Weiss, H., Bittere Pillen, überarbeitete Neuausgabe, Köln [1]2008.

[10]   Singh, S., Ernst, E., Trick or Treatment. Alternative Medicine on Trial, London 2008, Faulstich, J., Das Heilende Bewusstsein. Wunder und Hoffnung an den Grenzen der Medizin, München 2006, Reckeweg, H.-H., Homotoxikologie. Ganzheitsschau einer Synthese der Medizin, Baden-Baden [5]1978.

[11]   Holistische Medizin: ganzheitliche Medizin, die alternative Methoden der komplementären Medizin und die der Schulmedizin in sich vereinigt. Ob eine solche jedoch möglich ist, da jede eine völlig differente Betrachtungsweise des Leidens bevorzugt, erscheint mir allerdings mehr als fraglich.

europäischen Forschung und Entwicklung zu verdanken hat. Diese Erfolge wurden nicht nur in Physik, Chemie, Biologie und allen anderen Wissenschaftszweigen errungen, sondern auch die wissenschaftliche Medizin (weltweite Seuchenbekämpfung), Ökonomie und Ökologie wurden auf europäischen Boden begründet. Auf diese Gesichtspunkt möchte ich ausdrücklich hinweisen.

2. Prolog: Analyse der gegenwärtigen Weltsicht

In der Gegenwartsphilosophie und in der Rezeption wissenschaftlicher Erkenntnisse haben sich die Schwerpunkte heute weitgehend verlagert, sodass man sich durchaus veranlasst fühlen könnte, bisher noch vertraute Denkmuster auf zu geben, gerade noch selbstverständliche Fragenkomplexe in teilweise völlig neuen Zusammenhängen zu betrachten und damit die Begrenztheit früherer Ansichten anzuerkennen. Wahrscheinlich wird sich unser bisheriges Wissen auf die engen Grenzen der Geschichte, der Philologie und Logik zurückziehen, da unser heutiges Wissen bereits jetzt auf völlig neuen Grundlagen beruht. Dies meinte jedenfalls Peter Sloterdijk, als er damit die Grundproblematik der postmodernen, philosophischen Diskussion in seiner kritischen Schrift[12] beschrieb. Der Wandel der Positionen ist heute augenscheinlich und auch zweifellos revolutionär zu nennen. Zu Beginn der Neuzeit wurde schon einmal mit der Etablierung moderner, vor allem auf Empirie beruhender Wissenschaften das gerade bis dahin noch Selbstverständliche und als unveränderlich Geglaubte infrage gestellt, und so haben sich auch heute die experimentellen, auf mathematischer Logik beruhenden Naturwissenschaften neben der Theologie und Philosophie ganz offensichtlich auch eine für den Menschen der Gegenwart bedeutende Position in der Welterklärung erkämpft, die allerdings zu einer neuen, vielleicht größeren Skepsis und Desorientierung geführt hat.

Die Gelehrten der Renaissancezeit waren zwar nicht die ersten, die sich mit der Ansicht vertraut gemacht haben, dass im Falle das denkende „Ich" (*res cogitans*) an allem zweifelt, nicht daran gezweifelt werden kann, dass das „Ich" zweifelt und demnach „seiend" ist, also existent und demnach nicht zu bezweifeln wäre. Selbst im Zweifel kann *nur* das *denkende Ich* die grundlegende Voraussetzung jeglicher subjektiver Erkenntnis sein, „*cogito, ergo sum*"! So formulierte René Descartes diese Einsicht [13] und machte sie zur Grundlage seiner philosophischen Überlegungen. Die bewusste Identität ist der einzig passende Schlüssel zu einer subjektiven Wirklichkeit, aber wie jede subjektiv wahrgenommene Wirklichkeit steht diese in einer dialektischen Beziehung zur Gesellschaft, durch die sie geformt und von der sie auch

---

[12] Sloterdijk P., Kritik der zynischen Vernunft, Frankfurt am Main 1983.
[13] Descartes R.,: „*Alsbald machte ich die Beobachtung, dass während ich so denken wollte, alles sei falsch, doch notwendig ich, der das dachte, irgend etwas sein müsste, und da ich bemerkte, dass diese Wahrheit >ich denke, also bin ich<, so fest und sicher wäre, dass auch die[...]. Skeptiker sie nicht erschüttern vermöchten [...]* „Principia philosophiae" 1,7.

strukturiert wird. Die Selbstwahrnehmung richtet sich ganz und gar nach der gesellschaftlichen Wirklichkeitsbestimmung und ist selbst wieder gesellschaftlich und zeitmäßig bestimmt[14]. Das denkende Individuum ist so das sich selbst konstruierende, aber illusionäre Konstrukt seiner Gesellschaft.

Die Skepsis führt den Menschen immer zu der Erkenntnis seiner eigenen zerbrechlichen, ja randständigen Existenz. Indem er sich selbst zum Objekt seiner Betrachtungen macht, muss er sich in metaphysischer Ernüchterung als Subjekt und gleichzeitig als Objekt seines Denkens erkennen. Sein metaphysisches Bezugssystem entpuppt sich somit als etwas Selbstentworfenes, das er nach Gutdünken und auch nach jeweiligen Zweckmäßigkeiten ändern, so zu sagen auch „säkularisieren" kann, da es nur den individuellen Intentionen unterworfen zu sein scheint und daher keine Stabilität aufweisen kann. In anthropozentrischen Denkprozessen beruhen Erkennen und Verstehenkönnen des Menschen einzig allein auf seinen eigenen Vorstellungen. Martin Heidegger hat es treffend formuliert: *„Das Seiende im Ganzen wird jetzt so genommen, dass es erst und nur seiend ist, sofern es durch den vorstellend - herstellenden Menschen gestellt ist"*[15].

Die neuzeitliche Skepsis gegenüber allen früheren Wertvorstellungen, die fortschreitende Vergewaltigung der gegenständlichen Alltagswelt durch die allmächtige Industrie und Technik, die sich ständig verlagernden Machtverhältnisse, eine um sich greifende Legitimierung von Gewalt und Gewalttätigkeiten, die Sexualisierung der Lebenswelt, der Verlust traditioneller Werte etc. haben von Europa ausgehend, schon globale Dimensionen angenommen und bestimmen daher weitgehend das Tagesgeschehen und somit auch das Denken der Menschen. Um dem Skeptizismus der Moderne etwas entgegen zu setzen, musste man sich einen neuen Bezugspunkt erdenken und so wurde der „Anthropozentrismus" (Machtergreifung einer anthropozentrischen Willkür[16]) wiedergeboren, der dem Menschen in der immer komplexer werdenden Gesellschaft eine selbstständige Autorität (Autonomie) verschafft, sodass er sich seine ganz persönliche „Profanethik" [17] zurechtlegen und auch seine Glaubensvorstellungen seiner selbst geregelten

[14] Berger, P.,L., Toward a Sociological Understanding of Psychoanalysis in: Social Research, Spring 1965, 26
[15] Heidegger, M.: Holzwege, Frankfurt am Main 1980, 87.
[16] Sloterdijk , P., Sphären III, Schäume, Frankfurt am Main 2004, 173..
[17] Gasser, M.: Die Postmoderne, Stuttgart 1997, 144.

Lebensführung anpassen kann. Die traditionellen kirchlichen Institutionen büßten damit ihre bislang unangetastete *„Globalzuständigkeit"* für das kulturelle Deutungssystem ein und verlieren heute zunehmend ihren Einfluss auf die Menschen und ihre Lebensgestaltung.

Der ungebremste Fortschrittsglaube des europäischen Bildungsbürgertums des ausgehenden 18. und des 19. Jahrhunderts initiierte eine einschneidende Rationalisierung der Lebenswelt und damit die Ablöse des mystisch-religiösen Welt-bildes und des Selbstverständnisses. Solange der Mensch sich in Gott geborgen fühlen konnte, war sein ganzes Handeln von Gott als Urgrund alles Seienden bestimmt und Gott daher das einzig relevante Bezugssystem zwischen Mensch und Welt (Universum). Diese Grundeinstellung musste sich natürlich mit der nun neuen anthropozentrischen Blickwende drastisch ändern: *„Man kann das Werden der Neuzeit darin sehen, dass der Mensch sich von mittelalterlichen Bindungen befreite, indem er sich zu sich selbst befreite"*[18]. Sigmund Freud sprach von diesem positivistischen Befreiungsversuch von einer *Bejahung des Menschen zum Menschen*[19]: Er sieht gerade in diesem Versuch die Möglichkeit einer Wiedergewinnung der Macht über das Selbst, die seiner Ansicht nach der Mensch an die Religion verpfändet hat. Diese „Eigenmächtigkeit" kann man seiner Ansicht nach durch eine bewusste und radikale Umwandlung des Lust- zu einem neuen Realitätsprinzip gewinnen.

Wenn wir so von einer neuen *„anthropozentrischen"* Wende sprechen wollen, muss man auch feststellen, dass die emanzipierende Vernunft zum Motor einer Selbstverwirklichung[20] avancierte, die alle Hebel in Bewegung setzt, um diese auch zu realisieren. Autonomie, Selbstständigkeit, Mündigkeit, Eigenverantwortlichkeit,

---

[18] ebd., 85.
[19] Freud, S. (1911): Formulierungen über zwei Prinzipien psychischen Geschehens, G.W. Bd. VIII, 230 - 238.
[20] Selbstverwirklichung (engl.: Selfrealisation, selffulfillment): 1.) Eher positiv ist sie ein Erkennen, Entwickeln und die Durchsetzung der eigenen Lebensvorstellungen unter Berücksichtigung der berechtigten Interessen anderer und unter Wahrung ökologischer Notwendigkeiten 2.) negativ betrachtet allerdings ist sie die Durchsetzung egoistischer Interessen einzelner Individuen, die besonders in der Postmoderne eine besondere Aktualität erreicht hat (Lexicon sociologicus, Luchterhand 1999) 3.) Innerhalb der Hierarchie der eigenen persönlichen Bedürfnisse rangiert die Selbstverwirklichung nach Körper, Sicherheit, Liebe und Anerkennung an erster Stelle. Vgl. Goble, F., Maslow, A.H., Beitrag zu einer Psychologie der seelischen Gesundheit, Olten 1979. 4.) Der Mensch, der anstatt für eine Idee (i. e. einem geistigen Ideal) zu leben und ihr seinen persönlichen Vorteil opfert, dem letzteren dient. Vgl. Stirner, M., Der Einzige und sein Eigentum, Leipzig 1892, 40

Gleichheit und „Gender" sind die neuen Schlagworte, die schon den Menschen der spät-modernen Gesellschaft vor die schwierige und ermüdende Aufgabe gestellt haben, sich jetzt um den hohen Preis der Eigenverantwortlichkeit nach eigenen, vorzugebenden Vorstellungsmustern zu verwirklichen.

Zu dem immer noch relevanten Begriff der Selbstverwirklichung bemerkte der deutsche Philosoph Michael Theunissen: *„Vor allem aber setzt sich im nach-hegelianischen Denken mehr und mehr die Meinung fest, der Mensch könne seine Individualität nur entfalten, wenn er sich aus gesellschaftlichen Verhältnissen löst oder sich gar von allen zwischenmenschlichen Beziehungen zurückzieht"* [21] . Schon Martin Heidegger hat den Terminus Selbstverwirklichung im Sinne einer Vereinzelung, als eine Befreiung von anderen verwendet, nämlich als eine Verwirklichung des Menschen als Mensch. Der sich um seine Selbstverwirklichung bemühte Mensch schließt aber damit die Möglichkeit aus, im gegenseitigen Austausch mit anderen Menschen er selbst werden zu können. Dazu bemerkt Michael Theunissen: *„Der Ausschluss der Möglichkeit, unter Selbstverwirklichung eine Humanisierung des Individuums zu verstehen, deutet auf einen Bewusstseinswandel hin, der mit einem nicht von ungefähr altmodisch gewordenen Wort als Verlust der Bestimmung des Menschen bezeichnet sei".*[22] Das schon von Thomas Hobbes losgetretene Verständnis der Selbstverwirklichung wird im 20. Jahrhundert mit einer gezielten Destruktion der geltenden Moralvorstellungen als Prozess aktualisiert, der nicht der Selbsterhaltung, sondern vielmehr der Selbststeigerung des Individuums (*„Übermensch"*) dienen soll, das sich aller gesellschaftlichen Verpflichtungen entledigt fühlen kann. Der Mensch kann sich nur dann eine echte und wahre Autonomie verschaffen und somit tun, was er will, wenn er sich dem Druck der Allgemeinheit entzieht. Damit erfolgt eine Entbindung von den herrschenden gesellschaftlichen Verhältnissen, die man als asozial empfindet, aber gerade deshalb vielleicht auch die verborgene Sehnsucht des Menschen nach Bindung[23], nach Sozietät und Geborgenheit bloßlegt. Denn der Mensch ist mitnichten so einmalig und unabhängig, wie das oft in der Spätmoderne gesehen werden wollte und auch lauthals verkündet wurde.

---

[21] Theunissen, M., Selbstverwirklichung und Allgemeinheit. Zur Kritik des gegenwärtigen Bewusstseins, Berlin - New York 1982, 2.
[22] ebd., 11
[23] ebd., 44

Der Individualismus ist seit der Spätmoderne das anhaltende Resultat abendländischer Kulturapostel, die es als wichtigstes Ziel ansehen, die persönliche Würde des Menschen in seiner Singularität, eventuell auch gegen Gemeinschaftsinteressen wieder zum Maß aller Dinge zu erheben[24]. Konsequenterweise muss aus diesem Grund auch das Innenleben des Individuums im Brennpunkt des Interesses der Psychologie, insbesondere der Psychoanalyse stehen. Die äußeren Realitäten, eben das Handeln, die Werke, die zwischenmenschlichen Beziehungen finden jetzt weniger Beachtung, sie werden höchstens als Ausdruck oder als Projektionen des individuell entwickelten Seelenlebens angesehen. Es wird ja von einigen Psychoanalytikern angenommen, dass nur das Umfeld (Eltern, Geschwister, Lehrer, Mitmenschen) und die sich ergebenden äußeren Konflikte für innere Unstimmigkeiten (psychische und psychosomatische Erkrankungen) wirklich relevant wären.

Infolge der telekommunikativen Möglichkeiten und Mechanismen werden heute Routinerollen aufgebaut, wobei das Individuum zunächst in der Vereinzelung nicht die Vereinsamung erfährt, denn er hat ja die Möglichkeit, Anschluss an den zwar abwesenden aber durchaus relevanten Anderen zu finden. In der Zeit des übermächtigen säkularen Individualismus ist auch die, für eine echte gegenseitig verantwortliche Paarbeziehung erforderliche Voraussetzung verloren gegangen. So befleißigt sich der Mensch von Heute vor allem mit einer Suche nach sich selbst (typische Schlagworte: „fitness, wellness und selfness"), die ihm das Absolute und den realen Anderen ersetzen.

Das menschliche Seelenleben ist aber wesentlich enger mit den Mitmenschen verknüpft, als bisher allgemein angenommen wurde, denn der Mensch ist nun einmal ein Beziehungswesen („animal sociale") und in vieler Hinsicht auf die Gemeinschaft angewiesen, da er sich selbst nur reflexiv begründen kann. Der Rückzug auf sich selbst, auf jenen Bereich, der man selbst ist, kann so nicht gelingen, weil man ja untrennbar in der eigenen Gesellschaft integriert ist. Die „humanistische" Psychologie[25], die von den USA kommend um 1970 erst recht eine

---

[24] Protagoras von Abdera (490 - 410 v. Chr.), „Der Mensch ist das Maß aller Dinge" zitiert bei Sextus Empiricus (2. Jh. n. Chr.) in seiner Schrift „Adversos mathematikos" 7, 60.
[25] Humanistische Psychologie zuerst von A. Manslow in den USA entwickelt, nach der eine gesunde und schöpferische Persönlichkeit von sich aus eine Selbstverwirklichung entfaltet.
Vgl. Henning, Ch., Murken, S., Nestler, E., Einführung in die Religionspsychologie, Paderborn 2003,

Massenbewegung der Selbstverwirklichung in Gang gesetzt hat, vollzog sich daher auch in zwei wesentlichen Phasen:

1. Phase: Die abgrenzende Selbstverwirklichung. Es geht dem Menschen vornehmlich darum, sich von den gesellschaftlichen Zwängen zu befreien und sich von den mitmenschlichen Erwartungen („Fremdbestimmtheit") loszulösen und damit dem eigenen wahren und eigentlichen Selbst zum Durchbruch zu verhelfen. Man definierte sich als einmaliges, authentisches, nur aus sich und in sich selbst zu verstehendes Wesen.

2. Phase: Die transzendierende Selbstverwirklichung: Man muss neue Wege einschlagen, um sowohl Selbstständigkeit wie auch eine Verbundenheit miteinander zu knüpfen. War zunächst alles auf Verteidigung und Abgrenzung gegenüber Umwelt und Mitmenschen abgestimmt, so werden jetzt alle Grenzen gesprengt, um zur Selbstfindung im ganzheitlichen (holistischen), transkulturellen, transpersonalen und transzendenten Sinne zu gelangen. Haben sich schon in der Physik und Philosophie die Grenzen von Raum und Zeit aufgelöst, so werden in unserer Zeit auch die Grenzen von Geburt und Tod überstiegen. Man muss sich heute mit dem Leben vor dem Leben und dem Leben nach dem Leben befassen, womit kosmische Bewusstseinsräume beschritten werden, in denen sich Mystisches und Okkultes vermischt in Erfahrung bringen lassen können. Mittel und Wege für die Grenzüberschreitungen sind unter anderen: Rebirthing[26], Samadhi-Tank[27], Drogen zur Bewusstseinsveränderung, westlich adaptierte Formen hinduistischer und buddhistischer Spiritualität, Neosufismus u. v. m. Man begibt sich also auf die Suche nach seinem Selbst im Zustand eines höheren Bewusstseins.

Erich Fromm, der sich ausgehend von der Freud'schen Religionskritik mit der Frage des Verhältnisses von Spiritualität und Psychologie intensiv auseinandergesetzt hat, versuchte in Anlehnung eben an die *humanistische* Psychologie nun zu bestimmen,

---

34.

[26] Rebirthing ist eine sehr wirksame Technik der Selbstentfaltung und Selbstheilung, indem man durch integratives Atmen (auch Kraisatmen) zu den tieferen Schichten seines Bewusstseins gelangen kann, wodurch man in die Lage versetzt wird, auch ungünstige Seiten seines Lebens anzunehmen, Lebenssinn zu erfahren und Lebenskrisen zu bewältigen.

[27] Samadhi- oder Floatingtank, ein von dem Bewusstseinsforscher Dr. John Lilly entwickelter und beschriebener schall- und lichtisolierter Tank, der mit körperwarmer Solelösung gefüllt, dem Badenden das Gefühl der Schwerelosigkeit vermittelt und nach einiger Zeit scheinbar durch eine Endorphinüberschwemmung auch eine außerordentlich tiefe körperliche und mentale Entspannung hervorruft.

inwieweit eine Religion einer Selbstverwirklichung des Individuums im Wege stehen oder sie fördern würde und meinte, dass die Selbstverwirklichung an sich von religiösen Vorstellungen unabhängig wäre, sie aber in eine bestimmte Richtung lenken könnten.

Der Zwang, dem sich das souverän gewordene Individuum unterwerfen musste, diktiert nun seine Lebensweise, die unweigerlich zunächst in die Einsamkeit der angestrebten Selbstverantwortung führen muss. Wenn der Mensch allerdings nicht mehr in der Lage ist, seinem Anspruch auf Selbstverwirklichung und Mündigkeit gerecht zu werden, reagiert er - nicht nur bildlich gesprochen, sondern tatsächlich mit einem Rückzug in die „Leere", die sich als Antriebsschwäche oder auch als Erschöpfungssyndrom (Depression, „Midlife crisis", „Burnout"-Syndrom etc.) manifestieren kann[28]. In seinen Nöten nun auf sich selbst gestellt muss der Mensch sich einem Psychotherapeuten, Psychologen, Guru oder Lebensberater anvertrauen oder aber sich einer der neueren Glaubensgemeinschaften anschließen, die die spirituelle Notlage der Menschen schon längst erfasst haben und auch ausnützen, um die Menschen aus ihrer frei gewählten Individualisierung und selbst gewählten Isolation dann in eine feste, oft streng gehandhabte Abhängigkeit hineinzuzwängen.

In der gegenwärtigen Situation meine ich, dass diese Entwicklung eine weltweite Bedrohung darstellt: Heute schon kann man die unverhohlene Anklage gegen den spätmodernen, hohlen Individualismus erkennen, der ja in vieler Hinsicht alle Wertvorstellungen von Gemeinschaft, religiöser Bindung, Tradition und Familie verworfen und damit den allgemeinen Verfall von Familie, Gesellschaft und ihres Zusammenhaltes eingeleitet hat. Ob sich das neue, zusammen gewürfelte Gesellschaftsgebilde (ein „multikulturelles Patchwork") auch als Projekt für die Zukunft bewähren kann, ist nicht vorhersagbar.

Herbert Marcuse hat das Konzept der Selbstbefreiung, das sich auf die Loslösung des Individuums von der allgemeinen Illusion der Gesellschaft bezieht, mit einem LSD[29]-Rausch verglichen: *„Der Trip umfasst die Ablösung des Ich, wie es von der etablierten Gesellschaft geformt wurde – es ist eine künstliche und kurzlebige Ablösung. Doch die künstliche und private Befreiung nimmt auf verzerrte Weise die*

---

[28] vgl. dazu Ehrenberg, A.: Der Zwang zur Selbstverwirklichung und seine Folgen. Das erschöpfte Selbst. Depression und Gesellschaft der Gegenwart, Frankfurt am Main 2004 und Pocivavsek, L., Selbstverwirklichung: Eine Analyse aus psychologischer und ethischer Sicht, Frankfurt am Main 2002, sowie Theunissen, M., Selbstverwirklichung und Allgemeinheit, Berlin - New York 1982.
[29] Künstliche Droge (Diäthyllysergsäurediäthylamid), die „bewusstseinserweiternd" wirkt.

Schwierigkeiten einer sozialen Befreiung vorweg[30], die seiner Meinung nach die spirituelle und intellektuelle Erneuerung der Gesellschaft schaffen wird! (?)

Die gegenwärtige Welt *„ist das zeitlos, entzauberte Gegenüber, das der Mensch, das weltbildende Subjekt, in seinem „Weltbild" festlegt und mithin erobert hat"*[31]. Da dem Menschen von Heute das Jenseits abhanden gekommen zu sein scheint, findet er sich selbst in einer *„entzauberten"* Welt wieder und muss sich jetzt, ganz auf sich allein gestellt, im Diesseits neu orientieren. Da er sich von allen früheren verbindlichen Normen frei gespielt hat, sind jetzt der Willkür Tür und Tor geöffnet. Der Orientierungslosigkeit folgt auch die Preisgabe des traditionellen Denkens und Handelns: damit wird nun die frei gewählte Hinwendung zu einer selbstbestimmenden Beliebigkeit zum vorherrschen Maß. Die Welt wird zum *Objekt willentlichen Handelns:* Sinn und Entwurf sind eins. Nur der Entwurf des Menschen wird zum Sinn, weshalb auch die Welt entseelt (entspiritualisiert) werden muss[32]. Die Entzauberung der Welt wird zur Ideologie, die jedem die Legitimation für Praktiken gibt, die lediglich von diesem Wollen als dem unangefochtenen Maßstab für Sittlichkeit und Anstand geleitet wird. Die Sünde der Postmoderne besteht nun darin, alle Anstrengungen für ein Miteinander aufgeben zu wollen und jeden Glauben an die eigenen kulturellen Werte zu leugnen. Die Totalbefreiung aus kulturellen und sozialen Bindungen muss aber zugleich eine enorme Verunsicherung bewirken, da nun alles dem Einzelnen und seinem Belieben überlassen bleibt und der Mensch selbst die Verantwortung für sein Denken und Handeln trägt, eine Verantwortung, die er jetzt als autonomes Wesen weder einer Tradition noch einem System anlasten kann.

Aber schon Ronald D. Laing[33] ist in der spätmodernen Debatte über die Befreiung des Menschen zu sich selbst, zu der Ansicht gekommen, dass nur „scheinbar" die eigene individuelle Persönlichkeit wirklich erfasst werden kann und sie notwendigerweise immer wieder mit „etwas" in Kontakt treten muss, das man als universelle Menschheit oder auch als Gott bezeichnen kann und beklagt, dass „einige Phänomene", die unter dem psychiatrischen Begriff „schizophren"

---

[30] Marcuse, H., End of Utopia, London 1970, 82.
[31] Zitiert nach Gasser, M., Die Postmoderne, Stuttgart 1997, 147.
[32] Baumann, Z., Ansichten der Postmoderne, Hamburg - Berlin [1]1995.
[33] Laing, R.D., The Politics of Experience, London 1967, 83.

zusammengefasst werden, so zu sagen, nur die Erkenntnis generieren kann, in welchem erschreckenden Zustand wir selbst sind, der allgemein als *Normalität* genannt wird [34], wobei die Normalität nur als eine von einer bestimmten Gesellschaft sanktionierte Norm anerkannt wird, die aber selbst allen kulturellen Veränderungen (der Gesellschaft) unterliegt! David L. Rosenhan[35] spricht sogar von der erschreckenden Möglichkeit, dass selbst gewisse „geistige Störungen" in den Krankenanstalten konstruiert werden, in denen sie behandelt werden sollen. Die Definition von „geistiger Gesundheit" ist in der modernen Psychiatrie ein sehr allgemeiner und auch vager Begriff, während die Diagnose[36] eines „abnormalen Verhaltens" in den internationalen Diagnoseverzeichnissen oft bis ins letzte Detail beschrieben wird[37].

Unsere gegenwärtige Situation, die gerne als Postmoderne, Postindustrialismus oder auch als Poststrukturalismus bezeichnet wird, hat ihre Wurzeln wohl im Scheitern des spätmodernen Strukturalismus, durch den die abendländische Gesellschaft, Kunst und Kultur von einem mehr oder minder noch einheitlichem Prinzip mit totalitären Denkansätzen beherrscht wurde. In seinem Richtung weisenden Aufsatz *Das postmoderne Wissen* behauptet der französische Philosoph Jean-François Lyotard [38], dass wir uns heute keine Weltsicht mehr erlauben können, die durch ein einheitliches Prinzip zu erklären ist, womit er das *Ende der großen Erzählungen* [39] ankündigt. Seine Aussage zielt direkt auf die im abendländischen Denken verankerten philosophischen Systeme, in denen ein allgemein gültiges und absolutes Erklärungsprinzip (Gott, Vernunft, Gesellschaft etc.) bestimmend und daher alles Heteronome von vornherein ausgeschlossen war. Er postuliert dagegen verschiedene, gleichsam nebeneinander und gleichzeitig bestehende, als gleichwertig anerkannte Erklärungsmodelle, die die bestimmenden Formen historischer Rationalität abzulösen hätten. Dabei muss aber hervorgehoben werden, dass damit die Beliebigkeit, wie oben bereits erläutert, zur Grundtendenz der postmodernen Weltsicht erhoben wird. In der Postmoderne gibt es nunmehr auch

---

[34]   zitiert nach J. Webb, a. a. O. 1976.
[35]   Rosenhan, D., L., Gesund in kranker Umgebung, in: Watzlawick, P. (Hg.), Die erfundene Wirklichkeit. Wie wissen wir, was wir zu wissen zu glauben? Beiträge zum Konstruktivismus, München [13]2001, 113.
[36]   Psychische Störungen (früher psychische Erkrankungen) sind krankheitswertige Abweichungen von Erleben und Verhalten. Nach IDC 10 (00-99): Klasse Psychische und Verhaltensstörungen.
[37]   Watzlawick, P. (Hg.), 2002, a. a. O., 100.
[38]   Lyotard, J.-F., Das postmoderne Wissen, Wien 1999. La condition postmoderne: Rapport sur le savoir, Paris 1979.
[39]   http://de.wikipedia.org./wiki/Postmodernismus

keine vereinheitlichende Legitimität, keine allgemein verbindliche Wahrheit oder Weisheit und daher auch keine Zielorientierung. Wissenschaftliche Rationalität, sittliches Handeln und politische Gerechtigkeitsvorstellungen unterliegen deshalb sehr heterogenen, d. h. multikulturellen, ja individuell arbiträren Spielregeln oder Kriterien.

In der gegenwärtigen Gesellschaft und Kultur finden sich daher auch keine Lebensentwürfe mehr, vielmehr nur Lebensmontagen, die in der gegenwärtigen Literatur oft als „Patchwork-Identitäten" oder auch als „Bastelbiographien" beschrieben werden. Selbst Rituale zeigen heute die deutlichen Merkmale von Individualität, Kreativität und Deinstitutionalisierung, die jedoch in keiner Weise generationenübergreifend als Sinngestaltung gelten können, sondern höchstens eine kurzlebige Orientierungshilfe darstellen, denn bei den häufig wechselnden Arrangements im Bereich des individuellen Lebensstiles kann eine Sinngebung wohl kaum zu erwarten sein.

Die Postmoderne schafft sich selbst auch keine wirklich neuen Bilder, sondern klaut lediglich Versatzstücke aus der bereits vorhandenen Schatzkiste von „Ideen", um sie als rein zufällige, pluralistische, gelegentlich chaotische und daher unbeständige Kombinationen quasi in neuen Kleidern wieder erstehen zu lassen. Diese „Polystilistik" nach dem Motto „everything goes" ist ein in vieler Hinsicht ein Montieren dieser Versatzstücke, lediglich um des Spaßes willen, sie ist aber kein Nachdenken über die Welt, noch ist sie eine kritische Haltung gegenüber Zeiterscheinungen. Darum hat sich gleichzeitig auch eine, bisher nicht vorstellbare Toleranz entwickelt, die eine radikale kulturelle Änderung und eine spirituelle Pluralität verwirklichen will. Muss man sich aber nicht die Frage stellen, ob ein solches individualistisches, egalitäres, im Großen und Ganzen pluralistisch ausgerichtetes alles tolerierendes Gesellschaftsmodell auch in Zukunft Bestand haben kann oder ob nicht eher zu erwarten ist, dass dieses postmoderne Modell entweder bald wieder auseinander bricht [40] und vielleicht ins blinde Chaos stürzt oder ob es sich nicht nach einer gewissen Zeit gerade wieder in ihr Gegenteil verkehren wird?[41] *„Denn eine Gesellschaft kann nur dadurch Stabilität erlangen, dass das*

---

[40] Pinker, S., Das Geschlechter Paradox. Über begabte Mädchen, schwierige Jungs und über den wahren Unterschied zwischen Männer und Frauen, München 2008.
[41] Vgl. Aussagen von Carl Schmitt, Samuel P. Huntington und Lawrence E. Harrison.

individuell-beliebige Verhalten zugunsten Gemeinschaft fördernder sozialer Verhaltensweisen eingeschränkt wird. Diese Integrationsleistung wird von der Religion oder gemeinsamen spirituellen Vorstellungen *erbracht, indem diese den Einzelnen mit seinen egoistischen, die Gemeinschaft zerstörenden Strebungen in seine Schranken weist und auf übergeordnete, an der Gemeinschaft orientierte Normen und Regelungen verpflichtet"[42].* Jedes Gesellschaftssystem beruht auf einer zwar willkürlichen, aber ausreichenden Kontrollierbarkeit ihrer Mitglieder, d. h. auf der Annahme, dass sich Menschen in ähnlichen Verhältnissen traditionell „angepasst" (normal?) verhalten. Für jedes Individuum bedeutet aber diese Forderung, dass es seine Autonomie[43] einer allgemeinen Verhaltensweise (Anstandsregeln[44]) unterordnen muss, um nicht ausgegrenzt und zum Misanthropen erklärt zu werden. Es erhebt sich unwillkürlich die Frage, ob diese Vorstellung in einer heute globalisierten, fluktuierenden Gesellschaft überhaupt noch Gültigkeit besitzen kann und woran sich eine offene Weltgesellschaft, die sicher keine Wertegemeinschaft darstellen kann, orientieren soll und muss, um auch in einem globalen Maßstab einen gewissen Bestand zu haben?

Ist die Frage nach dem Sinn des Lebens in diesem Zusammenhang in der postmodernen Gesellschaft überhaupt noch relevant und gefragt?

Umberto Eco, einer der geistreichsten Schriftsteller der Gegenwart hat in seinem pseudohistorischen Roman „Das Foucaultsche Pendel" 1988[45] in kritischer Weise die Situation der postmodernen Gesellschaft einer Beurteilung unterzogen und Tendenzen einer neugnostischen Bewegung feststellen können, da die Menschen der Gegenwart in vieler Hinsicht von Angst, Entwurzelung und Verfremdung, zunehmender Vereinsamung und Orientierungslosigkeit beherrscht werden. Diese Ansicht wird in einer Analyse des Romans von Eva Maria Fischer[46] so beurteilt:„*Vor dem Hintergrund mangelnder oder ausgehender Sensibilität für die Welt der Transzendenz, die ins moderne (*heutige*) Welt- und Menschenbild nicht mehr passe, wird nach einer Orientierung an der Wende der Neuzeit zum Subjektiven, im Sinne*

---

[42] nach Durkheim, E. in Hock K., Einführung in die Religionswissenschaft, Darmstadt ³2008, 82.
[43] Autonomie: willkürliche Eigengesetzlichkeit
[44] Grimes, R., Typen ritueller Erfahrung. In Belliger, A., Krieger, D., J.(Hg.) Ritualtheorien. Ein einführendes Handbuch, Opladen 1998, 103: „*...Regeln zur Regulierung des alltäglichen Verhaltens.*"
[45] Eco, U., Das Foucaultsche Pendel, übers. v. B. Kroeber, München - Wien 1989.
[46] Fischer, E. M., Die Suche nach Sinn und Geborgenheit in der ´Postmoderne` - drei dialektische Annäherungen, Frankfurt an der Oder 1998, 57.

und Gefolge der Aufklärung gerufen". Und nicht unerwartet sucht daher auch der Mensch der Gegenwart wieder eine Antwort auf die Frage nach dem Sinn des Lebens, nach Heil und Heilung und Erlösung bei Selbsterfahrungsgruppen, in neureligiösen, spiritistischen, okkultistischen oder esoterischen Vereinigungen. Aber es ist ja keineswegs verwunderlich, dass in unseren übertechnisierten, „überinformierten" westlichen Industriegesellschaften eine Gegenbewegung entstanden ist, die gegenüber dem Indifferentismus und der Beliebigkeit notwendigerweise mit einem wiedererwachenden spirituellen (religiösen?) Bewusstsein reagiert. Heute finden die Orientierungslosen eine neue Heimat bei den verschiedenen neureligiösen Bewegungen[47] und auch bei den Heil und Heilung versprechenden, vielfältigen psychologisch ausgerichteten Gruppierungen: *„Doch wo man sich dieser vielfältigen religiösen* (oder spirituellen) *Angebote bedient, geschieht dies oft in sykretistischer Art und Weise, was nicht selten in der Folge noch größere Verwirrung und Desorientierung schafft[48]"*. Ohne Zweifel besteht besonders in den westlichen Industriegesellschaften ein ernst zu nehmendes Bedürfnis der Menschen nach spirituell ausgerichteten Gemeinschaften als Ausgleich für die Eintönigkeit und Seelenlosigkeit der Alltagsrationalität und der selbst geschaffenen Isolation. Da diese Gemeinschaften besonders häufig ihr spirituelles Angebot mit einer finanziellen Gegenleistung verbinden und auch auf ihre Klienten einen gewissen Zwang ausüben, erhebt sich die Frage, ob diese Art der Spiritualität die wirklichen Bedürfnisse des postmodernen Menschen auch befriedigen können?

Schon zeichnen sich bereits Strömungen bei den heutigen Kulturschaffenden ab, die eine Gegenbewegung zu signalisieren scheinen. Die deutsche Philosophin Hanna-Barbara Gerl-Falkovitz[49], bezeichnet die Postmoderne als Auslaufmodell und führt an, dass der bekannte Essayist und Dramatiker Botho Strauß in seinem Sammelband zu einer Befreiung von der „sekundären Welt" aufgerufen hat, um das „Auge wieder frei zu machen für die *theophane* Herrlichkeit"[50]. In diesem Band wendet er sich vehement gegen eine Welt des virtuellen Scheins, gegen eine Welt

---

[47] Vgl. Figl, J., Die Mitte der Religionen. Idee und Praxis universalreligiöser Bewegungen, Darmstadt 1993,3 f und Flasche, R., Neue Religionen, in Antes, P. (Hg.), Die Religionen der Gegenwart, München 1996, 280 f.

[48] ebd. 58.

[49] Gerl-Falkovitz, H.-B., Wird Gott wieder modern?   htt://www.opusdei.at/art.php?p=30197 29.10.2008.

[50] vgl. Strauß, B., Der Aufstand gegen die sekundäre Welt: Bemerkungen zu einer Ästhetik der Anwesenheit, München - Wien 1999.

der Artefakte und Täuschungen und undurchsichtigen Simulationen, in der auch jedes Kunstwerk seine ursprüngliche Bestimmung verloren zu haben scheint: Das Kunstwerk der Postmoderne, das wie alles der Beliebigkeit zum Opfer gefallen ist, kann nicht mehr als Ausdruck für etwas Höheres, nicht mehr als Ausdruck der Gegenwart der Transzendenz gesehen werden. Etwas Beliebiges hat ja keinen wirklichen Schöpfer und schon recht keine Beziehung zum Ewigen: es ist mithin ohne Ausdruck, weil es ohne tiefere Absicht entstanden ist. Unsere Welt beschreibt er daher als „geistlos", ohne Götter, als eine Welt der ständigen Informationsverarbeitung in einem Prozess rastloser Wissensverwertung, eine Welt der Künstlichkeit ohne Kunst, eine Welt der Täuschungen und Illusionen, des Kurzzeitvergnügens und der ständigen Vermarktung von allem und jedem. Auch bei Jürgen Habermas will die Philosophin schon eine Wende erkennen können, wenn er von dem großen *„Thesaurus der Religionen"* spricht und offenkundig nach einer neuen Anthropologie, jenseits des Nihilismus, Ausschau zu halten scheint. So ruft er zu einer Rückkehr zur Tradition und Vergangenheit auf, die die Postmoderne ja zertrümmert und längst ad acta gelegt habt. Kann man denn wirklich die Auflösung der Religion und die Überwindung der Spiritualiät durch die Vernunft als *den* geforderten Fortschritt der Menschheit auf dem Weg zur Freiheit und universalen Toleranz ansehen?

Hat man in der Spätmoderne noch angenommen, dass der postmoderne Mensch alle seine, ihm scheinbar angeborenen, spirituellen Neigungen veräußern wird, so glauben heute einige Soziologen und Religionswissenschaftler[51], wieder einen Zustrom zu spirituell ausgerichteten (religiösen?) Gruppierungen entdeckt zu haben[52]. Wie bereits angedeutet, konnte man schon seit der Mitte des vergangenen Jahrhunderts anhand wissenschaftlich ausgerichteter, religions-soziologischer Untersuchungen (Fragebögen, Statistiken etc.) neue Strömungen erfassen, die eine wieder erwachende Hinwendung junger Menschen zu Spiritualität in Europa erkennen lassen könnten[53], die aber nicht mehr im Schoß der alten, etablierten, traditionellen, kirchlichen Institutionen gesucht und gefunden werden, sondern in verschiedenen neueren Gemeinschaften (wie „New Age", „Neureligionen",

---

[51]   Berger, L. P., Sehnsucht nach Sinn, Glauben in einer Zeit der Leichtgläubigkeit, Gütersloh 1999, 35.
[52]   Schlegel ‚J.-L., La nouvelle religiosité occidentale. In Rosa, J.-P. (Hg.) Encyclopédie des religions, Paris 1997, 2363 ff und Polak R. (Hg.), Megatrend Religion? Neue Religiositäten in Europa, Ostfildern 2002.
[53]   Haack, F.-W., Europas neue Religion. Sekten, Gurus, Satanskult, Gütersloh 1991.

„Neugnosis", „Christian Science", ISKON [Hare Krishna) Vivekanandas Vedanta, indo-islamische Esoterik, Wicca, „Scientology"[54] etc.), die sich teilweise als eklektische Bricolagen[55] entpuppen. Auch die traditionellen Kirchen haben dem modernen Trend Rechnung getragen und haben diese, an sich für die westlich Welt zunächst noch exotischen Ausdrucksformen der Spiritualität (z. B. östliche Meditation, Yogapraxis und ZaZen) in ihr spirituelles Programm aufgenommen. Somit dürfte gewissermaßen den spirituell ausgerichteten Strömungen und Gruppierungen der spätmodernen, bzw. postmodernen Gesellschaft, wohl infolge ihres individuellen, aber doch auch Gemeinschaft fördernden und sichernden Potentials die erste Etappe einer programmatischen Gegenoffensive gegen den hohlen Individualismus (*„Egozentrismus"*) und die „Geistlosigkeit" der Spätmoderne gelungen sein.

Aber auch die Wissenschaft, die sich seit jeher mit den großen Fragen der Menschheit in Hinblick auf die Rätsel der Entstehung der Welt, des Lebens und seiner Finalität befasst, kann mit immer neueren Erkenntnissen und Einsichten aufwarten, die die Menschen in ihren Bann ziehen und sie für ihr meist materialistisch ausgerichtetes Welterklärungsmodell begeistern[56]. Hat doch schon im 19. Jahrhundert der Vater und Begründer der empirischen Soziologie August Comte (1798 -1857) eine metaphysikfreie Wissenschaft als das positive, praxis- bezogene Erkenntnisprinzip vorhergesagt, welches die Religion durch wissenschaftliche Erkenntnis überwinden und ersetzen wird. Seiner Ansicht nach würde die Religion dann endgültig der Vergangenheit angehören[57].

Gegenwärtig ist ein überbordender Skeptizismus, ein Reduktionismus und eine Vereinzelung[58] in der Masse (Stadtbevölkerung) festzustellen, wobei sich das

---

54 Webb, J., Das Zeitalter des Irrationalen : Politik und Okkultismus im 20. Jahrhundert, Dt. Erstausgabe. Wiesbaden 2008, 225.
55 Bricolage, franz. Bastelei. „Nehmen und Verknüpfen, was gerade da ist" (C. Lévi-Strauss)
56 Vgl. Onfray, M., Wir brauchen keinen Gott, München 2007, R. Dawkins., Der blinde Uhrmacher: ein neues Plädoyer für den Darwinismus, München 1987, ders., Der Gotteswahn, Berlin 2007, Schmidt-Salomon, M., Nyncke, H., Wo geht´s bitte zu Gott? Fragte das kleine Ferkel, Aschaffenburg 2007 und auch die „Brights" ein Zusammenschluss von Gelehrten, die eine Weltbild vertreten, das frei von Glauben an Übernatürliches ist. Zu diesen „Brights" zählen u. a. der Philosoph D. Dennett, Paul Geisert, Mynga Futrell, in Deutschland auch M. Schmidt-Salomon.

57 Blaschke, F. (Hg.), August Comte, Die Soziologie. Die positive Philosophie im Auszug. Leipzig 1933, 267 f.
58 Riesman, D., Die einsame Masse, Reinbeck bei Hamburg 1958.

Individuum durch seine Autonomiebestrebungen zwar seine Selbstverwirklichung verschafft und sich über die Regeln der Gesellschaft hinweg zu setzen trachtet, sich aber gleichzeitig verwundert beklagt, allein gelassen zu werden und geistig zu verarmen. Eine solche Gesellschaft aber wird so zu einem instabilen Kollektiv auf sich selbst bezogener Individuen, das sich in selbstähnlicher Weise ohne wirklichen Gemeinschaftsgeist zu praktizieren, lediglich zum eigenen Wohl und Nutzen noch zusammengehörig fühlen kann.

3 Wissen, Glauben und die Spiritualität

Wissen[59]

heißt Kenntnis haben von etwas. Aber wie kommt man zu Wissen? Der Wissenserwerb erfolgt in der Gesellschaft, weshalb zu fragen ist, ob Wissensinhalte individuell nur im Kontext mit der eigenen Kultur verstanden werden oder ob sie auch Kultur-überschreitende Gültigkeit haben können. Wissen entsteht nach Ansicht der Kognitionswissenschaft als ein Ergebnis von Informationsverarbeitung auf verschiedenen Ebenen des Gehirns. So wird Wissen in der Informatik, Psychologie und den Sozialwissenschaften auch als „vernetzte Informationen" verstanden, die ausgehend von einzelnen Daten zu einem emergenten Wissen verarbeitet werden. Die Speicherung des Wissens erfolgt im Gehirn durch Engrammierung[60], d. h. durch Konditionierung von Neuronenbahnen. Es ist zwar gelungen, Hirnareale festzumachen, von denen man annimmt, dass sie für das Gedächtnis (Speicherung von Wissen) verantwortlich gemacht werden könnten, aber über die Lokalisation und die Art der Engrammierung ist bis heute noch wenig bekannt. Wissen ist jedenfalls eine individuelle Leistung des Gehirns.

Das menschliche Gehirn besitzt eine enorme Kapazität und Plastizität zur Verarbeitung und Speicherung von Informationen. Diese Aufgaben werden durch eine unvorstellbare Anzahl von Nervenzellen erfüllt, die in komplexen Netzwerken miteinander verbunden und organisiert sind. Mittels erregender, hemmender und modulierender Überträgerstoffe (Neurotransmitter[61]) und elektrischer Impulsen kommunizieren die einzelnen Nervenzellen über Synapsen[62] miteinander und erhöhen bzw. verringern das Potential des Zielneurons. Dies erfolgt auf biochemisch-molekularer Ebene durch Effizienzveränderung an den synaptischen Übertragungsstellen und auf struktureller Ebene durch Neubildung von synaptischen Verbindungen, aber auch durch Neuausbildung von Neuronen, die in bereits

---

[59] Wissen, etym. von ahd. wizzan: ich habe gesehen, nach Kluge F., 1989.
[60] Engrammierung: Herstellung funktioneller Verbindungen eines multineuronalen Netzwerkes, das alle jene Informationen, die das Gehirn gespeichert hat, erfasst. Das gegenseitige Aufrufen der Engramme erfolgt assoziativ, wobei das Gesamtsystem die dazugehörigen Informationen abruft.
Vgl. Schmidbauer, M., Das kreative Netzwerk, Wien -New York 2004, 112
[61] Neurotransmitter sind humorale Botenstoffe, wie Acetylcholin, Serotonin, Dopamin, Substance P u. a.
[62] Synapse: Kontakt- oder Umschaltstelle zwischen zwei Neuronen (Nervenzellen), die sich entweder auf den Dendriten oder direkt auf dem Zellkörper des Zielneurons befinden.

bestehende Netzwerke integriert werden. Die Globalfunktion des Gehirns wird durch eigene Transmittersysteme gesteuert, die den Grad der Aufmerksamkeit und Stimmungslage beeinflussen[63].

Schon Protagoras[64], der berühmte griechische Sophist hat darauf hingewiesen, dass die Grenzen zwischen Glauben und Wissen nicht eindeutig zu ziehen sind, weil jedes Wissen subjektiv und auch wandelbar sei. Es war den Forschern der Antike durchaus geläufig, dass Geist und Gehirntätigkeit in einem engen Zusammenhang stehen müssen, weil sie bei Verletzungen des Schädels mit Schädigung des Gehirns nicht nur alle möglichen sensorischen und motorischen Ausfälle, sondern auch geistige Defizite diagnostizieren konnten und daraus den Schluss zogen, dass das Gehirn eine zentrale Rolle nicht nur für die motorischen und sensorischen, sondern auch für die geistigen Leistungen des Menschen spielen müsste.

Erst mit der Aufklärung der zellulären Struktur des Hirngewebes und der Erkenntnis, dass die Nervenzellen synaptisch durch Axone und Dendriten untereinander vielfältig verbunden sind, konnte man zunächst ein morphologisches Grundgerüst des Gehirns erstellen, ohne sich jedoch die Funktionsweise erklären zu können. Erst die sich dann im 19. Jahrhundert sehr rasch entwickelnde Elektrophysiologie, die die Ableitbarkeit auch geringster Hirnströme ermöglichte, initiierte einen revolutionären Schub in der Hirnforschung, der bis heute anzuhalten scheint. In der ersten Hälfte des 20. Jahrhunderts erkannte man überdies, dass nicht nur elektrische Impulse, sondern auch chemische Botenstoffe, die schon oben genannten Neurotransmitter, für die Entstehung, Fortleitung und Verarbeitung von Sinnesreizen wie auch für die komplexen mentalen Prozesse verantwortlich zu machen sind.

Bei all den Fortschritten der Neurowissenschaften scheint aber das Geist-Gehirn-Problem, zumindest bis heute, weit entfernt von einer Lösung zu sein, da die unendliche Komplexität der Informationsverarbeitung des menschlichen Gehirns, das mit seinen Nervenverbindungen (Synapsen) vernetzt, grob geschätzt über mehr als 100 Billionen Reizüberträger verfügt, eine reale Lösung in weite Ferne zu rücken

---

[63] Lassman, H., Mechanismen der Informationsverarbeitung im Gehirn, Einführungsvortrag der akdemie der ärzte, Grado 18. 5. 2008.

[64] Protagoras (485-415 v. Chr.), griechischer, vorsokratischer Philosoph, der einen epistemischen Relativismus vertrat, von dem auch der Homo Mensura Satz: *„Der Mensch ist das Maß aller Dinge, die Seienden, dass sie sind und der Nichtseienden, dass sie nicht sind."* stammen soll.

scheint[65]. Aber unsere bewusste Wahrnehmung, unser Denken, die Vigilanz, die Gefühle, Willensakte und Handlungsplanungen sind ohne Zweifel mit der spezifischen Hirnleistung untrennbar verknüpft. Obwohl, wie ich bereits oben erwähnt habe, sich einzelne sich im Hirn abspielende, geistige und bewusstseinsabhängige Prozesse sich durch Bildgebende Verfahren in bestimmten Hirnrealen lokalisieren lassen, sind die vielen Aspekte unserer Wahrnehmung, unserer Gefühlsregungen, unserer Erinnerungen, unseres Gedächtnisses etc. selbst mit den neuesten technischen Hilfsmitteln, die uns heute zur Verfügung stehen, kaum zu erfassen.

Könnten wir aber die Frage eindeutig beantworten, ob neuronale Prozesse, die mit Geisteszuständen verbunden sind, vor oder zumindest gleichzeitig mit diesen auftreten, wäre es der Hirnphysiologie wahrscheinlich schon bald möglich, bestimmte Bewusstseinszustände vorherzusagen, sie eventuell zu induzieren und damit auch zu manipulieren.

Eine bewusst-geistige Leistung ist hirnphysiologisch (nachweisbar durch fMRT oder PET) mit einer höheren Durchblutungsrate verbunden, die den gesteigerten Bedarf an Sauerstoff und Glukose, die für die Hirnleistung erforderlich sind, anzeigt. Sowohl bei Sauerstoff- oder Glucosemangel, wenn diese Stoffe nicht in ausreichender Menge herangeschafft werden können (z. B. durch eine Blutdruckdepression, Hypoglykose, Orthostase etc.), versagt unser Bewusstsein und geht uns (manchmal nur vorübergehend) verloren.

Die moderne Hirnforschung und auch die Entwicklungspsychologen erklären uns heute, dass das Ich-Bewusstsein nur ein nützliches Konstrukt unseres Gehirns wäre, wobei das limbische System[66] als ein unbewusstes Gedächtnis- und Kontrollsystem funktionieren dürfte. Dieses scheint teilweise bereits pränatal, teils danach – in der postnatalen und frühkindlichen Phase der menschlichen Entwicklung festgelegt zu werden. Dieses „illusionäre" Ich-Konstrukt muss funktionell so angelegt sein, dass

---

[65] Roth, G., Wie der Geist im Gehirn entsteht, Universitas, 2000, 104.
[66] Limbisches System: Ansammlung komplexer, neuronaler Strukturen im Zentrum des Gehirns, die den Hirnstamm saumartig umgeben. Schmerzleitsysteme strahlen in das limbische System ein, das die Schmerzinformationen mit unbewussten und emotionalen Inhalten vermengt, wobei dem Hippocampus eine zentrale Rolle bei der Schmerzverarbeitung- und der Erinnerung zukommt. Der Hypothalamus überwacht und reguliert die Zirbeldrüse, die pulsativ den gesamten Hormonhaushalt des menschlichen Organismus beeinflusst. Der Mandelkern (Amygdala) ist für eine stabile Gemütslage, für Aggression und Sozialverhalten verantwortlich. Somit ist das limbische System jene Hirnregion, die sowohl das allgemeine Befinden als auch das daraus resultierende Verhalten des Menschen bestimmt und konditioniert.

sich das Subjekt in der ständigen Konfrontation mit der komplexen Alltagswirklichkeit und den Problemen der natürlichen und gesellschaftlichen Umwelt auseinanderzusetzen vermag.

Das real-materielle Gehirn ist somit der Schöpfer unserer Alltagswirklichkeit, unserer eigenen Identität und auch der Umwelt, in der wir leben. Obwohl sich unsere kognitive Welt als abgeschlossen darstellt, da wir ja selbst in dieser Wirklichkeit existieren und in ihr eingeschlossen und auch ein Teil dieser Wirklichkeit sind, ist sie fraglos doch nur eine Fiktion unseres Gehirns, aber gleichzeitig auch unsere einzige Wirklichkeit. Aus diesem Grund wird der „Hirntod"[67] in der westlich-wissenschaftlichen Medizin - allerdings nicht unumstritten - als Endpunkt des individuellen Lebens betrachtet.

Seit jeher befassen sich alle Kulturen der Menschheit mit der Frage nach dem Sinn des Lebens[68], da sie wohl infolge der Erkenntnis unseres unausweichlichen Schicksals des Sterbens und des Todes versuchen, das Rätsel des Werdens und Vergehens zu entschlüsseln. Daher müssen sie sich auch spirituell mit Geburt, dem Leben und seinem Ende befassen. Mit der Frage nach dem Sinn des menschlichen Daseins befasst sich vor allem die Anthropologie, die sich mit den Problemen, der Selbsterkenntnis und seiner endlichen Bestimmung auseinandersetzen muss. Mit „Lebenssinn" verbinden wir drei Aspekte[69]:

1. Sinn der einzelnen Lebenssituationen,
2. Sinn des Lebens in seiner Gesamtheit und
3. Sinn des Daseins der ganzen Menschheit.

In der Beantwortung dieser Fragen muss der Mensch als Grundbedingung der Sinnrealisierung zunächst die Spannung zwischen Sein und Nichtsein[70] akzeptieren, damit er sich selbst in der sich ständig ändernden, aber jetzt gegenwärtigen Lebenssituation annehmen kann. Es geht aber schließlich auch um das Akzeptieren

---

[67] Hirntod: Zustand des irreversiblen Erloschenseins der Gesamtfunktionen des Großhirns, des Kleinhirns und des Hirnstamms. Mit dem Hirntod wird naturwissenschaftlich medizinisch der Tod des Menschen festgestellt. Nachweis durch eine mindestens 30 Minuten anhaltende 0-Linie im EEG, vgl.: http://de.wikipedia.org./wiki/Hirntod 25.10. 2007.

[68] Lebenssinn: Sinn der einzelnen Lebenssituationen, Sinn eines Lebens als Ganzheit, Sinn des Daseins des Menschen.

[69] Haeffner, G., Philosophische Anthropologie, Stuttgart-Berlin-Köln 2000, 219 f.

[70] „Sein oder Nichtsein, ist hier die Frage": W. Shakespeares Drama Hamlet, Prinz von Dänemark. 3. Aufzug, 1.Szene.

seines bitteren Endes: Er muss auch in diesem unausweichlichen Ende Sinn und Bestimmung erkennen können[71].

Glauben

heißt Nichtwissen? Ein geflügeltes Wort, das viele sich aufgeklärt wähnende Menschen dazu benützen, ihren Glauben an eine wissenschaftliche Erklärbarkeit der Welt zu dokumentieren. Doch das deutsche Zeitwort „glauben" leitet sich von dem althochdeutschen Wort *gilouben*[72] ab und bedeutet so viel wie *„gutheißen"* und entspricht dem griechischen Wort *„pisteuein"*[73], was auch mit *vertrauen* übersetzt werden kann und somit in keiner Weise einem Nichtwissen entspräche. Glauben ist ein Fürwahrhalten seiner eigenen Wahrnehmungen, Überzeugungen und auch der daraus gezogenen Schlussfolgerungen. Der Glaube ist somit ein rein subjektives Konstrukt, das zu einer Verallgemeinerung einer objektivierenden Begründung bedürfte. Es ist aber sicher kein Vermuten über eingebildete oder reale Sachverhalte, sondern die individuelle, persönliche Beziehung zu einer Überzeugung, von der sich eine Person vom Geglaubten leiten lässt und damit sein eigenes Handeln rechtfertigt.

Glauben ist der fundamentale religiöse Ausdruck des menschlichen Grundverhältnisses zur Welt der Transzendenz (Gott bzw. dem Göttlichen, dem Tao, Mächte, Geister etc.) Glauben bedeutet z. B. im christlichen Verständnis ein Fürwahrhalten dessen, was Gott in seiner Offenbarung mitgeteilt hat. Wenn aber Gottes Offenbarung vorrangig informationstheoretisch verstanden wird und als ein höheres Wissen in Widerstreit zu der mithilfe der menschlichen Vernunft erlangten, Erkenntnis gerät, ergibt sich ein wachsendes Konkurrenzverhältnis zwischen Glauben und Wissen. Im christlich-jüdischen Kontext wird Glauben grundsätzlich als ein interpersonal-dialogisches Geschehen verstanden, wobei Glauben im Sinne eines Fürwahrhaltens von Glaubenswahrheiten in Form eines worthaften

---

[71] Vgl. Haeffner G. 2000, a. a. O., 226 ff. und Frankl, V., E., Lapide, P., Gottsuche und Sinnfrage: ein Gespräch, Gütersloh 2005.

[72] Glauben, vom mhd. glouben, ahd. gilouben, abgeleitet von galauba; vertraut, im Vertrauen auf. Kluge, F., Etymologisches Wörterbuch der deutschen Sprache, Berlin - New York [22]1989. Im dt. Begriffsfeld steht der Begriff in vorchristlicher Zeit sowohl für das freundschaftliche, vertrauensvolle Verhältnis von Mensch zu Mensch, aber auch von Mensch zu Gott (Göttern) Erst unter christlichen Einfluss wird dieser Begriff zur radikalen Vertrauenshaltung des Menschen zu Gott, seiner Allmacht, Gerechtigkeit und Gnade.

[73] □□□□□□□□□□□Vertrauen, zutrauen, zuversichtlich sein, überzeugt sein, glauben, trauen.

Glaubensbekenntnisses konkrete Gestalt annimmt[74]. Ob und inwieweit in der religions-wissenschaftlichen Frage nach dem Glauben in anderen Religionen das christliche Glaubensverständnis als Vorgabe und Maßstab für die europäische Geistesgeschichte dienen kann, möchte ich dahingestellt lassen. Nichtsdestotrotz wurde und wird in der Beschreibung einer religiösen Antworthaltung das christliche Glaubensverständnis meist zum Vergleich herangezogen, da das Christentum – trotz sehr verschiedener Ausprägungen – immer noch als das Glaubensbekenntnis[75], als das weltweit am weitesten verbreitete gilt. Nach christlicher Auffassung kann aber ein zum Heil erforderlicher Glauben implizit und anonym wirksam werden, wenn der Mensch sich nicht radikal-monologisch selbst verschließt und nicht egozentrisch, die eigene Sinnerfüllung als einzigen Heilsweg annimmt, sondern sein Heil in einer grundsätzlichen Offenheit im Urvertrauen auf ein Gegenüber zu verwirklichen sucht. Aus religionsphänomenologisch vergleichender Sicht ist das Urvertrauen auf Gott, auf das Numinose oder numinöse Mächte oder das Fürwahrhalten und Überzeugtsein von einer Lehre in allen Menschen grundsätzlich verankert und harrt der Verwirklichung.

Spiritualität

Spiritualität bezeichnet eine Grundeinstellung des Menschen zum Leben, zum Mitmenschen und allgemein zur Welt. Sein Verhalten, seine sozialen Beziehungen und seine Lebenswerte werden normalerweise durch Emotionen und Deutungen früherer Traditionen geformt und gefestigt. Aufgrund seiner geistigen Fähigkeiten fühlt sich der Mensch motiviert, sich mit Sinn- und Wertfragen des Daseins, der Welt und der Menschen und insbesondere mit seiner eigenen Existenz und seiner Selbstverwirklichung im Leben zu beschäftigen, woraus er die Impulse für seine Lebensgestaltung schöpft.

---

[74] Vgl. Lexikon der Religionen. Phänomene. Geschichte. Ideen., Waldenfels, H. (Hg.) Freiburg im Breisgau 1999, 201.
[75] 31,7 % der Weltbevölkerung.

3.1 Spiritualität

„Das Fühlen ist die tiefere Quelle der Religion"[76]

Im weitesten Sinn bedeutet Spiritualität jede Form von Geistigkeit in der alles Wirkliche Geist ist oder zumindest als eine Erscheinungsform des Geistes aufgefasst wird. Spiritualität steht daher selbstredend für die Verbindung zur Transzendenz, eine Hinwendung zu jenem Bereich, der über das individuelle kontingente Sein hinausreicht. Spiritualität ist eine rein persönliche Erfahrung, ein Erkennen, das sich nicht nur auf logische Zusammenhänge bezieht, sondern ganz besonders emotional-affektive Komponente mit einschließt und den Menschen zu Richtung weisenden Handeln motiviert. Wie gesagt, spirituelle Erfahrungen sind Erfahrungen der transzendenten Wirklichkeit und sie kann von dem Menschen, der sie macht, nur in seinem eigenen sprach- und kulturellen Bezug gedeutet und interpretiert werden. Wahrscheinlich sind aus den Interpretationen solcher ursprünglicher Erfahrungen von Erfahrenen Systeme von Glaubenssätzen und Verhaltensmaßregeln entworfen worden, aus denen sich später Religionen entwickelt haben.

Obwohl heute der Begriff Spiritualität inflationär gebraucht wird, dem man daher überall begegnen kann, ist er nicht ohne Schwierigkeiten zu definieren. Die Bedeutungsvielfalt dieses Begriffes umfasst nicht nur eine gewisse religiöse Grundeinstellung, sondern auch alle Aspekte, die zu einer solchen führen, wie Gebet, Meditation, Kontemplation, Mystik etc. Die Vielzahl von Bedeutungsnuancen, die sich mit diesem Begriff heute verbinden lassen, erschwert daher das grundsätzliche Verständnis, insbesondere als im englischsprachigen Schrifttum die Begriffe Spiritualität und Religiosität verschwimmend oder synonym gebraucht werden. Doch ganz allgemein kann man von einer *„geistigen"* Erfahrung sprechen, die wie die etymologische Herleitung des Begriffes von Geist (*spiritus*) auch vermuten lässt.

Die Spiritualität äußert sich im Denken, Fühlen und Handeln, sofern man sich mit dem Themenkreis von Sinn, Wert, Bewältigung der eigenen Existenz, des Lebens an sich (Anfang, Ende, Sinn und Wert des eigenen Lebens, der der Mitmenschen oder

---

[76] William James (1842 – 1910), amerikanischer Philosoph, Psychologe und Religionswissenschaftler

der Welt an sich) befasst. Die Spiritualität kann bewusst, absichtsvoll oder aber unbewusst in Erscheinung treten. Bewusstes religiöses Erleben, Verhalten und Handeln kann als ein spezifischer Ausdruck von Spiritualität verstanden werden. Historisch gesehen war ja die Spiritualität immer eine Domäne der Religionen und der Glaubensgemeinschaften, die der Spiritualität auch ihr spezifisches Gepräge gegeben haben. Heute aber will man die Spiritualität auch im Alltag finden und meint, dass alles, was mit einer gewissen Achtsamkeit, Zuwendung, Hingabe oder Bewusstheit durchgeführt wird, als einen Ausdruck von Spiritualität anerkennen zu müssen. Man muss sich natürlich fragen, ob man selbst Wellness, Selfness und Mindness[77] unter diese Kategorie zu zählen hat? Meiner Ansicht nach ist eine solche inklusivistische Formulierung aber nicht sinnvoll und auch nicht angebracht, da sie heute wahrscheinlich nur zum Zweck einer sehr wirksamen Werbung missbraucht wird.

Definitionen: Im RGG[78] findet sich folgende Eintragung: *„Eine allg. oder auch nur mehrheitlich anerkannte Definition S. gibt es nicht. Die Bedeutungsvielfalt des Begriffes reicht von einem sehr weiten Verständnis (etwa im Sinne von rel. Einstellung, Mentalität, Religiosität u. a.) oder einer bloßen Aufzählung von Aspekten [...]".*

Auf die Frage: Was ist Spiritualität? umreißt der Lausanner Religionssoziologe Jörg Stolz[79] den Begriff mit Frömmigkeit, religiöser Erfahrung, Transzendenzerfahrung, Meditation/Kontemplation und Glaube, aber grenzt ein, dass Spiritualität dies alles sein kann und sich doch darin nicht erschöpft. Eine Definition könnte daher heißen: Das Verhältnis eines Individuums zu einer wie auch immer gearteten Transzendenz, die sowohl Geister, Götter als auch ein allgemeines Prinzip oder das persönliche Entwicklungspotential als Essenz beinhalten kann.

Monika Renz definiert Spiritualität nur scheinbar *im Gegensatz* zur Religion als besondere Erfahrung. Sie meint mit Spiritualität nicht nur eine spezielle Haltung oder

---

[77] http://www.wellnessverband.de/infodienste/beitraege/070620_spirituell.php   07. 10. 2008
[78] Köpf, U., Spiritualität, in RGG Bd.7 Sp. 1591, 2004.
[79] http://:www.kirche-heute.ch/index.php?AusgabenNummer=35&Jahrgang=33&Id=3137 26.01.2009.

eine bestimmte Praktik, wie es die Meditation oder das Gebet darstellen, sondern für sie ist Spiritualität das Berührtsein durch das Numinose[80].

Nach Erwin Möde sind Spiritualitäten *„Grundeinstellungen zum Leben, zur Welt und zu den Mitmenschen. Zu ihnen gehören emotionale Prägungen und rationale Deutungen. Denn sie formen unser Verhalten und unsere sozialen Beziehungen, aber auch unsere inneren Lebenswerte. Um eine fremde Kultur zu verstehen, müssen wir die Spiritualität der Menschen begreifen lernen."*[81] Mit dieser Definition wird Spiritualität mit einer bestimmten Kultur in Verbindung gebracht, durch die sie geprägt wird, sie ist daher nur für die Menschen, die in diesem speziellen Kulturkreis aufgewachsen sind und leben, begreiflich und relevant.

Karl Baier versucht, ausgehend von einer anthropologischen Sichtweise, die Spiritualität als eine universale Kategorie des Wertesystems der Religionen und religiösen Strömungen zu bestimmen. *„Spiritualität meint heute mehr denn je zugleich einen Lebensvollzug, zu dem man aufgrund einer sehr persönlichen Entwicklung und Entscheidung kommt. Spiritualität hat den Nimbus des Echten und Persönlichen, einer Lebenshaltung, die nicht bloß konventionell ist, sondern mit dem man sich wirklich identifiziert."*[82] Diese Definition bezieht sich in erster Linie auf eine sehr individuelle, persönliche Dimension, die dem heutigen Individualitätsanspruch zwar sehr entgegenkommt und die gegenwärtige religiöse Identitätsbildung[83] widerspiegelt, aber den doch wesentlichen gesellschaftlichen Bezug noch beiseite lässt. Die Spiritualität ist daher *„vielmehr eine Dimension des Daseins, die Menschen immer auch voneinander und füreinander haben, selbst wenn sie jeweils auf persönliche Weise angeeignet und gelebt wird."*[84] Aber *„zwischen den Letzteinsichten und Entscheidungen eines Menschen und seiner alltäglichen, konkreten Lebensführung besteht immer eine mehr oder minder große Kluft."*[85]

---

[80] Renz, M., Spiritualität und die Frage nach dem, was heilt: Wesen, Wirkung, Inhalte spiritueller Erfahrung, in Heusser. P. (Hg.), Spiritualität in der modernen Medizin, Bern - Wien 2006, 35.
[81] Möde, E., Spiritualität der Weltkulturen, Graz-Wien-Köln 2000, 7
[82] Baier, K., Unterwegs zu einem anthropologischen Begriff der Spiritualität, in Baier, K./Sinkovits, J. (Hg.), Spiritualität und moderne Lebenswelt, Wien 2006, 29
[83] Dalferth, I.,U., Gedeutete Gegenwart, Tübingen 1997, 10: „Was Gott ist, bestimme ich!"
[84] Baier, K., Spiritualitätsforschung heute, 16.
[85] Baier,K., 2006 in a .a .O., 39.

Jeder Versuch, Spiritualität mit allen seinen Facetten bestimmen zu wollen, führt unweigerlich zu einem „synkretistischen Konglomerat", das selbstredend nicht immer die spezifischen weltanschaulichen Aspekte adäquat berücksichtigen kann. Aus diesem Grund schlugen Büssing und Ostermann 2004 folgende allgemein gehaltene Formulierung vor:

„Mit dem Begriff Spiritualität wird eine nach Sinn und Bedeutung suchende Lebenseinstellung bezeichnet, bei der sich der/die Suchende ihres „göttlichen Ursprungs" bewusst ist (wobei sowohl ein transzendentes als auch ein immanentes göttliches Sein gemeint sein kann [...]) und eine Verbundenheit mit anderen, mit der Natur, mit dem Göttlichen usw. spürt, Aus diesem Bewusstsein heraus bemüht er/sie sich um die konkrete Verwirklichung der Lehren, Erfahrungen oder Einsichten im Sinne einer individuell gelebten Spiritualität, die durchaus nicht konfessionell sein kann. Dies hat unmittelbare Auswirkungen auf die Lebensführung und die ethischen Vorstellungen"[86].

3.1.1 Zur Geschichte des Begriffes Spiritualität.

Das abstrakte lateinische Substantiv *spiritualitas* wird von dem Adjektiv *spiritualis* abgeleitet, das nach Christine Mohrman[87] als eine urchristliche Wortschöpfung anzusehen ist, da es in den älteren Fassungen der lateinischen Übersetzungen der Briefe des Apostel Paulus des griechischen Wortes πνευματικός verwendet wurde[88]. Das Substantiv *spiritualitas* erscheint nach Solingnac[89] bereits im frühen Mittelalter und hatte damals drei Bedeutungen:

1. die religiöse Bedeutung eines spirituellen Lebens
2. die philosophische Bedeutung des „geistigen Seins" und
3. rechtlich die Bedeutung kirchlichen Gutes, der kirchlichen Administration, der kirchlichen Sakramente sowie der Rechtsprechung.

Thomas von Aquin verwendet *spiritualitas* allerdings im Sinne der Askese, wobei er den Triumph der Geistigkeit über die Körperlichkeit im Sinne hat. Eine solche

---

[86] Büssing, A., in Büssing, A. et al. Spiritualität, Krankheit und Heilung – Bedeutung und Ausdrucksformen der Spiritualität in der Medizin, Waldkirchen 2006, 23
[87] Mohrmann, Ch.: Études sur le latin des Chrétiens, Bd. 1 ^{2} Rom 1961.
[88] Vgl. dazu 1 Kor 2,14 – 3,3.
[89] Solingnac, A.: L´appartion du mot « spiritualitas » au moyen áge, In Archivum Medii Aevi (Bulletin du cange) Bd. 44, 1985, S. 186.

Begriffsbedeutung findet sich dann später kaum noch und lässt sich auch bei den spirituellen Vätern des Mittelalters, wie z. B. bei Bernard von Clairvaux nicht nachweisen.

In der französischen Sprache erscheinen zunächst die Worte *espirituaulté, espiralité* und *spiritalité*. Diese finden sich vorzugsweise in literarischen Werken, wie beispielsweise in Hagiographien.

Erst gegen Ende des 19. und im 20. Jahrhunderts kommt das Wort spiritualité[90], welches bis dahin kaum als solches bekannt war, in Gebrauch und wird auch in den neuen Enzyklopädien aufgenommen. 1917 erscheint das *Handbuch über die Spiritualität* von August Saudreau[91], das sich an ein breites Publikum wendet und auch weite Verbreitung findet. Im 19. Jahrhundert wird der Begriff Spiritualität vor allem im anglo-amerikanischen Schrifttum theosophischer und neureligiöser Bewegungen benutzt und bekommt eine mystische Konnotation. Im deutschen Sprachraum kommt der Begriff Spiritualität scheinbar erst im 20. Jahrhundert in Verbindung mit okkultistischen, spiritistischen, „New Age" und neureligiösen Bewegungen auf, findet zwar eine weite Verbreitung ohne jedoch eine genauere Bestimmung zu erfahren.

3.1.2 Kirchengeschichtliche Bedeutung

In der kirchengeschichtlichen Deutung wird die Spiritualität, die eher als elitär betrachtet wird und damit die so genannte „Volksfrömmigkeit" (?) ausschließt, als *„eine nicht auf bestimmte Inhalte und Erlebnisformen festgelegte und methodisch ausgeübte Frömmigkeit oder als ein regelrechtes, religiöses Verhalten"*[92] definiert. Um Spiritualität zu erfahren und ein spezielles religiöses Verhalten zu praktizieren ist m. E. am ehesten innerhalb einer mehr oder minder fest umrissenen Gruppierung möglich, weshalb Spiritualität in einem hohen Maß auch als Gemeinschaft förderndes Phänomen zu betrachten ist. Der Ursprung ist immer eine Gemeinschaft, die eine gruppenspezifische Lebensform kreiert und gestaltet. Je enger der

---

[90] spiritualité 1. Geistigkeit, geistige Natur. 2. Spiritualität, inneres religiöses Leben. In Sachs-Villate Dictionaire Encyclpédique, Berlin - Schöneberg 1905.
[91] Saudreau, A., Manuel de spiritualité, Paris 1917 : La Spiritualité y est définié comme « la science qui enseigne à progresser dans la vertu ».
[92] Köpf, V.: Spiritualität, in RGG Bd. 7 Sp. 1591, 2004.

Bezugsrahmen ist, je einheitlicher und strenger der Lebensentwurf gelebt wird, desto eher kann sich eine besondere Art der Spiritualität entwickeln, wobei an diesem Prozess meist charismatische Persönlichkeiten (Heilige, Religionsstifter, Mystiker etc.) wesentlichen Anteil haben.

3.1.3 Religionsphilosophische Definition

Religionsphilosophisch wird Spiritualität oft mit Frömmigkeit oder Religiosität gleichgesetzt, wobei man dann sich auch mit der philosophischen Bedeutung der Begriffe Religion und Religiosität auseinandersetzen müsste, was in diesem Rahmen später nachgeholt werden soll. Sicherlich basiert Spiritualität auf der *Kraft der Innerlichkeit,* die den Menschen befähigt, nach Ursprung, Identität, Ziel und Bestimmung des Lebens zu fragen und danach sein Leben zu gestalten. Die Fähigkeit des Fragens setzt allerdings schon eine spezifische Geistigkeit und somit auch ein geistiges Vermögen voraus[93].

3.1.4 Religionssoziologische Aspekte des Begriffes Spiritualität

Hubert Knoblauch[94] und auch Christian Bochinger [95] sind der Ansicht, dass der Begriff Spiritualität im religiösen Kontext erst um 1940 im deutschen Sprachraum aufscheint. In den 60er Jahren des letzten Jahrhunderts allerdings (in der sog. „zweiten Welle") wird dieser Begriff auf alle religiösen(?) Erfahrungen ausgeweitet und erlebt eine ungeahnte Verbreitung. Als Ethnokategorie[96] ist die Spiritualität eine persönliche Bezugnahme zur Transzendenz, die als religiöse Erfahrung erlebt und gelebt wird, die sozialwissenschaftlich untersucht und gedeutet werden kann. Es ist natürlich schwierig, wenn nicht unmöglich, die Vorbedingungen und die spirituelle Erfahrung selbst zu erfassen, da bereits die narrative Wiedergabe der individuellen Erfahrung einen interpretativen Charakter aufweist, insbesondere als die Komplexität der menschlichen Erfahrungsweisen sowie die Entstehung menschlicher Einsichten

---

[93] Gröb-Schmidt, E.: Spiritualität, ebd. Sp. 1594.
[94] Knoblauch, H., Soziologie der Spiritualität in Baier, K.(Hg.) Handbuch der Spiritualität. Zugänge. Traditionen. Interreligiöse Prozesse, Darmstadt 2006, 91.
[95] Bochinger.Ch., „New Age" und moderne Religion. Religionswissenschaftliche Analyse, Gütersloh 1994, 377.
[96] Ethnokategorie: Kategorien der Handelnden, die sozialwissenschaftlich untersucht werden und von wissenschaftlichen Kategorien zu unterscheiden sind. Sie sind dem kulturhistorischen Wandel unterworfen. Die Spiritualität im multikulturellen Prozess wäre demnach eine *beliebige* Bezug-nahme auf Transzendenz.

und Befindlichkeiten einen wissenschaftlichen Zugang und daher deren Deutung erschweren bzw. unmöglich machen.

In der angelsächsischen Traditionslinie ist der Begriff *spirituality* schon nach 1870 nachweisbar und bedeutet in einem weiteren Sinne Religiosität, die direkt und unmittelbar in der persönlichen Erfahrung von Transzendenz begründet wird und eben nicht einen „Glauben aus zweiter Hand" meint, der von kirchlichen Autoritäten vermittelt wird. Spirituality steht somit für eine Verinnerlichung von Religion, denn sie transzendiert jegliche Grenzen der Religion und Kultur, weshalb der Begriff somit ein Fortschreiten vom Glauben und einer naturwissenschaftlichen Wahrnehmung der Welt zu einer direkten Wissenserfahrung bezüglich religiöser Dinge und ein Bezogensein auf das Umgreifende-*eine*-Sein bedeutet, das dem Menschen als unfassbar Geistiges, transmaterielles und metaphysisches Sein erscheint. Im Bewusstsein und im Schrifttum der Postmoderne hat der Begriff Spiritualität weitgehend den der Religiosität ersetzt. So ist nach Christian Bochinger die angelsächsische Bestimmung des Begriffes „spirituality" religionssoziologisch *„eine sich auf innere Erfahrung berufende, vollmächtige und freigeistige Haltung gegenüber religiösen Fragen, die sich im Gegensatz zur dogmatischen Religion sieht."* [97] Damit soll hervorgehoben werden, dass Spiritualität einen höchst individuellen Charakter aufweist und sich somit einer soziologisch-wissenschaftlich exakten Erfassung entzieht, da sich der Soziologe nicht mit rein subjektiven Erfahrungen beschäftigen soll, da er ja nur Erkenntnisse in objektivierter, d. h. vermittelter Form beschreiben und analysieren kann.

Die Transzendenzerfahrung ist nach der phänomenologischen Tradition Edmund Husserls ein elementarer Prozess des Bewusstseins, der leiblichen Wahrnehmung, der Gefühle und des konsekutiven Handelns. Die Erfahrung der Transzendenz beruht nach Hubert Knoblauch[98] aber auf der intentionalen Ebene des Bewusstseins, weil Erfahrungen immer Erfahrungen von etwas sind.

Unsere eigenen Bewusstseinsvorgänge sind für uns unmittelbar und natürlich in der Immanenz der Alltagswirklichkeit erfahrbar, nämlich in dem Erleben des Alltags in unserer Umwelt. Aber die Bewusstseinvorgänge anderer können uns gar nicht

---

[97] Zitiert nach Knoblauch, a. a. O. 92.
[98] ebd. 95.

unmittelbar bewusst werden, sondern können nur durch sprachliche Kommunikation vermittelt werden, wobei m. E. die Erfahrungen, die nicht unsere eigenen sind, kaum jemals in uns jene Gefühle und Reaktionen (Handeln) auslösen können, die denen gleichen, die uns ihre Erfahrungen mitteilen! Denn es ist eine Tatsache, dass sich das Seelisch-Bewusste nur selbst empfinden kann und nicht aus einer Perspektive des Beobachters erfassbar ist (d. h. es gibt nur eine „exklusive Selbstzugänglichkeit" des Seelischen[99]), obwohl das Seelisch-Bewusste an physiologische Gehirnprozesse und an Verhaltenszustände gebunden ist, die an sich beobachtbar und daher auch messbar sind.

Soziologen meinen, dass der Mensch in seiner animalischen Natürlichkeit nicht religiös wäre, aber dass die Religion als eine anthropologische Grundkategorie anzusehen ist, in der das genuin Menschliche zu sich selbst kommt. Sie ist somit auch eine soziale Grundkategorie, weil die Personwerdung des Menschen untrennbar mit der Gesellschaft verbunden ist. Der Sozialisationsprozess kann somit als ein religiöser Akt bezeichnet werden, der als ein Akt, der Transzendierung der animalischen Natürlichkeit Religion als anthropologische und soziale Vorgegebenheit der menschlichen Existenz aufscheinen lässt[100].

Da das Transzendieren scheinbar in jeder Erfahrung und nicht nur im eigentlich religiösen Sinn enthalten sein kann, könnte man diese transzendenten Erfahrungen auch im Sinne der jeweiligen Kultursituation festmachen. Hubert Knoblauch bringt dazu ein nicht uninteressantes Beispiel, nämlich das „Bungee-Jumping", ein ursprünglich religiöses Ritual der Ureinwohner der Pentecost-Inseln, das sie zur Herstellung einer geistigen Verbindung mit ihren Göttern verwenden, heute aber auch von jungen Leuten der westlichen Welt praktiziert wird, da es als Extrem-„Sport" mit einem gewissen Todeskitzel verbunden ist. Knoblauch glaubt, in diesem „Bungee-Jumping" eine ultimative Erfüllung einer kulturellen Spaßforderung („fun society", Spaßgesellschaft) erkennen zu können[101].

---

[99] Roth, G., Hat die Seele in der Hirnforschung noch einen Platz, Universitas 56. Jg. Nr. 663 September 2001, 917.
[100] Halbfass, J., Religion, Stuttgart/ Berlin 1976.103.
[101] ebd. 98.

Eine diesseitige Deutung der Transzendenzerfahrung (Spiritualität) sieht Knoblauch auch in der Idolisierung (Anbetung) populärer Musik- und Filmstars bei arrangierten Erlebnis-orientierten Aktivitäten der Jugend („Eventkultur"), bei denen von Animatoren („Showmaster", „DJ") durch Rhythmisierung (gleichzeitiges Schwenken der Arme, Stampfen, „Chanten" usw.) durch Lichteffekte, Alkoholeinfluss u. ä. m. die Stimmung oft bis zur Unerträglichkeit aufgeheizt wird. Zu diesen sich ständig wiederholenden Events, die die Langeweile des Alltags vertreiben sollen, zählen heute unter anderem auch organisierte Veranstaltungen von Fußballspielen, Risikosportarten, Drogenexzesse, „Koma-Trinken" und sicher auch die Ausbrüche einer gewissen individuellen oder gruppendynamischen Gewaltbereitschaft („Ekstatische Kultur" nach Koblauch). Dieses „gemeinsame" Erleben eines Ereignisses nimmt dann trotz der Anonymität in der Masse gleichsam „religiösen" Charakter an, weil eine Gemeinschafts- Erfahrung erlebt wird, wo diese in Wirklichkeit gar nicht existieren kann. Es handelt sich fast immer um eine zufällige Zusammenballung gemischter Menschengruppen, die im Moment gleichgesinnt (bei Jugendkrawallen, Separatistenbewegungen etc.) einen „Event" in Szene setzen wollen. Nach der Theorie von Thomas Luckmann[102] könnte sogar heute jede kulturelle Äußerung als „unsichtbare Religion" ausgemacht werden, sofern sie eine spezifische Erfahrung vermittelt (Musik, Kunst, auch Sport etc.). Obwohl diese Vorstellung nicht von allen Soziologen und erst recht nicht von Religionswissenschaftlern geteilt wird, unterscheidet Knoblauch[103] außertägliche Transzendenzerfahrungen solche mit innerweltlicher Deutung (Ekstatische Kultur, Ästhetik, Kunst etc.) von solchen mit Symbolcharakter (Religion und eben „Spiritualität" im ursprünglichen Sinn).

Spiritualität kann somit heute nicht eindeutig definiert werden, denn der Begriff unterliegt vielen geistigen (soziologischen, psychologischen, philosophischen religionswissen-schaftlichen) Strömungen und oft divergierenden Ansichten. Aus der Sicht der Religionswissenschaft allerdings ist der Begriff Spiritualität untrennbar mit der Transzendenzsuche und Erfahrung verbunden und sollte nur in diesem Kontext verwendet werden.

---

[102] Luckmann, Th., Die unsichtbare Religion, Frankfurt/M ^{2}1993. (Übersetzung und Überarbeitung der englischen Ausgabe und Vorwort von H. Knoblauch)
[103] Knoblauch, a. a. O., 100.

3.1.5 Spiritualität und Spiritualitätssuche

Spiritualität, wie sie in der Vergangenheit entwickelt, gelebt und tradiert wurde, war vornehmlich eine Angelegenheit von Eliten der Gesellschaft, die allein ohne sich um das tägliche Fortkommen sorgen zu müssen, die notwendige Muße aufbringen konnten, sich auch mit der mentalen und spirituellen Dimension des Menschseins zu befassen. Deshalb muss man sich fragen, in welchem sozialen Umfeld sich eine besondere Art von Spiritualität entwickelt hat und wer diese Heiligen, Männer und Frauen waren oder sind: Mönche, Nonnen, Lehrer, Meister, Gurus, Pirs[104] oder auch ganz einfache Leute?

Gewöhnlich werden zwei Lebensweisen der Spiritualitätssuche unterschieden:
  1. Die asketisch-monastische Form einer Verzichtsspiritualität, wobei die Adepten, getrennt von der übrigen Gesellschaft leben und
  2. die Spiritualität, die laienhaft im gewöhnlichen, gesellschaftlichen Umfeld gelebt wird und daher nicht den strengen Regeln einer Askese unterliegt.
Für das katholische und orthodoxe Europa war über Jahrhunderte das Kloster oder die Abgeschiedenheit einer Einsiedelei die eigentlichen Orte der Heilssuche und spiritueller Vervollkommnung, erst mit der Reformation kam es zu der deutlichen Verlagerung der Spiritualität auch in die Alltagswelt, wie sie ursprünglich schon im Christentum der ersten Jahrhunderte praktiziert wurde (s. u.). In den hinduistischen Religionen, wie auch im Jainismus und Buddhismus ist bis heute die Weltent-sagung(?) als Einsiedler oder in klösterlicher Gemeinschaft nach wie vor die höchste und elitärste Form, wie man zu spiritueller Vervollkommnung gelangen kann. Im Judentum und im Islam hingegen ist Spiritualität eine Angelegenheit der Familie in der Familie, da prinzipiell eine Ehelosigkeit oder ein asketisches, von der Gesellschaft abgeschiedenes Leben ihren religiösen Vorstellungen nicht entsprechen.

3.1.6 Individualisierte Spiritualität

Wenn sich heute die Frage stellt, warum die Suche nach Spiritualität für unsere Zeit wieder so wichtig geworden ist, dann bekommt man von Soziologen als plausible Antwort, dass vor allem gesellschaftliche Hintergründe die größte Rolle spielen

---

[104] Pir, pers. Religionsführer, Schutzheiliger.

könnten: In den letzten Jahrzehnten ist ein deutlicher Wertewandel eingetreten. Waren noch zu Beginn des 20. Jahrhunderts Werte wie Treue, Gehorsam, Pflichterfüllung, Selbstbeschränkung und Selbstbeherrschung bestimmend, so traten ab Mitte der 60er Jahre mit nachlassenden Einschränkungen und zunehmenden Wahlmöglichkeiten für das Individuum bei weitgehender individueller Absicherung durch das Sozialsystem Genuss, Abwechslung, Risikofreudigkeit, Selbstentfaltung, Selbstverwirklichung und Eigenständigkeit in den Vordergrund. Infolge des Verlustes traditioneller Bindungen und durch eine weitgehende Sinnentleerung bei der Lebensgestaltung versuchte man sich an verschiedenen Formen der Spiritualität, wobei sich der Einfluss östlicher Meditationsweisen (besonders Yoga[105]) immer stärker bemerkbar machte. Oft werden verschiedene Formen der Spiritualität vermengt und so ist eine „alternative" Spiritualität entstanden, die man vielleicht als holistisch, synkretistisch und auch als naturverbunden bezeichnen könnte, die zu einer individualisierten Selbsterfahrung stilisiert wird. Dahinter versteckt sich wahrscheinlich der Versuch, sich seine eigene Religion zusammenzubasteln, um selbst heraus zu finden, was für einen selbst erfahrenswert ist und für einen selbst funktioniert[106].

3.1.7 Spiritualität und Gender

Man wundert sich heute, dass spirituelle Ideale, obwohl sie an sich geschlechts-neutral sein sollten, so verschieden bewertet werden. Es ist bestürzend, dass viele der traditionellen spirituellen Lehren und Praktiken auffallend viele sexistische und vor allem antifeministische Elemente beinhalten. Ratschläge, die man angeblich nach geschlechts-neutralen Vorstellungen gibt, sind besonders häufig körper- und auch frauenfeindlich. Männliche Vorstellungen von Heiligkeit und Vollkommenheit lassen oft nicht nur eine generelle Verachtung des Körperlichen erkennen, sondern ganz besonders eine für den weiblichen Körper(?). Offensichtlich hält man nicht viel davon, wenn auch Frauen nach einem spirituellen Leben trachten[107]. Diese Ansicht

---

[105] Z.B. Integrales Yoga: Wollen Sie die Signale ihres Körpers kennen lernen, Ihren Geist verstehen und Ihre Seele ergründen, dann ist Yoga genau das Richtige für Sie! Eine ganzheitliche Bewegungsform, die Sie jung und aktiv hält und Sie sich wohl und glücklich fühlen! Schwerpunkte: Richtige Körperhaltung (Asanas) – Richtige Atemübung (Pranayama) – Richtige Entspannung (Shavasana) – Meditation und Hinweise zur gesünderen Lebensführung. Kursangebot in der Edelweiß Zeitschrift 3/2009, 21.
[106] Vgl. Dalferth, a. a. O. 1997, 11: „Was Gott ist, bestimme ich!"
[107] King, U., Spirituality, in J.R. Hinnels (Hg.) Living Religion, London-New York ²1997.

wurde in ihrer Dimension erst erkannt, als die feministische Forschung frühe Formen der Spiritualität kritisch beleuchteten und eine für unsere Zeit adäquatere Form der Spiritualität zu entwickeln suchten. Peter Brown[108] hat die Quelle der Leibfeindlichkeit und seine heterogene Geschichte bis zu ihren Wurzeln im Urchristentum zurückverfolgt und beschrieben.

3.2 Transzendenz und Erfahrung

Der philosophische Begriff der Transzendenz[109] wird meist als das, was über die sinnliche Erfahrung hinausgeht definiert, als das Jenseitige, das die Grenzen von Verstand und Bewusstsein überschreitet, unfassbar und sprachlich kaum zu vermitteln ist.

Nach Alois Halder[110] bedeutet die Transzendenz metaphysisch betrachtet, im Gegensatz zur Immanenz, das Übersteigen des Denkens über den Bereich der sinnlich wahrnehmbaren Erscheinungen in einem „Jenseits" liegenden Ursprungsbereich, von dem her die Erscheinungswelt ermöglicht, begründet und erhalten wird (z. B. platonisch: die Welt der Ideen, christlich: der weltschaffende Logos, d. i. Gott). Die Möglichkeit der Transzendenz ist durch die Partizipation des „Diesseitigen" (endliche Welt) am „Jenseitigen" (ewige Vollkommenheit) begründet. In seiner fundamentalontologischen Existentialanalyse versteht Martin Heidegger Transzendenz als *das, den Menschen auszeichnende, über alles vielfältig Seiende übersteigende Denken*. Transzendenz meint auch das im Transzendieren Angesprochene, christlich-metaphysisch also Gott in seiner „Überweltlichkeit". In der neueren Erkenntnistheorie und Philosophie des Bewusstseins bezeichnet Transzendenz auch das, was außerhalb der bewusstseinsimmanenten Wahrnehmungen und begrifflichen Vorstellungen und unabhängig von diesen ist.

Der französische Atheist und Philosoph Jean-Paul Sartre hat in seinen philosophischen Essays die Meinung vertreten, dass vielleicht überhaupt erst das Denken der Transzendenz das grundlegenden Merkmal des Menschen ist, weil der Mensch gerade im Überschreiten seines Selbst, wenn er sich also über sich und „*sein ihn umklammerndes Ich*" hinaushebt, sich in das Gefühl der Gegenwart des „menschlichen Alls" zu versetzen vermag. Der Mensch „erdenkt" sich also die

---

[108] Brown, P., The Body and Society: Men, Women, and Sexual Renunciation in Early Christianity, New York 1988.
[109] Transzendenz: Lexikon soziologicus, München 1999, siehe auch Definition von K. Jaspers.
[110] Halder, A., Philosophisches Wörterbuch, Freiburg – Basel - Wien 2003.

48

Existenz *„des Guten und Wahren an sich"* (wie schon Plato seine Ideenwelt), die sich unsagbar und unbeschreiblich nur über die Wege und Mittel des Transzendenzbezuges als erfassbare Einsicht erfahren lassen kann[111]. Aber somit stellt sich unwillkürlich die Frage, ob diese Existenz, die als solche nur jenseits des Bewussten erfahrbar ist, für den Menschen zur Realität werden kann oder doch im Grunde nur eine bloße „Einbildung" bleibt?

3.3 Religion und Religiosität - Versuch einer Begriffsbestimmung

Schon der Versuch Religion und Religiosität zu definieren, ist - an sich problematisch. Das liegt wohl daran, dass die Parameter der Beschreibenden verschieden sind und auch deren Subjektivität eine Rolle spielt, wodurch eine sichere, einheitliche Definition kaum erstellt werden kann. Nur in der deutschen Sprache werden Religion und Religiosität unterschieden: Während Religion als ein Symbolsystem das Äußerliche, das Strukturelle, das Gemeinschaftliche und das für die Gesellschaft Relevante bezeichnet, so bezieht sich Religiosität auf das Subjektiv-Individuelle, insbesondere auf das spirituelle Erleben des Einzelnen.

3.3.1 Religion und Religiosität

Nach Friesl und Polak[112] sind aber Religion und Religiosität ein untrennbares Begriffspaar, das sich in einem dialektischen Spannungsverhältnis zueinander befindet. Religiosität wird als die Fähigkeit des Menschen beschrieben, sich auf die Transzendenz[113] zu beziehen, die damit seinen Daseinsentwurf emotional, kognitiv und existentiell bestimmt. Der eingeengte Begriff Religion hingegen ist die gesellschaftlich relevante und strukturierte Form der Religiosität, die mit Elementen eines konstitutiven und institutiven Charakters ausgestattet ist: wie kanonisierte

---

[111] Sartre, J.-P., Die Transzendenz des Egos. Philosophische Essays 1931-1939, Reinbek bei Hamburg 1997.

[112] Polak, R., 2002, a. a. O., 82 – 83.

[113] Transzendenz,(lat. *transcendere* „übersteigen") Überschreiten der Grenzen des Selbst und das Sichbefinden jenseits dieser Grenzen. Nach K. Jaspers (Von der Wahrheit, München 1947, 107-111) ist die Transzendenz das eigentliche Sein, das zugleich Umgreifende oder das Umgreifende des Umgreifenden. Sie ist ein Überschreiten des Gegenständlichen zum Innewerden des Umgreifenden. Die Transzendenz ist also ein Synonym für Gott, aber auch für die ultimative und absolute Wirklichkeit in einem atheistischen System. Nach G. Oberhammer Transzendenzerfahrung als absolute Begegnung, Wien 2003, 11: *„Transzendenz" thematisiert auch eine Perspektive, in der von dem Unverfügbaren geredet werden kann, nämlich als einer Wirklichkeit „jenseits" jedes Seienden, die selbst kein Seiendes ist und daher unter dem Blickwinkel des „Seienden" durchaus als Nicht-Seiendes verstanden werden kann und dennoch nicht „nichts" ist.*

Schriften, d. s. „heilige Bücher" und Überlieferungen, eine normative Weltan-schauung (deistisch, theistisch oder atheistisch), normierte Praxis (Kult, Ritus, Moralkodex) und/oder der spezifische Transzendenzbezug.

„Religiös sein" heißt, sich auf die Transzendenz einzulassen; ob jemand jedoch als religiös zu bezeichnen ist, kann nur in einem konkreten Fall phänomenologisch bestimmt werden, d. h. wenn jemand seine persönliche Religiosität im Rahmen einer konkreten Religion lebt. Der religiöse Mensch ist daher nur nach seinen Handlungen und nicht nach seinen Aussagen als religiös zu beurteilen (Ludwig Wittgenstein[114]).

Religion: Als Basis für eine vergleichende Religionswissenschaft schuf Rudolf Otto[115] eine Definition der Religion, die einer interkulturellen Perspektive durchaus entgegenkommt, indem er erklärte, Religion ist *„die erlebnishafte Begegnung mit dem Heiligen und antwortendes Handeln des vom Heiligen bestimmten Menschen."* Gustav Mensching[116] schließt sich dieser Erklärung an und verwendet den Begriff des Heiligen ebenfalls wie Rudolf Otto, der in diesem Bedeutungszusammenhang mit dem der Transzendenz gleichzusetzen ist. Eine einfache und m. E. nutzbringende Definition stammt von Fritz Stolz, wenn er meint: *„Religion ist eine bestimmte Wahrnehmung der Welt, welche alle Bereiche des Menschseins umfasst und daher allem Erkennen und Handeln vorausgeht"* [117].

A. Büssing und T. Ostermann definieren Religion als eine Weltanschauung, bei der ein tradierter Glaube im Vordergrund steht, der von autorisierten Personen im Sinne einer umfassenden Lehre bewahrt und an die gemeinschaftlich praktizierenden Gläubigen vermittelt wird[118].

Im phänomenologischen Ansatz zur Bestimmung der Religion geht es nicht um die Erklärung der Funktionen der Religion, auch nicht um ihr Wesen, sondern vielmehr nur um die Beschreibung und das Verstehen der sichtbaren Äußerungen der

---

[114] zitiert nach v. Stosch, K., Komparative Theologie – Ein Grunddilemma jeder Theologie der Religionen, ZKTh. 124 (2002), 302.

[115] Otto, R., Über das Irrationale in der Idee des Göttlichen und sein Verhältnis zum Rationalen, Breslau, [10]1923 und Stolz, F., Grundzüge der Religionswissenschaft, Göttingen [3]2001, 20.

[116] Mensching, G., Die Religion, Stuttgart 1959, 15.

[117] Stolz, [3]2001, a. a. O., 5.

[118] Büssing, A., Ostermann, T., Caritas und ihre neue Dimension: Spiritualität und Krankheit, in Patzek, M. (Hg.), Caritas plus. Qualität hat einen Namen, Kevelaer 2004, 110 f.

Religiosität. *„Für den religiösen Menschen ist die Natur niemals nur „natürlich": Sie ist immer von religiöser Bedeutung erfüllt [...] Der Kosmos ist eine göttliche Schöpfung [...] Sie (die Götter) haben verschiedene Modalitäten des Heiligen schon in der Struktur der Welt und der kosmischen Erscheinungen manifestiert.*"[119] Die Welt ist nach Mircea Eliade so beschaffen, dass der religiöse Mensch, indem er sie betrachtet, die vielfachen Formen des Heiligen und damit des Seins entdeckt. Seiner Meinung nach fürchtet jeder Mensch vor allem das Nichts das Aus und das Chaos und strebt somit nach Sinn und Ordnung. Er muss also religiös sein oder werden, um dieser Furcht begegnen zu können.

Kulturgeschichtlich hat Clifford Geertz[120] Religion 1973 folgendermaßen charakterisiert: *„Religion ist ein kulturell geschaffenes Symbolsystem, das versucht, dauerhafte Stimmungen und Motivationen zu schaffen, indem es eine allgemeine Seinsorientierung formuliert: Die so geschaffenen Vorstellungen werden mit einer solch überzeugenden Wirkung umgeben, dass diese Stimmungen und Motivationen real erscheinen lassen, d. h. mit einer Art ´Aura der Faktizität` behaftet sind."*

Emile Durkheim[121] definierte 1912 die Religion als ein *solidarisches* System von Überzeugungen und Praktiken, die sich auf heilige Dinge beziehen, die in ein und derselben moralischen Gemeinschaft, die als Kirche bezeichnet wird, jene vereinen, die ihr angehören. Das Hauptgewicht liegt bei dieser Definition wohl auf der Dimension der Gemeinsamkeit und der Gemeinschaftsstiftung.

Der Religionssoziologe Thomas Luckmann[122] fügt dieser Definition noch den funktionalen Aspekt hinzu, wenn er meint, dass die Religion das rechte Verhältnis zwischen Gesellschaft und dem Individuum herstellen kann. Da der Mensch die Fähigkeit hat, transzendent zu denken, kann er somit konstitutiv als religiös bezeichnet werden. Da er sich zum Weltganzen in Beziehung setzt, wird die Religion funktional zum Sinnsystem, das sprachlich, bildlich, rituell, aber auch autoritär und doktrinär inszeniert werden kann.

---

[119] Eliade, M., Das Heilige und Profane. Vom Werden der Religion, Frankfurt am Main 1990, 48
[120] Geertz, C., Dichte Beschreibung: Beiträge zum Verstehen kultureller Systeme, Dt. Frankfurt am Main 1987, 48.
[121] Durkheim, E., Die elementarsten Formen des religiösen Lebens, Dt. Frankfurt am Main 1984, 75.
[122] Luckmann, Th., Die unsichtbare Religion, Frankfurt am Main 1991, 132.

Nach Niklas Luhmann[123] ist Religion ein eigenständiges, soziales System und zwar ein Kommunikationssystem zur Interpretation und Legitimation gesellschaftlicher Gegebenheiten, ein System, das den einzelnen Menschen bei der Bewältigung der Probleme der Seinsverwirklichung unterstützen soll und die Steuerung des sozialen Verhaltens in der Gemeinschaft und darüber hinaus bewirkt, das auch neben anderen Funktionen die Immunisierung gegenüber dem Fremden, dem Gegensätzlichen, dem Leidvollen, dem Zufälligen und Unbestimmten übernehmen kann. Mit dem Glauben als Medium und dem spirituellen Rüstzeug (Lehren, Riten, Feste, Gebete, Kontemplation, Meditation etc.) können die Gläubigen in Kontakt mit der Transzendenz treten und die Religion für ihre geistigen Bedürfnisse nutzen. Wenn aber die Religion ein von Menschen für Menschen geschaffenes, funktionales System darstellt, unterliegt sie allen Veränderungen dieser Gesellschaft und muss sich den jeweiligen Gegebenheiten anpassen, sonst verliert sie ihren Wert für die Gesellschaft, verblasst und stirbt ab oder sie wird durch ein neues, adäquateres System ersetzt. Man könnte somit auch von einer besonderen Art der Evolution des Transzendenzbezuges sprechen. Wenn man aber die Sozialisierung im Sinne eines religiösen Prozesses verstehen möchte, müsste man auch den Menschen als einen von sich aus religiösen (?) Menschen bezeichnen[124]. Die funktionalen Deutungs-modelle der Religion weisen m. E. ohne Zweifel auf die Interdependenz von Individuum, Gesellschaft und Religion hin, wobei der Religion und der Religiosität als anthropologische Grundphänomene die Rolle der Gesellschaftsstiftung und ihrer Erhaltung zugewiesen werden kann.

Aus pragmatischer Sicht ist „Religion" schon wegen der Vielfalt der Phänomene und Bedeutungen, die mit ihr in Zusammenhang gebracht werden, nicht streng definierbar. Je nach Forschungsinteresse stehen einmal die substanziellen, ein andermal die funktionalen Definitionsaspekte im Vordergrund. Die große Bedeutung der Religion kann wohl darin gesehen werden, dass der Mensch von der Religion Hilfe und Trost in Not und Bedrängnis erwartet, wobei die Glaubenswahrheiten eher emotional als rational zur Bestätigung oder philosophischen Rechtfertigung dieser Vorstellungen dienen. Keine Weltanschauung, nicht einmal das naturwissenschaftliche Weltbild, ist ein streng rational beweisbares System, sondern verbindet viele Einzelerkenntnisse aus ganz unterschiedlichen Quellen, sodass es

---

[123] Luhmann, N., Funktion der Religion, Frankfurt am Main 1977.
[124] Luckmann, Th., a. a. O. 1991,103.

kaum schwer fällt, logische Widersprüche oder Disharmonien zu entdecken, was jedoch weder dem Wert noch die Brauchbarkeit eines solchen Systems Abbruch tut.

Somit können wir annehmen, dass Religiosität (Lebenseinstellung nach gewissen traditionellen Glaubenswahrheiten oder neu erworbenen Einsichten) eine anthropologische Grundhaltung oder Konstante ist, die vor Ausbildung spezifischer Religionen und außerhalb dieser anzusehen ist und dem Menschen hilft mit einem widrigen Schicksal zurecht zu kommen. Sie ist aber zweifellos eine, der Evolution unterworfene, kulturspezifische Errungenschaft und unterliegt, wie bereits oben angemerkt, kulturhistorischen Bedingungen. In frühen Kulturen gab es und es gibt auch noch heute bei einzelnen indigenen Gesellschaften an sich und für sich keine Scheidung von Heiligem (Transzendentem) und Profanem (Alltäglichem), da ihre ganze Welt und das Leben von religiösen Vorstellungen durchdrungen waren oder sind. Wie uns die Kulturgeschichte klar vor Augen führt, kam es erst in der europäischen Neuzeit zu einer zunehmenden Bereitschaft zu einer Säkularisierung, d. h. nicht nur zur Aufsplitterung in Heiliges und Profanes, sondern auch zu einer Verweltlichung, einer weitgehenden Abwertung des Heiligen. Wir müssen aber heute anerkennen, dass eine Grenzziehung zwischen Heiligem und Profanem nur eine relative sein kann, da es Heiliges im Profanen und auch Profanes im religiösen Bereich verborgen sind.

Nach Vaas und Blume[125] gibt es 7 Elemente, die den substantiellen und funktionalen Aspekten der Religion am ehesten gerecht werde:

1. Glaube an die Transzendenz, d.h. Glaube an eine übernatürliche Macht oder Mächte
2. Glaube an eine Sinngebung . Bestimmung für den einzelnen Menschen, als auch für die Gemeinschaft.
3. Die Erfahrung des „Heiligen" bis hin zum Gefühl der Vereinigung mit dieser Macht (Mystik).
4.Welterklärung und Bewertung des unheilen Zustandes dieser Welt verbunden mit einem Versprechen des Heils und der Erlösung (Mythos)
5. Wertordnung durch Gebote und Verbote, die transzendent begründet werden (Moral).

---

[125] Vaas, R., Blume, M., Gott, Gene und Gehirn. Warum Glaube nützt. Die Evolution der Religiosität, Stuttgart ²2009, 22.

6. Symbolhaft aufgeladene Riten und Gegenstände zum Zweck der Reinigung und Heilung und Abweisung des Bösen zu verschiedenen Jahreszeiten und Übergängen (Ritus)

7. Soziale Verbundenheit einer Gemeinschaft durch den tradierten und geteilten Glauben (institutionelle und organisierte Erziehung, Verbreitung, Interpretation des Glaubengutes.)

Die Annahme einer Transzendenz und die Bezugname auf diese scheidet Religion von säkularen Glaubensdogmen und ultimativen Bezogenheiten (z.B. ekstatische Erlebnisse im Drogenrausch).

Nach dem oben Dargelegten erweist sich selbst in der Religionswissenschaft die Konzeption eines relevanten Religionsbegriffes als problematisch. Denn um den ganzen Gegenstandsbereich der Religion abzudecken, müsste man das substanzielle Religionsverständnis dem funktionellen nicht gegenüberstellen sondern annähern[126]. Während substantielle Definitionen erklären, was Religion ist, definiert der funktionelle, was Religion leistet (nach Günther Kehrer[127]).

Trotz der Vielfalt religiöser Vorstellungen und allen verschiedenen Definitionsmöglichkeiten sind doch alle Religionen immer eine Offenbarung des Absoluten, der einen, unveränderlichen Wirklichkeit in ihren unterschiedlichen Aspekten, um den vielfältigen Vorahnungen des menschlichen Geistes gerecht zu werden. Wohl sind die Wege zur Transzendenz verschieden, doch das Ziel bleibt aber immer das gleiche. Sri Ramakrisha meint: *„So viele Glaubensformen, so viele Wege."*[128]

Religiosität kann ebenso nicht mit wenigen Worten oder Sätzen, wie schon oben dargelegt, beschrieben, geschweige denn definiert werden. Von einem religionswissenschaftlichen Ansatz her, könnte man Religiosität als eine Verhaltens normierende, als auch Sinn gebende Erfahrung beschreiben, die emotionale und kognitive Zugehörigkeit vermittelt, wobei sie Kirchlichkeit einschließen kann aber

---

[126] Figl, J., Religionsbegriff, in Handbuch Religionswissenschaft, Innsbruck – Wien 2003, 75 f.
[127] Kehrer, G., Religion, Definitionen der, in HrwG (Handbuch religionswissenschaftlicher Grundbegriffe Bd. 23, 1998, 418.
[128] Zitiert nach Gostentschnig, M., Wissenschaft und Spiritualität. Eine Abgrenzung. Diss. Uni. Wien 2008.

nicht muss, da sie ebenso in außerkirchlicher und ungebundener Form erfahren werden kann. Religiosität, die als eine Erfahrungsbereitschaft angesehen wird, muss als solche Konsequenzen für die Lebenseinstellung haben: Anerkennung und Beziehung zu einem Übermenschlich-Göttlichen, Aufgeben des Egozentrismus im Sinne eines liebenden Altruismus und die Überwindung der, dem Menschen innewohnenden Destruktivität[129]. Andererseits bedeutet die Religiosität auch die Bereitschaft von Menschen, sich selbst, seine Mitmenschen und die Welt in eine Beziehung zum Göttlichen zu erleben und zu denken und sich sinngemäß dieser persönlichen Erfahrung oder den diesbezüglichen Überzeugungen und Weisungen einer Glaubensgemeinschaft zu verhalten. Die Basis für die Religiosität liegt in der Sensibilität und Offenheit des Menschen für die religiöse Dimension der Wirklichkeit, die zu einem diesbezüglichen Verhalten führt[130]. Formal könnte man Religiosität als die Art und Weise beschreiben, wie Menschen mit dem Glauben, der Glaubensgemeinschaft, der Religion, dem Gebet etc. im Alltag umgehen.

Religiosität ist die persönliche Haltung eines Menschen nach den Vorgaben einer Religionsgemeinschaft im Denken, Fühlen und Handeln zu leben und sich so auf die Transzendenz zu beziehen.

3.3.2 Spirituelle Erfahrung und Religion

Religion und spirituelle Erfahrung sind ein Beziehungspaar, da spirituelle Erfahrung nur sprachlich oder bildlich übermittelt werden kann, die einer Deutung und Interpretation bedarf. Die Interpretation hängt im Wesentlichen aber von dem vorherrschenden Welt- und Menschenbild ab, das durch die Religion oder durch ein philosophisches System seine Ausprägung erfahren hat und den gesellschaftlichen Veränderungen unterliegt. Eine spirituelle Erfahrung kann somit nicht nur der Kern einer Religion sein oder werden, sondern auch eine solche verändern.

Eine beabsichtigte Trennung von spiritueller Erfahrung und Religion ist heute durchaus berechtigt, weil es heute viele Menschen gibt, die sich zwar als nicht religiös, also keiner Religionsgemeinschaft zugehörig fühlen, sich aber als „spirituell" bezeichnen.

---

[129] Grom, B., Religionspädagogische Psychologie, Düsseldorf - Göttingen 1981, 16.
[130] Wittgenstein, L., Fußnote 157.

3.3.3 Die Wissenschaft und Religionskritik

Im Zuge der europäischen Aufklärung (Ende 18. Jahrhundert) kam es zu großen politischen, ökonomischen und damit auch zu gesellschaftlichen Umwälzungen, die eine Veränderung der geistigen Landschaft und ihr Verhältnis zur Kirche mit sich brachte. Heftige Diskussionen wurden in den Cafés, Clubs, Salons geführt und die neuen Ideen fanden in Europa schnell durch Zeitungen und Bücher große Verbreitung. Geheime (anonyme) Nachrichten von der „Falschheit" der Religion und ihrer Amtsträger und auch philosophisch begründete Ablehnung einer Notwendigkeit der göttlichen Weltschöpfung kursierten in allen größeren Städten Europas. In seinem Buch „L´ Homme machine" (1748) beschrieb La Mettrie seine Auffassung von der Maschinenähnlichkeit des Menschen, dem somit kein Fünkchen an Göttlichkeit zukomme, und behauptete, dass das eingehende Studium der Natur unweigerlich zum Unglauben (Atheismus) führen müsse.

David Hume erklärte, dass alle unsere Ideen nur aus unserer konkreten Welt entspringen können und wir deshalb gar keinen Begriff von der Unendlichkeit Gottes haben könnten: Gott kann daher nur über Analogien definiert werden, die aber seine Unendlichkeit einengen, die somit aber auch keine sein kann. Hume versuchte mit seinen beiden Büchern *„History of Religion"* und *„Dialogues Concerning Natural Religion"* (1750) die Vorstellung von der Existenz Gottes endgültig auszulöschen. Danach blieben nun zwei widerstreitende Tendenzen im Lager der Gegner des traditionellen Glaubens zurück: auf der einen Seite standen die Deisten und auf der anderen Seite die atheistischen Materialisten, die das scheinbar unfruchtbar gewordene Christentum immer weiter in die Defensive drängten.

In dieser Zeit des grenzenlosen Skeptizismus eröffnete sich auch schlagartig die beängstigende Perspektive der Gottlosigkeit. Eine Ewigkeit ohne Gott, eine Ewigkeit der gähnenden Leere und die dadurch entstehende Vorstellung von der Absurdität des Daseins, die existenzielle Ängste erzeugt. Montesquieu verwarf diese Idee des Atheismus und glaubte an die Hoffnung auf Unsterblichkeit, denn selbst dem eingefleischten Atheisten fällt es schwer, die Idee der absoluten Vergänglichkeit und des Nichts zu ertragen. Da aber der Wunsch nach Unsterblichkeit im menschlichen Geist fest verankert zu sein scheint, dürfte uns auch das Wunschdenken an den übernatürlichen Charakter der Ewigkeit eingegeben zu sein.

Denis Diderot (1713 - 1784) erklärte in seinem Werk, dass der Unglaube (d. h. der Glaube an die Nichtexistenz Gottes) der erste und wichtigste Schritt auf dem Weg zur wahren Philosophie sei und dass schließlich doch in der Natur alles nur Materie wäre: Das Werden (Geburt), Leben, Sterben und der Tod seien nichts anderes als Verwandlungen der Form des Lebendigen. Dem Menschen kann auch keine Freiheit gegeben sein, denn selbst sein Verhalten ist unerbittlich determiniert. Seine Moral sollte ja nicht auf dem Glauben an eine Gottheit beruhen, sondern nur auf Gesetzen, die das Zusammenleben in der Gesellschaft ermöglichen. Aber gerade die christliche Moral sei wider die Natur, da sie die sozialen Bande zugunsten einer „trügerischen" Liebe zu Gott schwäche.

Der unerschütterliche Skeptiker und Kritiker des christlichen Glaubens, der vielseitig gebildete Baron d´ Holbach (1723 - 1789) verteidigte seinen atheistischen Materialismus, indem er behauptete, dass im Grunde alle Menschen Atheisten seien, weil manche zwar ein Hirngespinst verehren, dabei aber lautstark verkünden, von diesem eigentlich nichts zu wissen.

Ist das 18. Jahrhundert noch ein Jahrhundert der Gottesleugner und Skeptiker, so wird das 19. Jahrhundert ein Jahrhundert der ideologischen Systeme, die mit einem gewaltigen Angriff auf die Kirche (Antiklerikalismus) den Tod Gottes vorbereiten. Und kaum hat man die Religionsfreiheit proklamiert, schmolz auch die Zahl der Kirchgänger rapide dahin und die Kirche verlor viele ihrer Anhänger und damit ihren Einfluss und Rückhalt in der Gesellschaft.

Vierzehnjahrhunderte lang, von Kaiser Theodosius bis zur Französischen Revolution, haben die Kirchen in Europa jeden *sichtbaren* Ausdruck des Unglaubens unterbinden können, doch während dieser ganzen Zeit konnte ein gewisser Unglaube im Untergrund schwelend weiter wirksam bleiben, um sich dann zur Zeit der Französischen Revolution jäh und gewaltsam zu entladen. 1799 hatte der aus Breslau stammende Philosoph Ludwig Schleiermacher (1768 - 1834) in seiner anonym publizierten Schrift „Über die Religion. Reden an die Gebildeten unter ihren Verächtern" die Religion auf ein Gefühl reduziert: *„Ihr Wesen ist weder Denken noch Handeln, sondern Anschauung und Gefühl." „Die Religion ist eine innere Darstellung* des Universums als Handeln Gottes, ein Seelenzustand, Bewusstsein unserer Einheit mit dem Unendlichen"[131].

Der Unglaube nahm im Laufe des 19. Jahrhunderts zweifellos massiv zu, obwohl er sich in verschiedenen Regionen Europas und in bestimmten Gesellschaftsschichten unterschiedlich rasch ausbreitete. Religions-soziologisch werden als Gründe für die atheistischen Tendenzen vor allem Fortschritte in der wissenschaftlichen Erklärung der Welt, die zu einer gewissen Wissenschaftsgläubigkeit verleiteten, genannt, aber auch die Ablehnung der rigiden, christlichen Moral, der starre Dogmatismus und der allgemein zunehmender Antiklerikalismus führten zu der zunehmenden Ablehnung kirchlicher Institutionen. Der Rückgang des Glaubens gründete auch auf der nun einsetzenden strikten Trennung von Heiligem und Profanem (Kirche und Staat) und im Gegensatz zu früheren Jahrhunderten musste die Trennung unvermeidlich zu einer Säkularisierung der Welt führen. Das Heilige wurde unversehens in das Innere des Individuums und in die Hände des Klerus verbannt. Die traditionellen christlichen Kirchen haben im Laufe des 19. Jahrhunderts in Europa weitgehend ihre Dynamik verloren und sind durch den Aufstieg der Naturwissenschaften und dann auch der Humanwissenschaften in eine Position der Defensive gedrängt worden, die schließlich den Bruch der Beziehungen zwischen der Kirche und den Wissenschaften unvermeidlich machen sollten.

Während das von Friedrich Hegel (1770 - 1831) entwickelte philosophische System noch die Endlichkeit des Menschen in der Unendlichkeit Gottes proklamierte und die Religion mit ihrem Widerspruch zwischen Gott und der Welt in der Philosophie noch aufgehoben erschien, wird von seinen Schülern und Gegnern ein atheistischer Materialismus entwickelt, der im Stofflichen (in dem schlichten *Sein*) den wahren Grund aller Wirklichkeit sah: Selbst das gesamte Weltgeschehen einschließlich des Lebens, der Seele und des Geistes kann nichts anderes sein als eine Wirkung des Stoffes, womit also das Sein dem Bewusstsein vorausgehen muss.

Ludwig Feuerbach (1804 - 1872) glaubte an eine Unversöhnlichkeit zwischen christlichem Glauben und der Philosophie, weil er davon ausging, dass der Mensch die Erkenntnis des Zwiespaltes zwischen Diesseits und Jenseits, zwischen der

---

[131] zitiert nach Minois, G., Geschichte des Atheismus, Von den Anfängen bis zur Gegenwart, Weimar 2000, 538.

Unendlichkeit (Gottes) und der Endlichkeit seines eigenen Wesens kaum ertragen kann und daher über Gebühr leiden muss. In Umkehrung der Philosophie Hegels versuchte er, durch eine Rückführung des menschlichen Geistes auf das sinnliche Empfinden des Menschen, die Unendlichkeit im Endlichen aufzuheben, um so die Einheit von Körper und Geist wiederherzustellen. Die Selbstzerrissenheit, die Entfremdung und Verarmung des Menschen ist die fatale Folge der Trennung von Körper und Geist. Feuerbach strebte nach einer Philosophie der Zukunft, die nicht von den spekulativen Ansichten des Idealismus ausgehen sollte, sondern den Menschen *in concreto* mit seiner sinnlichen Erfahrung zum Ausgangspunkt bestimmt. Er erklärte die Religion als eine Projektion menschlicher Wunschvorstellungen und schloss so auf die Nichtexistenz Gottes. An der Konstruktion Gottes und am Glauben waren seiner Meinung nach nur psychologische Kräfte am Werk, wie auch bei jedem anderen Wunschdenken: Alle Erfahrungen sind also rein subjektiv, wenn auch wechselseitig mit anderen Erfahrungen mental verbunden. Seine Projektionstheorie wurde zur philosophischen Grundlage für den Atheismus des Marxismus und der Naturwissenschaften.

3.3.4 Marx - Nietzsche - Freud

Für Karl **Marx** (1818 - 1883) verstand sich der Atheismus von selbst. Die Vorstellung eines waltenden Gottes, als eine menschliche Projektion, wie sie Feuerbach sieht, stellte für ihn kein wirkliches Problem dar, da sie sich seiner Meinung nach eines Tages ohne jegliches Zutun von selbst auflösen werde. Der Mensch und seine Gesellschaft produziert die Religion, um sich in einer fantastischen Verkehrung menschlicher Schwächen über sich selbst zu erheben. *„Die Religion ist der Seufzer der bedrängten Kreatur, das Gemüt einer herzlosen Welt, wie sie der Geist geistloser Zustände ist. Sie ist das Opium des Volkes.“*[132] Im Gegensatz zu Feuerbach sah Marx die Religion nicht nur als Produkt der menschlichen Einbildungskraft, sondern eher als das Ergebnis der sozio-ökonomischen Verhältnisse, wobei die Ausgebeuteten, wenn schon nicht hier auf Erden, so doch im Jenseits Lohn und Heil erwarten. Daher predigte er die *Revolution* und eine Selbsterschaffung und Verwirklichung des neuen, auf sich selbst gestellten Menschen, wobei er annahm, dass gleichzeitig auch religiöse Vorstellungen von selbst verschwinden müssten. Vor

---

[132] zitiert nach Minois, 2000, a. a. O., 554.

allem müssten die sozialen Umstände (Missstände) und die Proponenten, die die Gottesvorstellung hervorgebracht haben, beseitigt werden, denn nach der proletarischen Revolution werde sich der befreite Mensch selbst verwirklichen können und damit das „Betäubungsmittel" nicht mehr benötigen.

Historische Grundlagen für seinen Hass auf das Christentum und folglich seine revolutionären Forderungen, es auszutilgen, waren die Rechtfertigung der Sklaverei durch das Christentum in der Antike, die Leibeigenschaft im Mittelalter und die von den Christen tolerierte, schamlose Unterdrückung und Ausbeutung des Proletariats in der Neuzeit. Die Diskrepanz zwischen den sozialen Forderungen des Christentums und der tatsächlichen Situation weiter Bevölkerungsschichten erschienen ihm absolut als unerträglich, weshalb er den Zusammenschluss aller Proletarier forderte, um den Aufstand der Massen gegen ihre Unterdrücker zu organisieren.

Friedrich **Nietzsche** (1844-1900) war mit Sicherheit einer der bedeutendsten Philosophen, Denker und Poeten des ausgehenden 19. Jahrhunderts. Seine Religionskritik zielte sowohl auf die Metaphysik als auch auf die Gotteslehre, insbesondere auf die der christlichen Theologen. Der von ihm postulierte autonome Mensch muss sein Leben selbst in die Hand nehmen können und es ohne einen Glauben an Götter und an ein Jenseits neu gestalten.

Seiner Meinung nach sprechen mehrere Gründe gegen alle metaphysischen Spekulationen: die Erkenntnistheorie, die Geschichte und die Psychologie. Die Frage nach einer Erkenntnis einer Welt jenseits unserer sinnlich erfahrbaren Wirklichkeit wurde von ihm eindeutig abgelehnt[133]. Seiner Meinung nach ist die menschliche Erkenntnismöglichkeit in unserem Diesseits eingegrenzt, darüber hinausgehende, das Transzendente berührende Schlussfolgerungen sind daher nicht zulässig und somit obsolet. Die transzendente Welt der Götter sind lediglich Projektionen unserer Wunschvorstellungen. Seiner Meinung nach haben die Menschen aus dem „Nichts" Götter und die transzendente Welt geschaffen, es sind aber Träume, die die Menschen als eine Wirklichkeit erachten und zu metaphysischen Gegebenheiten verarbeiten. Dieses Gedankengebäude galt ihm als ein einziger Irrtum, mit dem sich

---

[133] Weihschedel, W., Gott der Philosophen, Bd.1, Darmstadt 1985, 43f.

aber der Mensch bereits seit seiner *Menschwerdung* herumgeschlagen hat. Die Unabwendbarkeit des menschlichen Schicksals, die Unzufriedenheit mit dieser unserer Welt und der Wunsch nach einer besseren sind somit die psychischen Wurzeln metaphysischer Spekulationen, denen er allerdings eine gewisse Bedeutung bei der Entwicklung der menschlichen Kultur zugestand.

So erklärte Nietzsche schlicht und einfach: Gott ist tot! Schon vor der Veröffentlichung der *Fröhlichen Wissenschaft* (1881) war der Tod Gottes und das Sterben der Religion als ein häufiges Motiv in seinen philosophischen Betrachtungen zu erkennen[134]. Gemäß der damaligen atheistischen Strömungen (Feuerbach, Marx und Freud) und seiner eigenen Überzeugung verlangte er den Tod Gottes durch Hand seines menschlichen Schöpfers und sah sich selbst am bereits am *„Sterbebett des Christenthums"*. In dem berühmten Aphorismus 125 vom tollen Menschen verkündete er den Tod Gottes: Aber es erschreckte ihn nicht sosehr die Vorstellung von der Tötung Gottes, sondern die Folgen des Todes Gottes: *das Verschwinden des Sinns und der Werte*, die über Jahrhunderte gültige Vorstellungen waren. Er prophezeite eine Zukunft, die ohne Sinngebung und ohne Moral mit konsekutiver Orientierungslosigkeit nur durch den *Übermenschen*, der dann die Stelle Gottes einnehmen sollte, überwunden werden kann.

Die Religion und religiöse Gefühle sind bei Nietzsche neurotische Phänomene, sie sind wie die Schwäche und Kraftlosigkeit physiologisch-psychische Prozesse und eine nervlich bedingte Instabilität, die zu einer Deformierung menschlicher Daseinsweise führen und daher aus dem Leben eliminiert werden müssen. Seine Religionskritik und die, mit ihrer einhergehenden Destruktion der Metaphysik und der Moral, sollten die Voraussetzung zur Umwertung aller Werte schaffen, die den Übermenschen erst möglich machen. Als Radikalaufklärer und „Umwerter" hat Nietzsche sich mit seinem Rundumschlag gegen die Religionen, besonders gegen das abendländische Christentum, Gehör verschaffen wollen, nicht nur bei seinen noch unschlüssigen Gesinnungsgenossen, sondern auch bei den Christen, die er als „Wahr"-sager provozieren wollte, indem er sie in den Spiegel ihrer Geschichte blicken ließ[135].

---

[134] Figl, J., Der Tod Gottes und die Möglichkeit „Neuer Götter", in: Nietzsche Studien 29, 2000, 92.
[135] Biser, E., Gottsucher oder Antichrist. Nietzsches provokative Kritik am Christentum, Salzburg 1982, 115.

Siegmund **Freud** (1856 - 1939) wuchs in einem jüdischen Haushalt, in der Obhut eines böhmischen, christlichen Kindermädchens auf. Es war die Zeit der großen naturwissenschaftlichen Entdeckungen und technischen Errungenschaften. Es herrschte überall das Gefühl vor, alles wissenschaftlich mittels physikalischer und mechanistischer Gesetzmäßigkeiten erklären zu können. Infolge der modernen Evolutionstheorie Darwins, die ein plausibles Erklärungsschema für fast alle Bereiche des Lebendigen zu liefern schien, wuchs eine echte Wissenschaftsgläubigkeit als neue Religion heran, die den traditionellen Religionen die Vormachtstellung in der Welterklärung streitig zu machen drohte. Wiewohl Freud stets betonte, ein Atheist zu sein, kann man sich nur wundern, dass er sich zeitlebens mit den Problemen der Religion und des Glaubens herumgeschlagen hat.

Die sechs Jahre, die Freud bei dem Physiologen Ernst Brücke, einem überzeugten medizinischen Materialisten, studierte, dürften ihn grundlegend geprägt und seine Vorstellung, dass in einem Organismus nur chemisch-physikalisch erklärbare Reaktionen ablaufen, gefestigt haben. Damit ist für ihn auch die Psyche lediglich ein seelischer „Apparat", der zerlegt werden kann. Die ersten Entdeckungen auf dem Gebiet psychologischer Grundstrukturen machte er, animiert von den Schriften des französischen Gelehrten Jean-Martin Charcot, durch Selbstbeobachtungen und durch Anamnesen bei psychisch erkrankten Menschen an einem Wiener neurologischen Krankenhaus.

Auch er war, wie schon Feuerbach und Nietzsche, der Ansicht, dass die Religion als Projektionen scheinbar unbefriedigter Wunschvorstellungen zu bewerten sei. Freud versuchte nun in seinem umfangreichen Werk darzulegen, dass die Religion in Wirklichkeit nur eine Illusion, der Ausdruck einer Neurose wäre, die eine Regression bewirkt, wobei das infantile Erleben mit einem übermächtigen Vaters gesucht wird, der Verbote ausspricht, aber auch in einer feindlichen Umwelt Schutz bieten kann. Trotz jahrzehntelangem Forschen in seinem eigenen Seelenleben und dem seiner Patienten, konnte Freud den Wahrheitsgehalt und das Faszinosum, das von der Religion ausgeht, psychoanalytisch keineswegs ergründen. Man darf in diesem Zusammenhang daran erinnern, dass Freud 1899 von einer „Wissenschaftsreligion" spricht, welche die etablierten Religionen ersetzen sollten, womit er gewissermaßen zu einem Gründungsmitglied einer neuen Religion, der *Wissenschaftsgläubigkeit,* wurde. Er war sicherlich auch der Ansicht, dass seine psychoanalytische Religionskritik nach den Aufklärungsschriften von Feuerbach, Marx, Nietzsche und Darwin besonders geeignet sei, die Religion im Denken der Menschen endgültig auszulöschen. *„Auf die Dauer kann der Vernunft und der Erfahrung nichts widerstehen, und der Widerspruch der Religion gegen beide ist allzu greifbar."*[136] Allerdings stellte Freud einige Behauptungen auf - so sehen es zumindest heute viele Psychologen - die er bereits als erwiesen ansah, die aber bis heute lediglich unbewiesene Hypothesen geblieben sind. So meinte z. B. Erich Fromm, dass es keine Menschen ohne religiöse Bedürfnisse gäbe, vor allem ohne Bedürfnis nach Ordnung und Orientierung, und nach dem Besitz eines Objektes der Verehrung[137].

Die neuen wissenschaftlichen Erkenntnisse der Physik, Chemie, Geologie, Biologie etc. haben im Laufe des 19. Jahrhunderts nicht nur atheistische Ansichten in Philosophie, Geisteswissenschaften und Literatur zur Folge, sondern haben, wie bereits erwähnt, auch die traditionellen christlichen Kirchen Europas leergefegt, da viele Menschen an die überkommenen Vorstellungen, die von den kirchlichen Institutionen seit Jahrhunderten gepredigt wurden und werden, aufgrund widersprüchlicher wissenschaftlicher Erkenntnisse nicht mehr glauben können oder wollen.

3.3.5 Säkularisation

Wenn heute von einer zunehmenden Säkularisation gesprochen wird, meint man den Prozess, der im deutschen Sprachgebrauch am ehesten mit dem Wort „Verweltlichung" wiederzugeben ist. Eine Verweltlichung bedeutet sowohl einen Verfall religiöser Vorstellungen als auch ein Übereinstimmen mit dem Profanen, das das Sakrale mehr oder minder ausschließt. Aber sie kann auch als eine Abkehr der Gesellschaft von der traditionellen Religion bedeuten. Max Weber hat noch am Anfang des 20. Jahrhunderts eine weiter zunehmende Säkularisierung prognostiziert, die er auch als eine Verweltlichung, Umsetzung, Verdiesseitigung, als Ablösung traditioneller Werte und Absterben religiöser Traditionen oder kurz als *„Entzauberung der Welt"* bezeichnete. Aber er wollte auch an eine Wiederkehr der Spiritualität

---

[136] Freud, S., Die Zukunft einer Illusion, (1927) GW. Bd. 14, 25.
[137] Fromm, E., Psychoanalysis and Religion, New Haven, 1950, 25.

glauben. In der Gegenwart vermeint auch der österreichisch-amerikanische Religionssoziologe Peter L. Berger bereits Anzeichen einer *„Wiederverzauberung"* ausmachen zu können, die er vor allem an den boomenden Angeboten an Esoterik, Magie, Okkultismus, u. Ä. und einer längst nicht mehr überschaubaren Literatur zu dieser Thematik unschwer zu erkennen glaubt[138]. Man sollte allerdings meiner Meinung nach jedoch vermeiden, von einer Wiederkehr des „Religiösen" zu sprechen und dabei einerseits die Abspaltungen von großen Religionsgemeinschaften oder den Zustrom zu psychologisch motivierte Gruppierungen im Auge zu haben und diese auch mit neuen religiösen Bewegungen verwechseln. Die Suche nach einem Gleichgewicht des Körpers oder der Psyche und der Wunsch nach einer Harmonie mit sich und dem Weltall oder auch den Erdkräften, selbst eine unbedingte Hingabe zu einem Lehrer oder Guru kann nicht unbedingt als religiös eingestuft werden, es sei denn, dass man die Kategorie des „Religiösen" so stark verdünnt und ausdehnt, dass sie nahezu alles menschliche Tun umfassen würde. Während man einerseits einen augenscheinlichen Rückgang, möglicherweise selbst ein allmähliches Absterben des Religiösen in den modernen Gesellschaften konstatieren zu können glaubt, meinen Religionssoziologen heute, wie bereits angemerkt, lediglich einen Wandel der Sozialgestalt des Religiösen feststellen zu können.

3.3.6. Historische Wurzeln der Säkularisation

Als Säkularisation können wir den Prozess bezeichnen, in dem sich die Gesellschaft aus ihren traditionellen religiösen Bindungen zurückzieht und sich von der religiösen (eher konfessionellen) Bevormundung befreit, wodurch die kirchlichen Institutionen einen augenscheinlichen Autoritätsverlust erleiden müssen.

Obwohl der Begriff Säkularisation erst sehr viel später gebräuchlich wird und eine Überführung von kirchlichem Gut in weltlichen Besitz bezeichnet, begannen sich die Wissenschaften, die Medizin und die Künste schon im 16. und 17. Jahrhundert aus der allmächtigen Bevormundung durch die Kirche zu emanzipieren. Das Prinzip des methodischen Zweifels, das René Descartes (s. o.) in Philosophie und Wissenschaften einbrachte, beeinflusste alles weitere Nachdenken über die Grenzen der menschlichen Erkenntnis und damit auch das Nachdenken über Gott und die Welt an sich. Die menschliche Vernunft wurde folglich zum Prüfstand jeglicher

---

[138] Berger, L. P., a. a. O. Gütersloh 1999, 35.

Erkenntnis. Im 19. Jahrhundert erreichte die Radikalität des methodischen Zweifels ihren Höhepunkt, indem selbst die Existenz Gottes zu einer schlichten Hypothese herabgewürdigt und infrage gestellt wurde. Die Sozialwissenschaftler Karl Marx, Émile Durkheim und Max Weber prognostizierten eine weitgehende Säkularisation der Gesellschaft und auch der Begründer der Psychoanalyse Sigmund Freud glaubte, dass mit einer Erneuerung der Gesellschaft ein Niedergang der Religiosität einhergehen werde. Vor allem durch die Konzipierung des modernen Staates, die eine strikte Trennung von kirchlichen und staatlichen Institutionen vorsieht, setzte ein neuer Schub der Säkularisierung ein und führte zu einer zunehmenden Abnahme des Einflusses von Religion (Kirche) in Politik und Gesellschaft. Die Religion wurde damit vom öffentlichen Raum in die individuelle Lebenssphäre des Bürgers verbannt und zu einer reinen Privatsache erklärt.

3.3.6 Das Verhältnis von Staat und Religion: Säkularismus im 21. Jahrhundert

Es gibt in der westlichen Welt zwei Standartmodelle des Säkularismus:

1. das des französischen „Laizismus" und

2. das der US-amerikanischen Trennung von Kirche und Staat.

Vielfach meint man heute, dass das europäische Modell einer strikten Trennung von Kirche und Staat auf der protestantischen Vorstellung der rein persönlichen Beziehung zwischen dem Glaubenden und Gott beruht, wobei jedoch übersehen wird, dass Religion gar keine rein private Angelegenheit sein kann, da auch der gläubige Mensch und Bürger eines Staates notwendigerweise mit den säkularen Richtlinien des Staates konfrontiert wird. Somit kann es eigentlich kein universell gültiges Modell für die Beilegung von Konflikten zwischen religiöser Identität und der Öffentlichkeit geben. Charles Taylor meint, dass es eigentlich keine klare Trennung von säkularen und religiösen Teilen einer Gesellschaft geben kann, weil Säkulares und Religiöses wechselseitig aufeinander verweisen und sich so in gegenseitiger Abhängigkeit voneinander definieren. Man kann daher auch nicht dem Irrtum verfallen, dass heute eine strikte Trennung von Religion und Staat, wie es das französische und amerikanische Modell an sich vorsehen, gelingen könnte, da sich der Staat nicht nur um kulturellen sondern auch mit den religiösen Ansichten seiner Bürger befassen muss (z. B. Garantie der Religionsfreiheit). In den heutigen westlichen Gesellschaften, die zunehmend eine multiethnische und multikulturelle Diversifizierung erfahren haben, muss daher der Staat den rechten Umgang mit den verschiedenen kulturellen und religiösen Gruppierungen pflegen, um den Zusammenhalt der Gesellschaft managen zu können[139]. Mittlerweise haben auch die Soziologen erkannt, dass die Phänomene einer multikulturellen und religiösen Diversivität methodologisch nicht mehr nur unter der Rubrik einer strikten Trennung von Religion und Staat zu erfassen sind. Denn mit der augenscheinlichen religiösen Pluralität in den westlichen Gesellschaften kommt es zwangsläufig zu einem Rückgang der dominierenden religiösen (christlichen) Glaubensüberzeugung und damit auch zu einem Verlust der bis vor kurzem noch gültigen Wertevorstellungen, wobei auch eine zunehmende Detranszendentalisierung augenscheinlich wird. Der säkulare europäische Staat bewegt sich daher in den engen Grenzen zwischen Relativismus, der die moralisch motivierten Kräfte unterhöhlt und einem religiösen Fundamentalismus, der die Einheit des Staates gefährdet[140]

In den seit jeher multiethischen, multikulturellen und multireligiösen Ländern des Ostens (Indien, China, Japan) ist die Säkularisierung kein Thema. Säkularisierung im westlichen Sinne außerhalb des europäischen Kontinentes ist fast ausschließlich ein Phänomen einer geistigen Elite, die sich mit den Vorgaben des europäischen Säkularismus zu identifizieren trachtet. Vor allem die Gesellschaften des indischen Subkontinentes zeigen sich aber von dem heute vorherrschenden europäischen Säkularismus kaum beeindruckt noch beeinflusst[141].

Allerdings ist der niederländische Anthropologe Peter van der Veer der Ansicht, dass im Hinblick auf die asiatischen Ländern wie China und Indien der Prozess der Säkularisierung und die Verweltlichung im Rahmen der Globalisierung als eine „Verwestlichung der Welt" nicht willkommen geheißen wird, wobei aber die westliche Kultur mehr oder weniger freiwillig übernommen wird. Die Welt von Heute wird immer mehr zu einer Auseinandersetzung mit außereuropäischen Kulturen und damit auch

---

[139] Ch. Taylor „managing diversity": Einübung in den Umgang mit kultureller und religiöser Diversität der Gesellschaft, die ein Maximum an Freiheit und ein Maximum an Gleichheit religiöser Ansichten zum Ziel haben muss. „Modes of Secularism and Religious Responses" Konferenz des IWM 4. – 6. 06. 2009 in Wien.

[140] Lehmann, H., Säkularisierung. Der europäische Sonderweg in Sachen Religion, Göttingen ²2004 und ders. Die Entzauberung der Welt: Studien zu Max Weber. Bausteine zu einer europäischen Religionsgeschichte im Zeitalter der Säkularisation, Göttingen 2009.

[141] Van der Veer, P., Lehmann, H., Nation and Religion . Perspectives on Europe and Asia, Princeton , N.J. 1999.

religiöser Überzeugungen. Obwohl der Begriff Spiritualität seit langem bekannt war, wurde das Konzept der Spiritualität aber erst im späten 17. Jahrhundert in Europa erfunden. Dieser Begriff ist allerdings heute wesentlich mehr von asiatischen Gedankengängen und Praktiken, wie Yoga, Tai Chi, Chi Gang oder Feng Shui durchdrungen und diese primär mit Religionsvorstellungen verbundenen Praktiken, haben heute sogar die westlichen Business-Schulen und Managementseminare erobert. Mit diesen vorwiegend meditativen Konzentrationsübungen, die in diversen Kursen angeboten werden, sollen Menschen für den Beruf und auch für das tägliche Zusammenleben konditioniert werden.

3.4 Spiritualität und Religionen

3.4.1 Spiritualität

Es gibt leider heute eine Unzahl verschiedener Definitionen für die Begriffe von Spiritualität und Religiosität, die ich schon weiter oben zur Diskussion gestellt habe. Wegen der Heterogenität und Multidimensionalität beider Begriffe erscheint eine gegenseitige Abgrenzung daher sehr schwierig zu sein. Die Begriffe sind - wissenschaftlich gesehen - nur artifizielle Sprachkonstrukte zur Beschreibung menschlicher, psychologischer Dimensionen, die über die Erfahrungen des Alltags hinausgehen. Man könnte heute einfach unter dem Begriff Religiosität den Glauben an eine höhere Macht im Rahmen einer bestimmten Konfession (Christentum, Judentum, Islam, Buddhismus etc.) verstehen, die sich in der Ausübung spezifischer Rituale im konfessionellen Sinne manifestiert, während die Spiritualität eher als ein religiöses Erleben zu beschreiben ist, das individuell über jegliche Glaubensüberzeugung hinausgehen kann und es dem Menschen ermöglicht, Lebenssinn[142] zu erfahren. Im Offensein für die Transzendenz erfährt sich der Mensch selbst als die letzte Wirklichkeit und erkennt die ihn vorwärts treibende Kraft auf dem Pfad zum Aufstieg zu seinem „endgültigen" Ziel. Es muss allerdings betont werden, dass Phänomene der Spiritualität durch gesellschaftliche, ökonomische, physiologisch-medizinische, psychologische und nicht zuletzt kulturelle Implikationen gesteuert und determiniert werden. Deshalb ist es notwendig, festzuhalten, dass eine

---

[142] Lebenssinn umfasst das Vorhandensein von Gefühlen der Kohärenz und Kontinuität, eine wertschätzende Einstellung dem Leben und der eigenen Person gegenüber, Zufriedenheit und Wahrnehmen der individuellen Verantwortung (nach Frankl, V.E., Lapides, P., Gottsuche und Sinnfrage, Gütersloh [2]2005)

gelebte Spiritualität weit entfernt ist von einer volkstümlichen Frömmelei oder den vielfachen, spirituellen Lebensstilangeboten, die auf dem Markt der Religionen wohlfeil zu haben sind[143]. Die Hinwendung zu einer „neuen" Spiritualität ist heute sicherlich auch der Ausdruck eines inneren Protests gegen die veräußerlichten und oft erstarrten Formen der Spiritualität der traditionellen kirchlichen Institutionen.

Evelyn Underhill[144] hat in Hinblick auf die Spiritualität angemerkt, dass das spirituelle Leben das *Kernelement jeder wahren Religion* ist und daher für das Leben des Menschen eigentlich von vitalem Interesse sein müsste. Sie nennt sie die Erfüllung, genau genommen, *die Wirklichkeit des Lebens*, für welche die Menschheit erschaffen zu sein scheint.

3.4.2 Mittel und Wege zur Transzendenz

Wenn die Spiritualität als die universale, menschliche Sehnsucht nach Geistigkeit verstanden werden kann, muss eine enge Verwandtschaft zwischen Glauben und Spiritualität, die auch die Mystik mit einbezieht, bestehen. Theistische Traditionen bezeichnen in diesem Zusammenhang die Mystik als eine umfassende Liebeserfahrung in einer Gemeinschaft mit Gott, atheistische Religionen hingegen verweisen auf eine Vereinigung mit dem Universellen und ein Aufgehen oder Verschmelzen mit dem Einen[145] („unio mystica"). Somit umfasst die Spiritualität eine große Bandbreite religiöser Orientierungsmöglichkeiten und Erfahrungen, die nach Walter Principe zwar in enger Beziehung zueinander stehen, aber doch in zwei verschiedenen Ebenen ablaufen:

So ist Spiritualität als erlebte und gelebte Praxis:

1. als Lehre und Wegweiser auf dem individuellen Lebensweg und
2. auch eine systematisch vergleichende und kritisch erprobte Erfahrung[146].

---

143 Flasche, R., Neue Religionen, in Antes, P. (Hg) a .a. O., 1996, 280.
144 Underhill, E., The Spiritual Life: Great Spiritual Truth for Every Day Life, Boston 1992, 36.
145 King, U., Spirituality, in J. Hinnels (Hg.), Living Religions, London ²1198, 669 f.
146 Principe, W., Towards Defining Spirituality, Sciences Religieuses Vol. 12, 1983, 127 f.

3.4.3 Christliche Spiritualität

Im christlichen Sinne gilt die *„betende Versenkung in Gottes Wort* als *Mittel der Gotteserkenntnis"*[147] , als der Weg zur Selbstverwirklichung in der Nachfolge als Jünger Christi. Die Wegweiser sind die Lectio (Memoration christlicher Texte), die Meditatio als geistige Annäherung, die Oratio, das Gebet als gemeinsame oder individuelle Zwiesprache mit Gott und die Contemplatio als Vorahnung von Heil und Erlösung.

In unserer Gegenwart wird ein Pluralismus an „Spiritualitäten" angeboten und auch scheinbar gelebt, und so müssen wir uns fragen, was das Spezifische an der abendländisch, christlichen Spiritualität sein kann[148]. Da, wie bereits oben angemerkt, das Wort *spiritualis* als eine ursprüngliche, zunächst nur dem Christentum vorbehaltene Wortschöpfung anzusehen ist, befinden wir uns mit dem Begriff Spiritualität auf einem genuinen, d. h. urchristlichen Terrain, womit aber keineswegs behauptet werden soll, dass spirituelle Zugänge, die nicht dem christlichen Glauben entspringen, keine Kompetenz in der heutigen Spiritualitätsdebatte hätten.

Die Wurzeln der christlichen Spiritualität (Geistigkeit, vom Hl. Geist erfüllt) finden wir in den Schriften des Apostel Paulus (s. o.). Das griechische Wort πνευματικός , das er nicht direkt auf den alttestamentlichen Gebrauch des Begriffes *ruach* als Hauch Gottes oder Lebensspendender Atem der hebräischen Bibel bezieht, stellt der Apostel Paulus in den Mittelpunkt des christlichen Glaubens, besser in den Mittelpunkt, der die Lebenspraxis in der Nachfolge Christi bestimmen soll[149]. In der urchristlichen Gemeinde soll nur die „geistliche", d. h. nur eine vom Geist Gottes erfüllte Lebenseinstellung die adäquate Form des Christ seins werden. Der „eingegossene" Geist ist für Paulus nicht nur Grundlage und Vermittlung des Glaubens, sondern das besondere Geschenk der Gnade[150].

Die griechischen und lateinischen Bekenner und Kirchenväter verstanden sich als Zeugen der Nachfolge Jesu Christi und wollten mit ihren religiösen, mystischen

---

[147] Nierl, M., Meditation , in Religion und Geschichte der Gegenwart, Tübingen 2002, 968.
[148] vgl. Virt, G., Christliche Spiritualität, in: Damit Menschsein Zukunft hat. Theologische Ethik im Einsatz für eine humane Gesellschaft, Würzburg 2007.
[149] Gal 5,25
[150] Kor 12,4 -11

Schriften und spirituellen Anleitungen der christlichen Lehre und ihres christlichen Lebens Ausdruck verleihen. Die monastischen Reformbewegungen des Mittelalters wandten sich bewusst mit ihrer asketisch-spirituellen Lebensweise gegen die Verweltlichung der erstarkten Kirche. Einen Höhepunkt der Spiritualität erlebte die Christenheit mit der spirituellen Lebenspraxis eines Franz v. Assisi. Die zunehmende, vor allem akademische Trennung von Theologie und spiritueller Lebenspraxis führte dann in der lateinischen Scholastik zu einer eher eingeengten, weil individualisierten Frömmigkeitshaltung, wie wir sie von Meister Ekkehart, Hildegard von Bingen, Therese von Avila, Ignatius von Loyola, Johannes vom Kreuz u. a. kennen.

Schon in der jungen Kirche aber war das Auftreten eines oft ekstatisch erlebten Spiritualismus Anlass zu heftigen Auseinandersetzungen, da dieser vornehmlich als eine Flucht in die eigene Innerlichkeit gewertet und mit einer gnosisartigen Geisteshaltung verbunden wurde, sodass die wirkliche und tiefe Religiosität von unechtem, magieartigem Spiritualismus bald nicht mehr zu unterscheiden war.

Nach christlicher Auffassung ist zwar der Geist Gottes zweifellos für den menschlichen Geist unfassbar, aber er lässt sich, gemäß der Offenbarung des Neuen Testamentes, in eine geschichtliche Biographie, in ein menschliches Leben eingrenzen: *„Und das Wort ist Fleisch geworden und hat unter uns gewohnt"*[151].

Christliche Spiritualität ist als eine rein personale Erfahrung zu bezeichnen, die aber in der christlichen Gemeinschaft kommunikabel, d. h. intersubjektiv vermittelbar ist. Sie ist somit kein Geheimwissen nur für Eingeweihte und weist daher auch keine engere Verwandtschaft mit der Spiritualität esoterischer Geheimlehren auf. Aber was ist die spezifisch christliche Spiritualität, was gehört zu ihrem Grundbestand und was ist an ihr als konstitutiv zu erkennen?

Im Neuen Testament, so müssen wir festhalten, fordert Jesus, als inkarnierter Geist Gottes im Gegensatz zu den damaligen heidnischen Kulten weder Ekstase, noch Mystik, weder ein Fasten und schon gar keinen spezifischen Kult, sondern er hat die Gottesliebe und eine allumfassende Liebe zu der gequälten Menschheit zum

---

[151] Joh 1, 14

höchsten Gebot erhoben, er predigte ein vertrauensvolles Leben vor und in Gott, Nächsten- ja selbst Feindesliebe. Damit hat Christus die Trendwende zu einer allumfassenden Liebe in dem menschlichen Miteinander vorgezeichnet[152].

Im Gegensatz zu den asiatischen Religionen ist das Christentum, eine Religion, die in einer engen Beziehung zu ihrer eigenen Geschichte steht, die gleichzeitig als Heilsgeschichte erlebt und gelebt wird. Die Offenbarung ist im Wesentlichen von einer Verbindung der Dimensionen des Konkreten wie des Universalen gekennzeichnet: Der Heilige Geist, der in der Kirche (Leib Christi) die Spiritualität verkörpert, ist untrennbar mit dem historischen Jesus Christus verbunden. Somit ist die Spiritualität des Christentums *die* konkrete, geistgewirkte Weise, in der jemand seinen Glauben, d. h. seine Bindung an Christus vollzieht. Aber *die* christliche Spiritualität an sich gibt es nicht, sie bleibt in concreto immer nur auf die individuelle Person bezogen, in welcher der Glaube Gestalt annimmt.

Die wahre Nachfolge Christi ist also der spirituelle Weg, der nicht nur ein Weg der Seele, sondern auch der des Leibes sein muss und sich tatsächlich nur im Rahmen des Alltäglichen verwirklichen kann. Es ist dem Menschen nur über die beschwerlichen Stufen möglich, zur Anschauung Gottes in seiner Unendlichkeit zu gelangen, weshalb christliche Spiritualität nicht nur mit einer Innerlichkeit gleichgesetzt werden kann, sondern nur als wahrhaftig gelebte Nachfolge ihre Verwirklichung erfährt[153].

Der rechte Glaube an die Verheißung muss schon *vor* irgendeiner erlebten Erfahrung den spirituellen Weg vorzeichnen, der den Menschen in seinem Lebensvollzug zur Umkehr (μετάνοια) und zum Aufbruch zu einer Pilgerschaft nach christlichem Muster lenkt[154]. Da die christliche Spiritualität personal ausgerichtet ist, wodurch eine echte und enge Beziehung herstellt wird, ist sie weder in eine vage Metaphysik eingebunden, noch ein diffuser Transzendenzbezug. Im Zentrum der christlichen

---

[152] Benke, Ch., Was ist Spiritualität? Vortrag an der Theologischen Sommerakademie in Strassbourg im Juli 2007.
[153] Frankiel, S., S., Christianity: A Way of Salvation, in: Earhart, H.B. (Hg.), Religious Traditions of the World, New York 1993, 559.
[154] Wick, P., Unverständnis, Schrecken, Auferstehung und fragende Nachfolge, in: Pauly, St. (Hg.), Spiritualität in unserer Zeit, Stuttgart 2002.

Spiritualität steht das Wort, der Logos. Der Mensch wird von Gott angesprochen und der Mensch antwortet dem persönlichen Anruf.

Christliche Spiritualität ist demnach *„die geistgewirkte, existentielle Antwort des Menschen auf das Heilswirken Gottes in seinem Geist. In der Mitte zwischen Gottes Handeln und des Menschen Antwort, gleichsam als verbindendes Glied, steht der Geist, der Geist der Liebe [...] Er verbindet Gottes und des Menschen Handeln miteinander; er schafft Gemeinschaft"*[155] . Spiritualität im christlichen Sinn will daher mehr sein als nur eine Nische für religiöse Bedürfnisse. Sie ist eine vom Glauben getragene und reflektierte Lebensform: *„Alles, was ihr in Worten und Werken tut, geschehe im Namen Jesu, des Herrn."*[156] Im Epheserbrief hat Paulus diese Forderung um die mystische Komponente erweitert, indem er schreibt: *„Christus möge kraft des Glaubens in eurem Herzen wohnen."* [157]In der abendländisch-christlichen Spiritualität ist die Meditation[158] der Versuch einer gedanklichen Aneignung und Durchdringung religiöser Aussagen, die am besten in vier Schritten erfahren wird, wobei bei den spirituellen Übungen der eingehend gelesene Text in ein Zwiegespräch mit Gott im Gebet einfließt und in der Kontemplation zur inneren Schau führen soll. Eine eingehende Anweisung zur Meditation verdanken wir Ignatius von Loyola[159].

Im Mittelpunkt der christlichen Spiritualität steht eindeutig das Gebet, eben das dialogische Verhältnis des Einzelnen zu Gott. Dieses impliziert natürlich den Glauben an den einen, dreifaltigen Gott und hat ihn zum Urgrund. Im Gebet findet der Gläubige die Basis, auf dem er sich als Christ begründen kann[160].

Das Grundmuster, das Modell des christlichen, spirituellen Weges zur Erlösung ist aber der Nachvollzug von Kreuz und Auferstehung: ein Hinübergang durch Leben,

---

[155] zitiert in: Schulte, L., Aufbruch aus der Mitte. Zur Erneuerung der Theologie christlicher Spiritualität im 20. Jahrhundert - im Spiegel von Wirken und Werk Friedrich Wulfs SJ (1908 -1990) 1998, 28.
[156] Kol 3, 17.
[157] Eph 3,17.
[158] Meditation ist die Bewusstseinsschulung zur Veränderung der sinnlichen Wahrnehmung, der Konzentration des Willens und aller kognitiven wie emotionalen Funktionen im Sinne von Dekonditionierung erlernter Verhaltens-, Gefühls- und Urteilsmuster. Definition nach M. v. Brück, Meditation, in: RGG, Tübingen 2002, 964.
[159] Ignacio de Loyola: Geistliche Übungen/Ignatius v. Loyola. Übertr. aus dem span. Urtext mit Erläuterungen der zwanzig Anweisungen v. A. Haas. Neuausgabe Freiburg im Breisgau 1999.
[160] Biser, E., Heinzmann, R., Mensch und Spiritualität. Eugen Biser und Richard Heinzmann im Gespräch, Darmstadt 2008, 88 – 89.

Leiden und Tod zur Auferstehung in das neue Leben. Das neue Leben in Christus bewirkt einen *„Umbau des Wirklichkeitsbewusstseins"* (R. Guardini) zu einer neuen Weltsicht aus dem Heiligen Geist Gottes. So findet sich in der christlichen Spiritualität nicht die Mystik, die man oft darunter verstehen möchte, als eine besondere Erfahrung der Ergriffenheit oder Innigkeit, also keine „peak experiences" und schon gar keine außerordentlichen Bewusstseinszustände, sondern nur den steinigen Weg, der den Menschen zum Bewusstwerden der Schwere der christlichen Botschaft führt.

Diese Sicht der christlichen Spiritualität bringt der Arzt, Priester und Dichter Angelus Silesius[161] in folgendem Gedicht so treffend zum Ausdruck[162]:

Wird Christus tausendmal zu Bethlehem geboren:
Und nicht in dir: du bleibst doch ewiglich verloren.

Soll dich des Herren Angst erlösen von Beschwerden,
So muss dein Herz zu einem Ölberg werden.

Das Kreuz von Golgatha kann dich nicht von dem Bösen,
Wo es auch nicht in dir wird aufgerich`t, erlösen
.

Ich sag, es hilft dir nicht, dass Christus auferstanden
Wo du noch liegen bleibst in Sünd und Todesbanden.

Wenn du dich nicht erhebst und lässt Gott walten
So wird in deinem Geist die Himmelfahrt gehalten.

Das Neu-Jerusalem bist du für Gott, mein Christ,
Wenn du aus Gottes Geit ganz neu geboren bist
.

Der Himmel ist in dir und auch der Hölle Qual,
Was du erkiest und willst, das hast du überall.

---

[161] Angelus Silesius (lat. Schlesischer Bote, eigentlich Johannes Scheffler, 1624 – 1677 , Sohn eines protestantischen Arztes. Er konvertierte 1653 zum Katholizismus wegen des damals vorherrschenden dogmatischen Protestantismus, der der Vernunft gegenüber der mystischen Ausprägung des Christentums den Vorzug gab. 1661 Weihe zum kath. Priester, schrieb gedanklich scharf zugespitzte Prägungen für das mystische Erlebnis des Einssein mit Gott.
[162] Vgl. von Glasenapp, H., Die fünf Weltreligionen, Kreuzlingen /München 2005, 363.

Zusammenfassend lässt sich die christliche Spiritualität als ein ganzheitlicher, auf die Erfahrung der Heilswirksamkeit Gottes reagierender Glaubensvollzug des Menschen beschreiben[163].

3.4.4 Spiritualität im Judentum

„Ruft ihr mich an, geht ihr hin und betet zu mir, dann werde ich auf euch hören. Und sucht ihr mich, so werdet ihr (mich) finden, ja fragt ihr mit eurem ganzen Herzen nach mir, so werde ich mich von euch finden lassen"[164].

Die Suche nach Gott ist eigentlich nur durch völlige Hingabe zu erreichen, die somit Antwort und kein Schweigen Gottes verheißt. Der sehnliche Wunsch nach einem dialogischen Verhältnis zur Transzendenz wird nur durch eine vollständige Entäußerung seines Selbst zur Erfüllung hin geführt werden.

In der jüdischen Tradition und Religion wird jeder einzelne Jude oder Jüdin (geboren von einer jüdischen Mutter oder Proselyt) durch die kollektive Erwählungsaufgabe Israels in die Pflicht genommen, d. h. durch die Erfüllung des Gotteswillens anhand der, von Gott an Moses offenbarten Anweisungen (Tora[165]), um so die Geschichte zu ihrem Gott gesetzten Ziel zu führen. Von jedem Juden kann erwartet werden und wird erwartet, dass er sich einem lebenslangen Lernen, dem Torastudium unterzieht und sich so in die spezielle Spiritualität des Judentums einlebt. Der Mensch soll mit allen seinen Tätigkeiten des täglichen Lebens seine Frömmigkeit und Liebe zu Gott und zu den Menschen beweisen. Die Gebote der Tora sind daher nur Mittel, mit deren Hilfe der Jude Gott in der Welt nachfolgen und daher die Heiligkeit der göttlichen Allgegenwart realisieren kann. Juden sind überzeugt, dass die Toraerfüllung die besten Voraussetzungen schafft, die göttliche Bestimmung des Menschen zu erreichen. Das aber verlangt eine Tora gerechte Disziplinierung des leiblich-irdischen Lebens, um sich so der Fesseln des Materiellen entledigen zu können, um so frei zu werden und zu einer höheren Stufe der Erkenntnis zu gelangen. Für Moses ben Maimon (Maimonides, gest. 1204) gilt die selbstlose Liebe zu Gott als höchste Stufe der Religiosität, die Frömmigkeit selbst ist im Hinblick auf

---

[163] Heyden, E., Christliche Spiritualität, in Khoury, A., Th., Lexikon religiöser Grundbegriffe. Judentum - Christentum - Islam, Wiesbaden 2007.

[164] Jer 29, 12-14. Vgl. Mt 7, 8: Zuversichtliches Beten

[165] Tora, hebr., Weisung, Gebot, auch Belehrung.

den zu erwartenden Lohn/Strafe doch nur eine Stufe zu ihr. Da alles auf Erden der göttlichen Allgegenwart entströmt, sowie das eine zum vielen, vom Geistigen zum Körperlichen, wie das Licht zur Finsternis, so entstammt die menschliche, ewige Seele der Göttlichkeit und kehrt nach dem leiblichen Tode zu ihr zurück.

In der Verpflichtung, das Schma´ Israel („Höre Israel"[166]) täglich zweimal zu rezitieren, kommt der Jude zu seiner ganz persönlichen Bindung zu Gott. Diese Spiritualität bezeichnet der mystische Theologe Abraham J. Heschel (1907-1972) *„gelebtes Leben in der beständigen Gegenwart Gottes"*[167]. Jüdische Spiritualität erweist sich somit als ein Erwachen und ein bewusstes Öffnen der Augen, um alle unendlich vielen schönen, geheimnisvollen und heiligen Dinge zu sehen, die sich jederzeit in der Allgegenwart Gottes ereignen. Die Vorstellung, dass Gott überall ist, bedeutet aber nicht, dass er etwa unsichtbar wäre, *„nein, wenn wir aufmerksam hinschauen, können wir Gottesgegenwart überall finden, denn Gott hat alles gemacht. Und weil Gott in allem verborgen ist, ist alles miteinander verbunden"*[168].
Juden wie Christen verstehen sich als ein Teil eines großen lebendigen Organismus, in dem alles mit und untereinander verbunden ist. Überall verlaufen unsichtbare Verbindungsfäden, die mit allem, mit dem Universum und mit Gott eine enge Beziehung herstellen. So sind alle Menschen miteinander verbunden und diese Allverbundenheit ist in Gott. *„Alle sind heilig, die ganze Gemeinde und der Herr ist mitten unter ihnen"* [169]. Die Gottesforderung an Israel nennt diese Pflicht: Sie ist die von Gott gewollte Menschengemeinschaft, die durch immer wiederkehrende Entscheidung und Erneuerung zu bilden ist, wodurch die umfassenden Gottesherrschaft in der Welt verwirklicht werden kann: *„Religion ist nicht wie Spiritualismus; was der Mensch in seiner konkreten physischen Existenz tut, ist für Gott unmittelbar relevant. Spiritualität ist das Ziel, nicht der Weg des Menschen"* [170].

Obwohl Juden in der Allgegenwart Gottes leben, ist ein rein geistig-geistliches Dasein kein legitimer jüdischer Lebensweg: Ben Asai (um 110 n. Chr.), ein Rabbi, von dem überliefert wird, das er in spiritueller Versenkung und in vollkommener

---

[166] Dtn 6,4-9
[167] zitiert nach Kushner, L., Jüdische Spiritualität, München 2001, 7.
[168] ebd. 22
[169] Num 16,3
[170] Heschel, A.,J., Gott sucht den Menschen: eine Philosophie des Judentums, Neukirchen - Vluyn 1980, 230.

Askese gelebt haben soll, bildet hier sicher eine Ausnahme, er wurde aber nie zu einer Leitfigur, da man seine Lebensweise abfällig beurteilt: *„Du predigst schön, handelst aber nicht schön"* (b Jabmut 63b)[171].

In vieler Hinsicht sind sich christliche und jüdische Spiritualität ähnlich, was nicht verwundert, hat doch das Christentum seine tiefen Wurzeln im Judentum. Im Gegensatz zum Christentum ist das Judentum aber wesentlich stärker auf diese irdische Welt bezogen und auch das Leben nach dem Tod hat bei Juden einen wesentlich geringeren Stellenwert. Sie versuchen, vor allem in Übereinstimmung mit der Lehre auf dem Weg, den Moses vorgezeichnet hat, das irdische Leben zu meistern, was für sie an sich schon Lohn bedeutet.

Der amerikanische Rabbi Harold Samuel Kushner erläutert seine Sicht der jüdischen Spiritualität mit folgenden Sätzen*: „Unserer Schwerpunkt auf dieser Welt lässt uns nach dem Heiligen im Hier und Jetzt suchen, auch in dem, was weniger kritische Betrachter gewöhnlich oder vordergründig materiell nennen würden. Diese Welt und alles in ihr sind eine Manifestation von Gottes Gegenwart. Gottes Gegenwart zu finden, ist unsere Herausforderung und unser Ziel und unsere Herausforderung und unser Ziel sind es auch, anderen zu helfen, sie ebenfalls zu finden"* [172].

Der jüdische Religionswissenschaftler Martin Buber, der sich um die Bedeutung der jüdischen Frömmigkeit besonders bemüht hat, vertritt die Ansicht, dass der Chassidismus als ein Modellfall weltverbundener, jüdischer Frömmigkeit angesehen werden kann. Die Mystik, aber nicht nur die jüdische Mystik - charakterisiert er, als eine äußerste, dialogische Position des Menschen, in welcher die Begegnung mit dem ewigen Du zu einem reinen Ereignis werden kann. Diese „unio mystica" muss man als Tatsache begreifen, wonach außergewöhnliche Menschen aller Völker, Kulturen und Religionen und zu allen Zeiten eine innere, innige und geheimnisvolle, autobiographisch bezeugte Lebensgemeinschaft mit Gott erfahren können[173].

---

[171] Vetter, D., Jüdische Spiritualität, in Lexikon religiöser Grundbegriffe, a.a.O.
[172] Kushner, L., 2001, a.a.O. 79
[173] Wehr, G., Martin Buber, Reinbek bei Hamburg 1986, 119-120.

3.4.5 Spiritualität und Islam[174]

Die Spiritualität des Islam, der jüngsten der „abrahamitischen" Religionen[175], ist im Grunde genommen ähnlich der ihrer geistigen Vorgängerinnen: Es ist ein ständig bewusst sich bemühender Lebensvollzug im Sinne Gottes (Allahs).

„Unendlichkeit ist die Heimat, aus der Allah die Seele gebracht und dann wieder durch die Zunge Seines Gesandten – Allah segne ihn und gebe ihm Heil – aus ihrer Verbannung hervorgerufen hat"[176].

Die Botschaft des Propheten Mohammed war seit Anbeginn mit dem Schrecken eines künftigen Gerichtes und mit der Mahnung zu ständiger Umkehr verbunden[177]. Die Nachfolge entsprechend dem Geheiß des Propheten ist daher ein Streben nach der Liebe Gottes und Gerechtigkeit im Umgang mit seinen Mitmenschen

Der geistige Aufstieg des Menschen vollzieht sich in dreifacher Weise und besteht aus Aneignen von Wissen durch ein ständiges Auswendiglernen der heiligen Texte des Koran, Handeln in Liebe und Gerechtigkeit und dem sich daraus ergebenden Zustand, in dem der Aufgerufene (Mensch) in die Gegenwart des Antwortenden (Allah) versetzt wird.

Die fromme Askese, ein dem Jenseits zugewandter Gottesdienst und vor allem die mystische Ekstase richten sich immer gegen den kalten, uns of beherrschenden Rationalismus, weil der Mensch einsehen muss, dass seine Erkenntnisfähigkeit vor dem Geheimnis der Größe Gottes nur unzulänglich sein kann. Wie das Judentum und das Christentum hat auch der Islam mit der Furcht vor dem Schrecken der Gerechtigkeit Gottes die Menschen in Askese, Weltflucht und quälende Gewissensnot getrieben. So hat auch der Islam eine eigenständige Spiritualität entwickelt, die sich als Weltflucht, Askese, Kontemplation, Meditation und ekstatischen Übungen manifestieren kann.

---

[174] Islam, arab. bedeutet die Unterwerfung (dem Willen Gottes)
[175] Diese Religionen berufen sich auf Abraham (arab. Ibrahim) als ihren Stammvater.
[176] Zitat aus Al-Hikam al-Àta íyya (Buch der Weisheit) übersetzt und kommentiert von N.H.M. Keller http://www.tauhid.net/buchderweisheit.html 05.01.2009
[177] Endreß, G., Der Islam. Eine Einführung in seine Geschichte, München ³1997, 67.

Immer wieder haben einzelne Menschen versucht, in einsamer Meditation in Abgeschiedenheit, nach dem Vorbild des Propheten, Erleuchtung, ja die Begegnung mit der Herrlichkeit Gottes zu erleben. Als Krönung ihrer Frömmigkeit erhoffen sie sich nicht nur Begegnung sondern ein Einswerden mit Allah, also die „ unio mystica", wie wir sie auch von anderen Religionen her kennen.

Wege zur Spiritualität im Islam

Die via obedientiae, der Weg des Gehorsams[178]: Das rituelle Pflichtgebet, das Muslime täglich fünfmal verrichten und das private Gespräch mit Gott führt dann zum mystischen Gebet (dhikr). Das gemeinsame Gebet, das mit gleichen Worten und Gesten in der Gemeinschaft gebetet wird, erneuert tagtäglich die Bindungen, die zwischen Allah, dem Einzelnen und der religiösen Gemeinschaft geschaffen werden sollen. Das individuelle Gebet ist eine Zwiesprache mit Gott und erst das mystische Gebet wird dann zur Grundlage einer erwartungsvollen Hingabe.

Die via purgativa, der Weg der Reinigung[179] erfolgt über die rituelle Reinigung mit Wasser, gelegentlich mit Sand oder Staub. Eine sexuelle Enthaltsamkeit oder der Zölibat wurde im Islam niemals in so konsequenter Weise, wie im Christentum gelebt.

Die via illuminativa, der Weg der Erleuchtung führt über die Ekstase zu der ersehnten Schau. Indem der Adept sich im Wirbeltanz dreht meint er, angezogen von der überirdischen Macht des Geistigen, das irdische Schwerefeld zu überwinden. Der Tanz der Sufi gilt als eine Leiter zum Himmel, zu der glückselig machenden inneren Schau.

Die via unitiva, der Weg zur Vereinigung: Obwohl der Fromme schon zu Lebzeiten den Zustand der „unio mystica" zu erreichen sucht, findet die „Hochzeit der Seele" erst im Augenblick des Todes statt. Die mystische Liebe, wie sie im Islam bekannt ist, drückt sich in vielen Aspekten der Weiblichkeit aus, die sich nach der Vereinigung mit der göttlichen Gnade sehnt. Die direkte Erfahrung Gottes gilt aber als so überwältigend, dass man keinen Ausdruck dafür finden und nur in Metaphern

---

[178] Möde, E., Spiritualität der Weltkulturen, Graz-Wien-Köln 2000, 231.
[179] Schimmel, A., Die Zeichen Gottes. Die religiöse Welt des Islam, München 1995, 131 f.

darüber sprechen kann. So finden wir in einem Gedicht der berühmten osmanischen Dichterin Mikri Hatun[180] folgende Zeilen:

…*„Wie soll mein Geist diesen Kummer ertragen, der alles tötet,*
Du, der Du das kranke Herz mit Deinem Bild heilst,
Welche Plage, dass Medizin mich tötet wie Gift,
Heute kommen meine Freunde und Feinde weinend,
Noch habe ich nicht mein schicksalhaftes Ende erreicht, doch töten
mich diese Verwirrungen.
Oh mein Rivale, warum sollte man sich grämen, wenn Mikri auf
Dem Dorn der Liebe stirbt?"…[181]

Auch die islamische Spiritualität bedeutet eine ständige Umkehr und eine Neuorientierung auf dem Weg zu Gott. Der Mensch übt sich im Kampf gegen sich selbst, zu sich selbst und damit zu Allah. Das kann er durch Einsamkeit, Zurückgezogenheit, wiederholten Anrufungen der Namen Allahs[182], Selbstkritik und ständige Selbstkontrolle erreichen. Er zerreißt damit, so zu sagen, die Fesseln der inneren Dimension seiner eigenen Existenz und kann vertrauend auf der Lehre des Glaubens sein Herz für Allah öffnen. Damit begibt er sich auf den selig machenden Weg zur Erlangung einer höheren Dimension des Bewusstseins, auf der er zu höherem Wissen gelangen kann. Nur die dazu erforderliche Aufrichtigkeit in der praktischen Ausübung der Religion führt schließlich zu Allah. Kann es dem Gläubigen gelingen, sich durch ein tugendhaftes Leben ein inniges Herz oder spirituelles Wissen anzueignen, so wird er eine höhere Dimension des Bewusstseins erlangen können.

Bei eingehender Betrachtung der drei monotheistischen Religionen fällt als erstes die Ähnlichkeit der religiösen Vorstellungen ins Auge und damit auch im Grunde das Ziel der Spiritualität, das die Versenkung des Selbst in der göttlichen Allgegenwärtigkeit erhofft, aber nur in der der alltäglich gelebten Liebe zu Allah und zu den Mitmenschen seine Realisation erfährt.

---

[180] Mikri Hatun: islamische Dichterin(gest. um 1512)

[181] zitiert nach Elias, J.,J., Islam, Freiburg im Breisgau 2000, 84

[182] 99 Namen, die Allah charakterisieren: 1- 32: Allah der Herrscher 33 – 59: Allah der Erschaffer, 60-92: Eigenschaften Allahs, 92-99: Allah, der Einzige.

In den letzten Jahren, insbesondere nach den Anschlägen von 11. September verbindet man im Westen den Islam sehr zu Unrecht mit Terror und Gewalt, Unterdrückung der Frau und einer die Menschenrechte verletzenden, nicht tolerablen Rechtsprechung. Aber das ist lediglich die fundamentalistische Form des Islam, doch durch viele Jahrhunderte haben Muslime in der einen oder anderen Form die Ideale des Sufismus[183]praktiziert: Ein Spiritualismus (s. o.), der die mystische Verbindung des Individuums mit dem Göttlichen sucht. Der sufische Ethos ist in seinen wesentlichen Zügen egalitär, wohltätig, friedlich und den Menschen zugetan. Von seiner Wiege im heutigen Pakistan wurde er von Wanderpredigern und Geschichtenerzählern, oft vermengt mit einheimischen kulturellen Elementen in der ganzen islamischen Welt verbreitet[184]. Mit dem Zusammenbruch der großen islamischen Reiche am Ende des 19. Jahrhunderts verlor der Sufismus allerdings zunehmend seinen Einfluss und wurde von einem eher fundamentalistischen und nationalistischen Islam abgelöst oder überschichtet. In der westlichen Welt wird der Sufismus heute als eine Alternative gesehen und wegen der asketischen Lebensform hoch geschätzt. Durch die Verse des bekannten mittelalterlichen Dichters Rumi[185], der übrigens ganz besonders auch von New Age Spiritualisten verehrt wird, erhält der Sufismus seine spezielle Note. Diese Ausprägung des Islam wird vor allem von den Taliban, die eine wörtliche Interpretation des Koran vertreten, heftig bekämpft.

3.4.6 Die Spiritualität in den hinduistischen Religionen am Beispiel der *bhakti*[186] Frömmigkeit

Bei einer intensiveren Beschäftigung mit den hinduistischen Religionen fällt dem westlichen Betrachter sofort ins Auge, dass der Hinduismus niemals etwas ganz ablegt, alles einmal Erkannte als einen Schatz behütet und bewahrt, immer wieder neue Vorstellungen und Praktiken allem Früheren hinzufügt und auch bereit ist, selbst fremde, religiöse Vorstellungen in die eigene Tradition zu integrieren. Dazu kommt noch, dass frühere philosophische und religiöse Inhalte immer wieder neu interpretiert werden, wodurch sie im Wandel der Zeit verändert und neu adaptiert

---

[183] Der Sufismus verkörpert die Absicht, mittels Liebe und Hingabe in Richtung der Wahrheit zu gehen, es ist das selbstlose Erfahren und die Verwirklichung der Wahrheit (Javad Nurbakhsh, Sorbonne Paris 1963).

[184] Der Sufismus wird besonders von den Taliban in Afghanistan, die eine wörtliche Interpretation des Koran vertreten, bekämpft.

[185] Mawlana Jalal al-Din ar-Rumi (1207-1273) muslimischer Mystiker, der in Konya (Türkei) gelebt und gelehrt hat.

[186] Bhakti,, skrt. Liebe zu Gott, Hingabe an das Erwählte, absolute Treue.

werden können. Der Hinduismus ist mit seinen Anfängen vielleicht die älteste, der noch mit Leben erfüllten religiösen Traditionen, da er sich ständig wieder neu belebt oder so zu sagen neugeboren wird, wobei karmische Einflüsse von Vergangenheit und Gegenwart seine Gestaltung auch in neuester Zeit zu prägen scheinen. Wir könnten den Hinduismus als die Gesamtheit aller, sich auf die vedischen Schriften beziehenden, religiösen und philosophischen Systeme verstehen, die nur aus europäischer Sicht eine scheinbare Einheit bilden, in Wahrheit aber eine Fülle unterschiedlicher, religiöser Systeme in sich vereinigt. Deshalb kann auch von einer Vielzahl von Möglichkeiten hinduistischer Spiritualitäten gesprochen werden.

Als ein besonderes Beispiel spiritueller Entwicklung im Hinduismus sei daher auf die *bhakti* Religiosität hingewiesen, die viele Aspekte mit den von uns bereits besprochenen Vorstellungen von Spiritualität gemeinsam zu haben scheint.

Die mystische Gottesliebe führt jeden Menschen, trotz seiner Sündhaftigkeit und seinem menschlichen Versagen zur Erlösung (moksha[187]). Als grundsätzliche Voraussetzung gilt allerdings die Bereitschaft, Gott mit ganzem Herzen zu lieben. Wer Gott nicht liebt, die dharma[188] gemäßen Weisungen deshalb auch nicht befolgt, wird immer wieder in den Kreislauf der Wiedergeburten mit allen seinen Leidensvorstellungen zurückgestoßen und gerät zwangsläufig in eine völlige Gottesisolation, so zu sagen zum „Tor der Hölle". Die gläubige Liebe zu Gott entbindet nicht, sondern verpflichtet daher besonders zu einem frommen Leben. Der Mensch muss nach einem Gleichgewicht zwischen jnana[189] und bhakti streben, um seinen Aufstieg auf dem Heilsweg auch selbst verwirklichen zu können und dabei ist der Weg der hingebensvolle Liebe die beste Voraussetzung zu einer Vereinigung mit der Gottheit.

---

[187] moksha, .skrt. endgültige Befreiung und Erlösung von allen weltlichen Bindungen, vom Karma und dem Kreislauf von Geburt und Tod durch Vereinigung mit Gott oder Erkenntnis der letzten Wirklichkeit.

[188] Dharma, skrt. Grundlage der menschlichen Moral und Ethik, gesetzliche Ordnung des Universum und folglich die Basis jeder Religion

[189] Jnana, skr. sowohl allgemeines Wissen als auch spirituelle Weisheit und Erleuchtung, somit die Erkenntnis der letzten Wirklichkeit: die transzendente Verwirklichung der Einheit von Atman und Brahman, damit ist auch der intellektuelle, logische Weg der Gotteserkenntnis gemeint.

Bhakti verlangt von den Gläubigen eine schlichte und selbstlose religiöse Grundhaltung, in der es nur auf Glauben und Gottesgnade (*prasada*[190]) ankommt. Rituale, Mantras oder Yantras gelten als überflüssig und fast hinderlich auf dem spirituellen Weg[191]. Die bedingungslose Hingabe ist der Weg, so verlangt Krsna von Arjuna in der Bhagavadgita: *„Gib alle Pflichten auf und nimm allein zu mir deine Zuflucht. Sei nicht betrübt, denn ich werde dich von allen Übeln erlösen"* [192].

Shankara[193] hat als erster eine zusammenhängende, philosophische Interpretation der Heiligen Schriften verfasst, die damit zur Grundlage der *Vedanta*[194] Lehre wurde. Seine Philosophie des *advaita vedanta*[195] beruht auf der Auffassung der nicht dualen Wirklichkeit des *brahman*. Der individuelle atman ist identisch mit brahman, aber die Menschen vermögen infolge der Illusion (maya) in der Welt der Formen sie nur als zwei von einander getrennte Wesenheiten erkennen. Erst die Erkenntnis der alleinigen Existenz des brahman durchbricht die Illusion und beendet damit den Kreislauf der Wiedergeburten. Im Tod verschwindet der individuelle atman wie ein Wassertropfen im Ozean des brahman. Der Weg zur Befreiung ist bei Shankara der yoga des Wissens. Die geistige Erkenntnis ist das Ziel der Erlösung. Shankara möchte aber auch mit seinen Schriften darauf hinweisen, dass lediglich intellektuelles Streben nach der Erkenntnis ohne eine spirituelle Erfahrung nutzlos bleibt.

Zu einer Zeit als der Hinduismus infolge der Ausbreitung des Buddhismus weit in den Süden abgedrängt wurde, entwickelten die Alvars, Vaishnava Heilige, Verehrer Vishnus, eine ausgeprägte Liebespoesie, die die hingebungsvollen Liebe und Verehrung eines persönlichen Gottes verherrlicht. In den Hymnen werden die Bemühungen Vishnus besungen, den Menschen zur Hilfe zu kommen, wenn er als avatara[196] auf die Erde niedersteigt und auch in dem Tempelbild Wohnung bezieht. Vor allem wird Vishnu in seiner Menschengestalt als Krsna, der die Kuhhirtinnen mit seiner Anwesenheit erfreut, verehrt. Diese Dichtungen sind durchdrungen von einer großen Sehnsucht und auch mit bisweilen erotischer Leidenschaft.

---

[190] Prasada, skr. Gnade, Gust oder Wohlwollen Gottes.
[191] Gunturu, V., Hinduismus, München 1969, 129.
[192] Rhadhakrishnan, S., Die Bhagdavadgita, XVIII, 66, Gütersloh o J., 434.
[193] Shankara (um 788 -820) siehe Lorenz, K., Indische Denker, München 1998, Kapitel Shankara.
[194] Vedanta : Schlussbetrachtungen der Veden, wie sie in den Upanishaden enthalten sind. Die in ihnen verstreuten Offenbarungen und tiefen Einsichten, die sich vor allem mit Brahman und Atman und dem Verhältnis der beiden zueinander, beschäftigen, stellen die Grundlage der Vendanta Philosophie dar.
[195] Advaita vedanta: Nicht Dualismus.
[196] Avatara: Herabkunft, Inkarnation des göttlichen Bewusstseins auf Erden.

In seinem Kommentar zur Bhagavad Gita entfaltet Ramanuja[197] eine besondere Form eines persönlichen Mystizismus: Da Gott „versteckt" in der menschlichen Seele wohnt, bleibt er ihr unbekannt, solange bis die Seele zu der erlösenden Erkenntnis gelangt. Diese Kenntnis erwirbt sich der Mensch, wenn er Gott mit ganzen Herzen und ganzem Gemüt, ihm ganz hingegeben dient.

Für Ramanuja wird die göttliche Begegnung in der von der bhakti – Frömmigkeit geprägten Beziehung von Gott und dem verehrenden Menschen zur Realität.

„Ist das Brahma, das in der Meditation das verehrend zu Betrachtende ist, als etwas vom Subjekt des Betrachtenden Unterschiedenes zu betrachten oder als der Atma des betrachenden Subjektes? [...] Das verehrend zu Betrachtende ist der Atma des betrachtenden Subjektes (= der höchste Atma selbst). In dieser Weise möge man das Brahma verehrend betrachten"[198] .

Ramanujas Transzendenzerfahrung ist nur in der Dynamik des meditativen Vollzuges denkbar, weil es von ihm als ein beständig festes Erinnern verstanden wird und dank des intensiven Vergegenwärtigens „Schau-Charakter" annehmen kann. Die so vollzogene Meditationspraxis wird nur durch die liebende Hingebung (bhakti) in seiner existentiellen Relationalität möglich gemacht, indem im Vorgang des Meditierens dem Meditierenden das Intendierte (nämlich Gott) sich selbst als Subjet vergegenwärtigt.

Das Intendierte ist bei Ramanuja und seinen geistigen Nachfolgern Vishnu als der höchste und einzige Gott, der auch seine höchste Würde mit keinem teilt: Erlösung ist zugleich ewiger Dienst in frommer Hingabe und schließlich Gemeinschaft mit Gott in Vaikuntha[199].

Das Ziel der östlichen Meditationspraxis ist das bewusste Erfahren der Erleuchtung, die Erfahrung des Absoluten, wobei ein nicht dualistischer Bewusstseinzustand

---

197 Ramanuja (1055-1137), vgl. Lorenz, K., Indische Denker, München 1998, 200 ff.
198 SriBh, Sribhasya (Ramanuja) Sarirakamimamsabhasya . In: Sri Ramanuja´s Nine valuable Works, zitiert nach Oberhammmer, G., Transzendenzerfahrung als absolute Begegnung, Wien 2003, 50.
199 Vaikuntha, skr. Vishnus´s Paradies, vgl.: von Stietencron, H., Der Hinduismus, München 2001, 51

erreicht werden soll. Dazu eignen sich vielfältige Meditationsanweisungen, wie Yoga, Mantren[200], Körper- und vor allem gezielte Atemübungen.

Aus der Sicht des Advaita Vedanta wird die Spiritualität als die Suche nach der Wirklichkeit definiert, während die Wissenschaft den Bereich der Realität abdecken soll. Der spirituelle Suchende begibt somit auf den Weg nach der Gewahrwerdung der Wirklichkeit. Diese Suche beginnt schon auf der Ebene des empirischen Bewusstseins, indem man versucht durch unterschiedliche Praktiken, wie Yoga zur Gewahrwerdung der Wirklichkeit zu gelangen. *„ Die Erkenntnis, zu der Wissenschaft gelangen kann ist immer relativ, während die Gewahrwerdung der Wirklichkeit absolut ist. Die Objekte der Wissenschaft sind vergänglich, während das Objekt der Spiritualität unvergänglich ist [...]"*[201]. Während sich die Wissenschaft mit der Vermehrung des Wissens über die Realität befasst, strebt Spiritualität nicht nach Neuem, sondern um die Gewahrwerdung der Wirklichkeit.

Als im Westen die hinduistischen und buddhistischen meditativen Versenkungs-praktiken im Rahmen des Weltparlamentes der Religionen in Chicago 1893[202] von einem interessierten Publikum aufgenommen wurde, fanden sich viele Nachahmer, da sich viele Menschen unversehens zu den fern-östlichen Heilslehren hingezogen fühlten und sich dann auch von spirituellen Lehrern, die nach dem Parlament eine regelrechte Missionierung betrieben, ausbilden ließen. Auch noch heute haben die religiöse Toleranz und die Möglichkeit, sich persönlich zu vervollkommnen, einen ganz wesentlichen Anteil an der Ausstrahlungskraft, die die hinduistischen und buddhistischen Lehren und Praktiken für den Westen im Gegensatz zu den Vorstellungen der doktrinären, christlichen Kirchen so anziehend machen. Da im Westen aber meist nur die heiligen Texte, die philosophischen Gedankengänge und vor allem die Anweisungen des Hata Yoga[203] Anklang finden, werden die kulturellen Aspekte geradezu ignoriert, die zu dieser Philosophie geführt haben. Die besonderen Praktiken des *Yoga* haben sich in unserer Zeit der Privatisierung der Religion durchaus als hilfreich erwiesen, da sie der Einzelne für seinen privaten Gebrauch

---

[200] Mantra, skr. Kraftgeladene Silbe oder Folge von Silben, die kosmischen Kräften Ausdruck verleiht. Als Form der Meditation wird die ständige Wiederholung vor allem in buddhistischen Schulen geübt.
[201] Gostentschnig, M., Wissenschaft und Spiritualität: eine Abgrenzung. Diss. Uni. Wien 2008,130.
[202] Lüddeckens, D., Das Weltparlament der Religionen von 1893: Strukturen interreligiöser Begegnung im 19. Jahrhundert, Berlin/New York 2002
[203]

verwenden kann, um sich mit ihnen auf den Weg zu seinem persönlichen, spirituellen Ziel zu machen. Abendländern betrachten so *Yoga* Praktiken, meist völlig aus dem religiösen und kulturellen Kontext gerissen, nur als mentale und körperliche Übungen, um dem Geist Ruhe zu verschaffen und den Körper zu ertüchtigen[204], womit der eigentliche Sinn dieser Praxis jedoch nicht erreicht wird.

3.4.7 Spiritualität im Buddhismus am Beispiel der Vajrayana Frömmigkeit Tibets.

Die Faszination die Tibet und der tibetische Lamaismus ausstrahlen, beruht auf der westlichen Vorstellung, dass Tibet und seine Bewohner ein durch und durch friedfertiges Land wäre, eine Vorstellung, die vor allem in Europa infolge der langjährigen strengen Isolation des Landes entstanden ist. Tibet ist seit langer Zeit eine starke Quelle der Inspiration für die auch heute im Westen geübte Praxis des Buddhismus, denn die spirituellen Pfade des Lamaismus führen nicht dazu, sich etwas anzueignen, sondern etwas los zu werden. Der Schlüssel zu einer glücklichen Ausgewogenheit im modernen Leben liegt in der Einfachheit[205]. Die westliche Welt aber, die geprägt ist von der ständigen Jagd (Gier) nach immer mehr, kompliziert das Leben, verursacht Unzufriedenheit und in ihrer Folge auch psychosomatische Erkrankungen. Der Mensch benötigt aber Zeit zur Besinnung: Die tibetische Richtung des Buddhismus hat im Westen deshalb so starken Anklang gefunden, da sich die existentielle Grundhaltung des tibetischen Buddhismus kontemplativ mit wachem Blick nach innen richtet und somit zu psychischer Ausgewogenheit, Wohlbefinden und Heilung führen kann.

Die Lehrreden des Großen Fahrzeug (Mahayana) behandeln im Wesentlichen drei Problemkreise:

1. Die Nicht-Selbsthaftigkeit des Individuums und aller Gegebenheiten (*sunyata*, Leerheit).

2. Das Bewusstsein als Ort, in dem sich das Leben und seine Verstricktheit, aber auch der Prozess des Erwachsens und der Befreiung abspielt.

---

[204] Shattuck, C., Hinduismus, Freiburg im Breisgau 2000, 175.
[205] Sogyal Rinpoche, Das tibetische Buch vom Leben und Sterben, Bern/München/Wien 1999, 41.

3. Die Formulierung der Buddhanatur, die nach der buddhistischen Überzeugung in jedem Lebewesen vorhanden ist und in ihrer Erkenntnis zur Befreiung aus dem Kreislauf der Wiedergeburten führt.

Die tibetische Form des Buddhismus hat außerdem eine eigene Lehre um die historische Person des Buddhas entwickelt, wonach sich das Buddhaprinzip in verschiedenen Körpern (Wiedergeburten) manifestieren kann.

Entsprechend den Lehren des Mahayana Buddhismus ist die Natur unseres innersten Wesens nicht verschieden von der Buddhanatur, dem „*klaren Licht*"[206] des Geistes. Der Unterschied zwischen einem Erleuchteten (Buddha) und einem normalen Erdenbürger besteht lediglich darin, dass sich ein Buddha seiner Natur bewusst ist, während der Mensch infolge der verhüllenden Illusion (*maya*) seiner Ichheit, diese nicht erkennen kann. Nach diesem Konzept ist die innerste Natur an sich reine Leere (sunyata), das Noch-nicht-Geformte, aber auch die Möglichkeit (Potentialität) als Voraussetzung jeder Form, die erst im Zustand der Erleuchtung als *dharma* (höchste Wirklichkeit, immanente Gesetzmäßigkeit) erkannt wird. Das Erlebnis des universellen Prinzips der Buddhaschaft (*dharmakaya*) auf der Ebene der intuitiven, inneren Schau führt zum beseligenden Erlebnis und zur schöpferischen Vision. Nach buddhistischer Auffassung ist der Körper sichtbar gewordenes Bewusstsein. Das überpersönliche allumfassende Erleuchtungs-bewusstsein (bodhicitta), das potentiell an sich in allen Lebewesen vorhanden ist, verbindet alle vorhergegangenen und kommenden Buddhas aller Zeiten. Nur ein Buddha erlebt und verwirklicht das Bewusstsein als Gesamtheit, während der Mensch auf dem Weg zur inneren Schau nur Abbilder der Wirklichkeit erleben kann.

Der Meister (Lama) als Manifestation der befreienden Lehre, der im tibetischen Buddhismus eine besondere Verehrung genießt, gilt als Kenner tantrischer Geheimnisse und der unsichtbaren Buddhas und Boddhisattvas. Als Vermittler seines Wissens gilt er als Urheber aller guten Eigenschaften seines Schülers, den er in seine Obhut nimmt. Die Lehrreden des Diamantfahrzeuges bedient sich einer vielfältigen, oft bildhaften Sprache und oft paradoxer Formulierungen, die das Verständnis westlicher Adepten weit übersteigen, sodass nur durch die Belehrung

---

[206] Gäng, P., Buddhismus, Frankfurt am Main 2002, 203.

durch einen eingeweihten Lehrer die richtige Interpretation erfasst werden kann. Zu den Aufgaben der Lamas gehören aber nicht nur die spirituelle Unterweisung seiner Schüler und deren Initiation, sondern auch die Sterbebegleitung aufgrund seiner eigenen Meditationserfahrung und unter Anleitung des tibetischen Buch der Toten (*bardo-thödol*[207]).

Einige Lamas wurden und werden als Tulkus[208], Wiedergeburten früherer hervorragender Lehrer des Buddhismus erkannt und anerkannt, wodurch sich ihre spirituelle und politische Bedeutung wesentlich erhöht und ihre Lehrtätigkeit von vielen Schülern besonders gesucht wird. Auch im Westen sind solche Wiedergeborene als Lehrer für Seminare tibetischer Spiritualität sehr gefragt, wobei jedoch die Frage erlaubt sei, wer erkennt und bestimmt heute, insbesondere im Westen einen Tulku. Es wird von westlichen Religionswissenschaftlern die Ansicht vertreten, dass viele Traditionslinien nach der Flucht des Dalai Lama in sein indisches Exil abgebrochen wären. Allerdings scheint diese Vorstellung bei westlichen Gläubigen und Konvertiten keine Relevanz zu besitzen.

Der tibetische Buddhismus hat eine Vielfalt spiritueller Praktiken entwickelt, die sowohl von Mönchen und Nonnen in den Klöstern, aber auch von Laien geübt wurden und werden. Es sind vor allem kenotische Gebete und Übungen, die das Leerwerden des Geistes mit dem Gebrauch der Mudras (Gebärden, Handhaltungen) Mantras (Singen oder Rezitieren von Silben oder Silbenfolgen) und Mandalas (Symbolbilder von Gottheiten und Dämonen) bewirken sollen. Sie sind daher ohne jegliches Urteil, weder Zustimmung noch Verneinung, sondern lediglich auf ein absichtsloses Leersein gerichtet.

Die Beweggründe buddhistischer Praxis sind das Streben nach einem besseren Dasein, d. h. nach seinem persönlichen Glück, die Suche nach der eigenen Erlösung und der Wunsch zum Wohle vieler ein Bodhisattva zu werden. Die ersten beiden

---

[207] Das tibetische Buch der Toten ist kein Führer für die Toten wie das ägyptische Totenbuch, sondern für solche, die den Tod überwinden und den Vorgang des Sterbens in einen Akt der Befreiung verwandeln wollen.

[208] Tulku, tibet. wörtl. „Körper der Verwandlung", Bezeichnung einer Person, die nach bestimmten Prüfungen als Reinkarnation einer zuvor verstorbenen Persönlichkeit angesehen wird. Der Tulku wurde und wird als eine wichtige Autorität angesehen, der die spirituelle und politische Kontinuität der Klosterinstitutionen gewährleisten soll. Neben den vier Oberhäuptern der vier großen Schulen gibt es eine große Zahl von Tulkulinien. Die Anerkennung von Tulkus wurzelt in der trikaya Lehre, nach der der allumfassende transzendente Körper Buddhas in unzähligen Einzelverkörperungen in materieller Form erscheinen kann.

Motive sind eigentlich als diesseitige Motive nur als Vorstufen zur Bodhisattva Gesinnung auf dem Weg zur Erleuchtung zu betrachten.

Obwohl sich im tibetischen Buddhismus mehrere Schulen (vier große: Nyingmapa, Kangyüpa, Sakyapa, Gelugpa) herausgebildet haben, sind sie in der Praxis der Meditation sehr ähnlich. Für ein meditatives Erleben ist vor allem die Identifikation mit dem Mandala eine wesentliche Voraussetzung. Der Meditierende identifiziert sich mit einer oder allen Gottheiten des Mandalas und schließlich mit dem Mandala selbst, welches den gesamten Kosmos symbolisiert. Die Welt wird mit einem Palast verglichen, den die Gottheiten bewohnen, denen man mit Achtung und Verehrung begegnet, wobei der Meditierende selbst zur Gottheit wird, der man ebenfalls Achtung entgegenbringt. Dem liegt die Erkenntnis zu Grunde, dass nur der, der der Selbstachtung fähig ist, auch Achtung anderen entgegenbringen kann, womit die Voraussetzung für die Befreiung geschaffen wird. (Ähnliches gebietet das jüdische und christliche Gebot der Nächstenliebe: „Liebe deinen Nächsten, wie dich selbst")[209]

Im Zentrum eines Mandalas befindet sich Akshobhya[210], der Buddha, der über das östlich gelegene Paradies herrscht. Er entspricht dem Bewusstsein der erlebten Individualität, des Getrenntseins in Ich und Andere. Im Osten (nach indischer Tradition vorne) befindet sich Vairochana[211], er symbolisiert die ständige Veränderung der Körperlichkeit, die Behausung der Illusion eines von der Welt getrennten Ichs, wobei die Haut als Grenze zwischen dem Ich und der Welt erscheint. Ratnaketu[212] ist der Buddha der südlichen Richtung, der die drei Gefühlsreaktionen: „glücklich", „unglücklich" und „weder glücklich noch unglücklich" symbolisiert. Im Westen des Mandalas befindet sich Amitaba[213], der für die Trennung von Wahrnehmen und Wahr-genommenen steht, wobei gleichzeitig das Wahrnehmen die Funktion der Wiederherstellung von Ganzheit übernimmt[214]. Amogha[215] befindet sich in nördlicher Richtung und entspricht dem Symbol der Buddhanatur der formenden Kräfte, die den Anlass bieten, das Ziel zu erreichen,

---

[209] 3 Mos 19, 18 und Mt 22, 39
[210] Akshobhya,skr. wörtlich „der Unerschütterliche".
[211] Vairochana, skr. „ der Sonnengleiche".
[212] Ratnaketu, skr. „ Juwelenleuchte".
[213] Amitabha, skr. „ unermesslicher Glanz".
[214] „Es muss zwischen Wahrnehmenden und Wahrgenommenen eine Gemeinsamkeit geben, die eine Wahrnehmung ermöglicht." Vgl. Gäng, P. 2002, a. a. O., 218.
[215] Amogha, skr."der sein Ziel verwirklicht".

nämlich die Formen der Kräfte für das Erwachen zu wecken. Während die Innenseite des Mandala von den fünf Buddhas eingenommen wird, die für die subjektiven Aspekte der Wirklichkeit stehen, symbolisieren die vier weiblichen Gottheiten, Mamaki, Locana, Pandara und Tara an der Außenseite die objektive Seite. In dem Prozess der Meditation mit dem Mandala soll die Buddhanatur erkannt werden, wobei man versucht in allem seine Buddhanatur zu entdecken[216].

In der tantrischen Meditationspraxis spielen auch geometrisch aufgebaute Kultbilder in Form von Yantras[217] als „Stützen" eine wichtige Rolle, sie sind die Vorlagen für „Visualisierungen", bei denen der Meditierende sich die Aspekte und Kräfte des Göttlichen, aber auch des Dämonischen in einer inneren Schau vergegenwärtigen kann.

3.4. 8 Der Zen Buddhismus aus westlicher Sicht

„Wenn du verkrampft bist, wirst du dich nie von

deinen hartnäckigen Vorstellungen loslösen können.

Wenn du hingegen loslässt von deinen Ansprüchen,

dann verändert sich mit einem Mal ganz unverhofft

die Welt um dich herum"[218] .

Das Wesen des Zen[219] besteht darin, dass der Schüler lernt, seine Gedanken, die ihn wie uns alle Menschen ständig, oft unbewusst, beschäftigen, bewusst zu beobachten, aber sich nicht mit ihnen zu identifizieren, sondern sie wie Wolken am Himmel vorüber ziehen zu lassen. Dieser Vorgang wird im Buddhismus allgemein als „Leerwerden" bezeichnet.

So sagt der Meister Sengcan: *„Wenn unser Geist die Ruhe findet, verschwindet er von selbst."*

Da wir von dualistischen Vorstellungen geprägt sind, weil wir sie so erfahren haben, ergibt sich die Forderung, uns von allen diesen Vorstellungen und Konditionierungen frei zu

---

[216] Vgl. Gäng, P., 2002, a. a. O., 218.
[217] Yantra, skr. wörtlich „Stütze, Instrument"
[218] Kodo Sawaki, Zen ist die größte Lüge aller Zeiten, Frankfurt am Main 2005, 74.
[219] Zen – Buddhismus, jap.: Aus dem chin. Chan, (skr.dhjana) entwickelte Meditationstechnik (Kontemplation, Selbstversenkung). Eine buddhistische Meditations-Schule, die 520 n. Chr. vom ind. Patriarchen Bodhidharma gegründet wurde. Sie gelangte über China und Korea durch die Patriarchen Eisai und Dōgen nach Japan, wobei sie ein typisch japanisches Gepräge erhielt und seither eine überragende Rolle im Geistesleben der Japaner spielt. Für den Zen Buddhismus sind Gebet, Kult oder das Studium der heiligen Schriften nur von untergeordneter Bedeutung. Die religiöse Praxis besteht im wesentlichen in der Übung der sitzenden Meditation (Zazen), die mystische Versenkung, die letztlich die intuitive Erleuchtung des Geistes (japan. *Satori*) zum Ziel hat.

machen, weil sie uns daran hindern, die Wirklichkeit wie sie wirklich ist zu erkennen. Alles ist immer nur der *eine* Geist, denn jegliche Vielheit ist reine Illusion. Die Sammlung des Geistes in Versunkenheit hebt alle dualistischen Unterscheidungen in der Gegenwart auf, es gibt kein wahr und falsch oder Subjekt und Objekt. So ist Zazen, das stille Sitzen auf einem Polster mit ineinander geschlagenen Beinen in Versunkenheit (Meditation), ein direkter Weg der zur Erleuchtung (jap. *satori*) führen soll. Gedanklich muss man alle Vorstellungen in der Gegenwart unterdrücken, wodurch man sich von der Knechtschaft aller Gedankenformen befreien kann und sich der Geist beruhigt. Dies ist allerdings ein schwieriges Unterfangen, weil es von dem Schüler die Preisgabe seines selbstbezogenen Denkens und damit die Aufgabe seines Selbst abverlangt. Um diese Schwierigkeiten zu überwinden und eingefahrene Bahnen zu verlassen, muss man oft viele Jahre diesen Übungsweg gehen. Diese Übungen verlangen höchste Konzentration, obwohl man dabei sich auf nichts konzentrieren darf. Obwohl man von einem Rōshi (Lehrmeister) in diesem Bemühungen unterstützt wird, kann es lange dauern, bis man durch meditatives Sitzen (Zazen) und Gehen (Kinhin) zu der wahren Einsicht gelangt, dass die Wirklichkeit die allumfassende Ganzheit ist, die Vergangenheit, Gegenwart und Zukunft in dem einzigen „Jetzt" vereint.

Zen bietet kein erwerbbares Wissen, denn der Zen Buddhismus entzieht sich der allgemeinen Vernunft und wird daher oft als irrational empfunden: So wird Zen auch als der *weglose Weg* oder das *torlose Tor* bezeichnet. Diese Paradoxa kommen am besten in den für uns eher unverständlichen speziellen Kurzgeschichten oder Sentenzen zum Ausdruck, die Kōan bezeichnet werden (so z.B. die auch im Westen bekannte Frage nach dem *Geräusch einer einzelnen klatschenden Hand*[220]) und die auch für die Meditation benützt werden, weil sie sich nicht rational sondern meist nur intuitiv auflösen lassen.

Der Zen Buddhismus entspricht einer Meditation, die höchste subjektlose Konzentration verlangt, aber in der Gegenwart (Alltag) verhaftet ist, die intensiv aber selbstlos erlebt werden muss ohne an ihr hängen zu bleiben.

---

[220] Hakuin Ekaku (1686-1769) Begründer der modernen Rhinzai-shu (Schule), Zen Meister und Verfasser mehrerer irrationaler Sentenzen.

4 Die Wissenschaft

Unsicher sind die Berechnungen der Sterblichen

und hinfällig unsere Gedanken;

denn der vergängliche Leib beschwert die Seele

und das irdische Zelt belastet

den um vieles besorgten Geist.

Wir erraten kaum, was auf der Erde vorgeht

und finden nur mit Mühe, was auf der Hand liegt;

wer könnte dann ergründen, was im Himmel ist!?[221]

4.1 Wissenschaft in der Gegenwart

Die Wissenschaft ist definitionsgemäß die Beschäftigung mit und die Vermehrung von Wissen. Umgangssprachlich wird Wissen als die Kenntnis wahrer oder für wahr gehaltener Meinungen bezeichnet. Für ein „Wissen" ist deshalb ein wacher, selbstreflektierender Bewusstseinszustand eine unverzichtbare und grundsätzliche Voraussetzung. Wissen kann aber auch als die Gesamtheit aller Informationen und ihrer wechselseitigen Beziehungen und Zusammenhänge bezeichnet werden, auf deren Grundlage ein vernunftbegabtes Lebewesen auf die Anforderungen des Lebens in seiner Umwelt reagieren kann. Das Wissen, d. h. die Kenntnis möglicher Zusammenhänge erlaubt dem Menschen, sinnvoll und bewusst auf Reize der Außenwelt zu reagieren, um so die Selbsterhaltung und potentielle Reproduktion des Individuums in gewissen Grenzen zu gewährleisten. Demgegenüber steht die Erkenntnis, dass der Mensch immer nur glaubt zu wissen (oder als gesichert anzunehmen), was er weiß, da es im Laufe der Wissenschaftsgeschichte immer wieder vorkommt, dass ganze Wissenskomplexe durch neuere Erkenntnisse ersetzt werden müssen, wenn die Konstrukte früheren Wissens dem Druck des Neuen nicht mehr standhalten können. Dieser ewige Zweifel an der Möglichkeit einer wahren, ewigen Erkenntnisgewinnung [222] wird damit zur Antriebskraft einer ständig währenden Suche nach noch sicherer erscheinenden Erkenntnissen.

---

[221] Weish 9, 14 - 15

[222] Emil du Bois-Reymond schloss seine Rede „Über die Grenzen des Naturerkennens", am 14. August 1872 mit dem Ausspruch: *„ignoramus et ignorabimus!"* (Wir wissen es nicht und wir werden es nicht wissen!).

Für die Wissenschaftssoziologie steht außerdem fest, dass Wissen nur in einem sozialen Kontext erworben und weitergegeben werden kann und damit den Spielregeln der Gesellschaft unterworfen ist. Darauf werde ich weiter unten noch näher eingehen.

Die Wissenschaft selbst (lat. scientia, engl. science) umfasst p. d. nicht nur die Gesamtheit des bereits erworbenen menschlichen Wissens, sondern führt durch methodische Forschungsarbeit immer wieder zu neuen Erkenntnissen, die unter bestimmten Bedingungen frühere Erklärungsmodelle aus dem Sattel heben, ohne sie jedoch unbedingt außer Kraft setzen zu müssen, aber einen Paradigmenwechsel[223] herbei führen. Das in der Neuzeit organisierte und gezielte Erkenntnisstreben versucht, durch methodisches Forschen und Denken Grundbegriffe und Grundsätze durch Systematisierung der gewonnenen Erkenntnisse zu objektivierbaren und nachprüfbaren gültigen Ergebnissen der jeweiligen Gegenstandsbereiche festzulegen und damit ein neues tragfähiges Fundament und Gerüst für weitere Forschungsaufgaben festzulegen.

„Wissenschaft ist die systematische, methodische, ordnende, erklärende und begründende Untersuchung von allem, was dem Menschen geistig zugänglich ist, in welcher Form auch immer. Ziel ist Erscheinungen im materiell-natürlichen, geistigen und kulturellen Bereich zu beschreiben und Gesetze, Zusammenhänge etc. aufzudecken. Und Wissenschaft bedeutet daher *auch die Summe dessen, was auf diesen Wegen von den Menschen an Wissen hervorgebracht wurde[224]".*

4.2 Kurze Entwicklungsgeschichte der abendländischen Wissenschaft

4.2.1 „Wissenschaft" in der Frühzeit

Bestrebungen, logisch begründete Einzelerkenntnisse zu ordnen und zu einem Ganzen aufgrund eines einheitlichen Prinzips und Wahrheitskriteriums zusammen zu fügen, lassen sich bis weit in prähistorische Zeiten rückverfolgen. Funde von ersten

---

[223] Ein Paradigmenwechsel stellt sich nach Thomas. S. Kuhn dann ein, wenn konkrete Problemlösungen, die die Fachwelt akzeptiert hat, durch revolutionäre neue Erkenntnisse infrage gestellt und durch neue Problemlösungen abgelöst werden (z. B. das ptolemäische durch das kopernikanische Weltbild).

[224] http://www.philolex.de/wissensc.htm 19.02.07.

Steinwerkzeugen legen ein beredtes Zeugnis davon ab, dass der *homo sapiens* mit seiner sich entwickelnden Hirnfunktion Hilfsmittel zur Beschaffung des täglichen Nahrungsbedarfes und für seine Verteidigung benutzt hat, da diese sich als sinnvoll erwiesen haben. Die Höhlenmalereien der Menschen des Paläolithikums werden heute nicht nur als Ausdruck des Kunstverständnisses und des damaligen Wissens, sondern auch als ein sichtbares Zeichen der Beschäftigung mit der geistigen Welt angesehen. Die Sprache dient dem Menschen seit jeher als Medium für die Verständigung und Weitergabe seiner Ideen und Erkenntnisse, die er sich im Rahmen der Evolution aus Lernen und Gelerntem erwerben konnte. Was der Mensch sprachlich nicht ausdrücken kann, entzieht sich deshalb auch seiner Kenntnis (Sprachspiel nach L. Wittgenstein).

Vielleicht die größte Revolution erlebte die Menschheit im Neolithikum, ungefähr im 12. vorchristlichen Jahrtausend, als die Menschen daran- gingen, ihre umherschweifende Lebensart als nomadische Jäger und Sammler aufzugeben, um sesshaft zu werden. Durch die Arbeitsteilung und Vorratshaltung war es von nun ab möglich, viele Menschen vor Ort mit Nahrung und Kleidung zu versorgen, was nicht nur zu einer explosionsartigen Bevölkerungsvermehrung führte, sondern es auch ermöglichte, dass sich einzelne Menschen mit anderen Dingen beschäftigen konnten als nur mit dem Nahrungserwerb. Durch den Austausch (Handel) von Gütern und mit der Vorratshaltung wurden nun Zeichen erforderlich, um Gegenstände zu markieren und ihre Zahl zu registrieren. So wurden die ersten Schriftzeichen erfunden, die dann ungefähr 3500 Jahre v. Chr. zur Entwicklung der Schrift führten. Aber schon früher im „Moustérien" (Mesopaläolithikum ca. 30. 000–10. 000 v. Chr.) ritzten zum Beispiel Menschen in den Kulthöhlen auf der Ile-de-France Linien, Kreuze, Dreiecke etc. in Felsblöcke, die heute als Sinnzeichen, möglicherweise auch als Mondphasen, Sonnenauf- und -untergang, Raum- und Kardinalpunkte gewertet und gedeutet werden. Diese Zeichen sind als Ergebnisse einer empirischen Forschung, durch eine genaue Beobachtung der Natur und der daraus gewonnenen Erkenntnisse zu werten[225].

Die ersten schriftlichen Zeugnisse einer vorwissenschaftlichen Forschungsarbeit und den daraus gewonnenen Erkenntnisse sind bereits vor über 5000 Jahren im Zwischenstromland nachzuweisen. Auf tausenden Tontafeln finden sich Keilschrift -

---

[225] König, M.,E.,P., Anfang der Kultur – Die Zeichensprache der frühen Menschen, Berlin 1973.

Aufzeichnungen von astronomischen Beobachtungen, Krankheitssymptomen und ihren Behandlungen sowie eine Vielzahl mathematischer Gleichungen neben mythologischen Erzählungen und Geschichten von göttlichen Wesen und Heroen. Es gibt außerdem hinlängliche Hinweise, dass um ungefähr 2000 v. Chr. bereits das pythagoräische Theorem bekannt gewesen sein muss und dass Quadratgleichungen gelöst werden konnten. Damals wurde das Hexagesimalsystem entwickelt, nach dem wir heute noch Winkelfunktionen und die Zeit messen und berechnen.

Das erste soziologisch ausgerichtete Gesetzeswerk des babylonischen Königs Hammurabi (um 1792–1750 v. Chr.) ist vielleicht auch das erste „Grundgesetz", das eingemeißelt in einem Dioritblock der Nachwelt erhalten geblieben ist[226]. Es wurde zwar als göttliches Geheiß angesehen, wie das Relief, das die Übergabe der Gesetze an Hammurabi durch den Sonnengott verdeutlichen soll, hat aber mit religiösen Vorstellungen selbst wenig zu tun, sondern verfolgt lediglich das Ziel, ein harmonisches Zusammenleben der babylonischen Gesellschaft und den Schutz der Armen und Schwachen zu gewährleisten und kriminelle Handlungen entsprechend dem Gleichheitsprinzip mittels adäquater Vergeltungsmaßnamen zu bestrafen. Es ist sicher kein wissenschaftliches Werk, doch ein durch Beobachtung gewonnenes Abbild der menschlichen Gesellschaft und den damals vorherrschenden menschlichen Gewohnheiten.

Die intensive Suche nach Wissen und Verständigung hat in diesen frühen Zeiten vor allem praktische und ökonomische Gründe und ist zunächst kein grundlegendes Suchen nach einer tragfähigen Welterkenntnis, da die *großen Erzählungen* die Vorstellungen von Kosmogonie und Kosmologie und die Frage nach Sinn und Zweckgebundenheit des Lebens weitgehend abzudecken imstande waren.

4.2.2 Wissenschaft und die griechisch-römische Antike: Geist und Materie

Waren die *großen Erzählungen* in der vorderasiatischen und griechischen Antike zunächst noch schlicht die Antwort auf die essentiellen Fragen der menschlichen Existenz, so begannen griechische Gelehrte um das 6. Jahrhundert v. Chr. nach den fundamentalen Ursachen des Seins und der natürlicher Phänomene zu sinnieren und

---

[226] Das Original wird heute im Louvre in Paris aufbewahrt.

das Walten der Götter in Zweifel zu ziehen. Leukippos und sein Schüler Demokrit zimmerten im 5. Jh. mit ihrer Vorstellung von nicht weiter teilbareren Bauteilchen (Atome) in einem leeren Raum, die sich anziehen oder abstoßen, ein so zu sagen materialistisches Weltbild. Wohl waren Thales von Milet und seine Schüler noch der Ansicht, die Erde sei eine flache Scheibe, die frei auf dem universellen Element Wasser herumschwimme, doch schon wenig später begründete der Mathematiker, Philosoph und Mystiker Pythagoras eine Schule[227], in der die vom Subjekt losgelöste Mathematik zur fundamentalen Disziplin jeglicher wissenschaftlichen Untersuchung wurde. Diese Gelehrten um Pythagoras vertraten schon die modern anmutende Ansicht, dass die Erde in Kugelgestalt in einer Kreisbahn ein zentrales Feuer umkreise. Ein Kenntnisstand, der sicherlich nur durch genaue Naturbeobachtungen erarbeitet worden sein konnte. Nach dem 5. Jahrhundert, also in der klassischen Periode der antiken griechischen Gelehrsamkeit kam es zu der fundamentalen Verbindung der ionischen Naturphilosophie mit der mathematisch ausgerichteten Schule der Pythagoräer, womit die griechische Gelehrsamkeit mit dem Dreigestirn Sokrates, Platon und Aristoteles ihren absoluten Höhepunkt erreicht. Der Nachwelt haben sie zwei an sich widerstreitende Sichtweisen des Seins hinterlassen, den platonischen Dualismus mit seiner Ideenwelt und den Monismus des Aristoteles. Es sind zwei ganz verschiedene Sichtweisen des Seins, die bis heute die Wissenschaftler und Philosophen gleichermaßen beschäftigen. Platon erschuf zwei Welten, nämlich neben der sinnlich wahrgenommenen eine unsichtbare, gedachte Welt. Wie soll sich der Mensch entscheiden, wenn diese beiden Weltsichten in Widerstreit geraten? Damit beginnt das eigentliche Dilemma des Menschen und die Spaltung seiner Welt, die ihn selbst am meisten berühren muss, weil sie ihn selbst zerteilt: in Seele und Leib, in Geist und Materie. Diese Trennung ist bis heute die Wurzel des Streites zwischen Rationalismus und Empirismus, zwischen Zweck und Kausalerklärung, zwischen Geistes- und Naturwissenschaft, Hermeneutik und Szientistik[228]. Aristoteles vertrat hingegen einen Monismus, der alles auf ein ursächliches Sein zurückführte und als Urgrund **einen** *unbewegt Bewegenden* annahm, der das Sein ins Leben gerufen hat und es auch unterhält.

---

[227] Pythagoräische Schulen: Im 4. Jahrhundert orientierte sich ein Teil der Schüler des Pythagoras, die sog. Mathematiker an den „mathematika", also nur an den Erfahrungswissenschaften, während die Akusmatiker sich mit religiösen und philosophischen Spekulationen herumschlugen.

[228] Riedl, R., Die Folgen des Ursachedenkens, in Watzlawick, P. (Hg.), [13]2001 a. a. O., 77.

Die folgende hellenistische Periode war in jeder Hinsicht eine der fruchtbarsten der menschlichen Geistesgeschichte und Forschung: Eratosthenes machte erstaunlich genaue Erdvermessungen und der Astronom Aristarchos von Samos entwarf sogar das Konzept eines heliozentrisches Planetensystems, konnte jedoch mit seiner Ansicht keine Anerkennung finden. Der Mathematiker Archimedes von Syrakus entdeckte (vielleicht in einer Badewanne?) den Auftrieb und entwickelte neben anderen mechanischen Geräten auch die archimedische Schraube, um Wasser von einer tieferen Ebene nach oben pumpen zu können. Die Botanik verdankt dem Griechen Theophrastus ihre Grundlagen und in der Medizin erweiterten der Anatom Herophilos und der Arzt Eristratos, aufbauend auf dem grundlegenden Wissen des berühmten Arztes Hippokrates von Kos und seiner Schule, die Kenntnisse der Heilkunst. Sie konnten durch Leichenöffnungen und Beobachtung physiologischer Vorgänge bei Gesunden und Kranken viele Erkrankungen auf ihre Ursachen zurückführen und deshalb auch schon zum Teil ursächlich behandeln. Auf Grund dieser Kenntnisse errichtete später der Philosoph und Arzt Galen sein medizinisches „Schulsystem", das bis weit in die Renaissancezeit Gültigkeit besitzen sollte. Immer noch war die wissenschaftliche Forschung stets mit spirituellen Aspekten verbunden, wenn auch immer wieder Zweifel an der Existenz von einem allmächtigen Geistwesen oder von unsterblichen Göttern, die das All beherrschen, erhoben wurden.

4.2.3 Das nicht so „finstere Mittelalter"

Das Aufeinandertreffen der verschiedenen Kulturen (lateinischer Westen, griechischer Osten, die arabische Welt, ostindische und chinesische Kultur) und der gegenseitige Kulturaustausch bescherten den Menschen im Mittelalter eine Fülle geistiger Anregungen, die vor allem in der Scholastik ihren Niederschlag fanden (Integration der griechischen Philosophie und Wissenschaft in die christliche Heilslehre). Nach der Ansicht der Scholastik bestand eine vollkommene Harmonie zwischen Vernunft und Offenbarung. Gott wurde für beide als Grund und Ursache angesehen, weil Gott sich ja selbst nicht widersprechen könne.

Im 13. Jahrhundert strömte geradezu eine Flut von Texten aus der islamischen Welt (durch Vermittlung jüdischer Kaufleute) in den Westen, der das Abendland mit den Werken der damals wenig bekannten, griechisch schreibenden Gelehrten der Antike bekannt machte. Im Zusammenprall der Kulturen wurde den abendländischen Gelehrten mit einem Mal mit aller Deutlichkeit vor Augen geführt, wie weit die arabische Welt in ihren Erkenntnissen ihnen überlegen war.

In dieser Zeit füllte der, aus Italien stammende Geistliche und Gelehrte Thomas von Aquin das umfassende aristotelische Lehrgebäude mit christlichem Gedankengut und den Lehren der christlichen Ethik und erschuf damit den neuen geistigen Gedankenrahmen, der dann im Hochmittelalter und darüber hinaus nicht infrage gestellt wurde.

Der spanisch-arabische Philosoph und Arzt Averroes (1126-1198)[229] vertrat damals die unerhörte Theorie einer *doppelten* Wahrheit, die der Philosophie (und Wissenschaft) und die der islamischen Theologie: Die theologische Wahrheit diene für gewöhnliche Menschen lediglich als unvollständiges Abbild für die „wahre Wahrheit", die lediglich dem Philosophen zugänglich wäre und zumindest im Wortlaut auch einmal der theologischen Wahrheit widersprechen könne. Auch Maimonides (1135 -1204), der große jüdische Gelehrte, Philosoph und Arzt unternahm den Versuch, die aristotelische Philosophie und Gelehrsamkeit mit den heiligen Schriften des Judentums in Einklang zu bringen.

Die mittelalterliche Wissenschaft beruhte im Wesentlichen noch auf Glauben und Vernunft, allerdings mit dem Ziel, die Bedeutung der bestehenden Welt zu verstehen und weniger sie zu beherrschen und ihre weitere Entwicklung vorhersagen zu wollen. Den Wissenschaftlern, Philosophen und Theologen ging es um die essentiellen Fragen, die sich mit Gott, der Seele, der Ethik, dem Menschen auf dieser Welt und seinem Seelenheil befassen. Die Welt an sich und ihr Schicksal waren damals noch von untergeordneter Bedeutung. Aber die Trennung von Glauben und Wissen lässt nicht lange auf sich warten: Bald schon befassten sich die weltlich wissenschaftlichen Erforschungen vorwiegend mit dem Bereich des Vergänglichen, also auf die Natur unterhalb der himmlischen Sphären. Von diesen Erforschungen wurde allerdings angenommen, dass sie keinerlei Konsequenz für den Glauben haben könnten[230].

---

[229] Rudolph, U., Islamische Philosophie. Von den Anfängen bis zur Gegenwart, München 2004, 70. und Khoury, R.G., Averroes (1126-1198) oder der Triumph des Rationalismus, Heidelberg 2002.
[230] Vgl. Alt, J. A., Das Abenteuer der Erkenntnis. Eine kleine Geschichte des Wissens, München 2002,

4.2.4 Der Aufbruch in neue Welten: *„Und sie dreht sich doch!"* Die Entstehung des modernen Weltbildes

Roger Bacon (1214-1292), ein englischer Franziskaner befasste sich mit der Optik, die arabische Gelehrte entwickelt hatten und forderten, ihrem Beispiel folgend, eine experimentell vorgehende Naturwissenschaft und auch eine praktische Umsetzung der so gewonnenen Forschungsergebnisse. Bei der Beschäftigung mit den Schriften des Aristoteles erarbeitete Wilhelm von Ockham (um 1288-1349) die theoretischen Grundlagen der Erkenntnis und stellt die Forderung auf, dass der Gelehrte ein uneingeschränktes Recht auf ein freies Urteil habe. Außerdem macht er sich zur Regel (die als Ockhams Rasiermesser in die Wissenschaftsgeschichte einging), die besagt, dass bei der Erklärung eines natürlichen Phänomens immer die einfachste auch die beste sein müsste.

Im 12. und 13. Jahrhundert bekam auch die Alchemie durch die Übersetzungen arabischer Schriften früherer griechischer und ägyptischer Texte (*corpus hermeticum*[231]) einen enormen Auftrieb. Die Labortechnik wurde durch die Erfindung verschiedener Apparaturen stark erweitert, man suchte hinter den natürlichen Erscheinungen nach verborgenen Kräften, bediente sich dabei auch magischer und astrologischer Erklärungen, womit die Zunahme des allgemeinen Interesses und auch das Denken in Alternativen gefördert wurden. Es lag allerdings in der Natur der Sache, dass sich das alternative Denken bisweilen von den dogmatischen, christlichen Vorstellungen entfernten, die dann Verfolgungen durch die Inquisition der allmächtigen, kirchlichen Behörden heraufbeschwören mussten, die dann ein solches Sakrileg mit Folter und Scheiterhaufen ahndeten. Pico della Mirandola (1467-1494) versuchte in einem unvollendeten Werk „Über das Seiende und das Eine", die grundsätzliche Übereinstimmung der Ansichten von Platon und Aristoteles aufzuzeigen. Er forderte außerdem in einem posthum veröffentlichten Manuskript, einer niemals gehaltenen Rede „Über die Würde des Menschen"[232], dass wir das sein sollten, was wir sein wollen. Diese Formulierung könnte prinzipiell als das Verständnis einer humanistischen Anthropologie gelten und wäre somit nicht nur

---

75.

[231] Vgl. Roob, A., Alchemie und Mystik, Das Hermetische Museum, Köln 2002.
[232] Das Manuskript dieser Rede wurde 1496 von seinem Neffen Gianfrancesco herausgegeben.
Vgl. Buck., A. (Hg.), Pico della Mirandola: Über die Würde des Menschen, (Lat.-Deutsch) übers. von Th. Bürklin, Hamburg 2001.

eine überraschend moderne Formulierung der Menschenwürde, sondern auch eine Grundlage der heute geforderten Selbstverwirklichung des Menschen.

Die mittelalterliche Denkweise hat sich im 16. und 17. Jahrhundert durch die revolutionären Erkenntnisse und Entdeckungen der Physik, Astronomie und Medizin radikal verändert. Eingeleitet wurde die wissenschaftliche Revolution durch die Beobachtungen Nikolaus Kopernikus (1473-1543), der das bisher geltende ptolemäische, geozentrische Weltbild auf den Kopf stellte. Nun war nicht mehr die Erde der Mittelpunkt des Universums, sondern sie wird zu einer der vielen Wandelsterne, die um einen Fixstern am Rande der Milchstraße ihre Kreise ziehen, womit der Mensch in der so genannten „kopernikanischen Wende" gleichsam seine bisher vermeintliche Stellung als die Krone der göttlichen Schöpfung verlieren musste. Giordano Bruno (1548-1600) wurde wegen seiner öffentlichen Verteidigung des kopernikanischen Systems und seiner damit ketzerischen Ansichten in Rom öffentlich auf dem Scheiterhaufen verbrannt. Sein Name aber wurde nun zum Symbol für die aufbrechende Wissenschaft, die sich jetzt mit aller Macht aus der Umklammerung durch die Kirche zu befreien suchte.

Auf der Suche nach der *harmonia mundi* fand der große Wissenschaftler und Mystiker Johannes Kepler aus Graz nach mühevollen Arbeiten mit den astronomischen Tabellen, die Kopernikus durch genaue Beobachtungen des Nachthimmels erstellt hatte, seine auf Empirie beruhenden berühmten Gesetze von den Bewegungen der Planeten, die das System von Kopernikus vervollständigten.

Dem Astronomen, Physiker, Mathematiker und Erfinder Galileo Galilei[233] wurde 1633 in der Basilika Santa Maria sopra Minerva in Rom der Prozess wegen angeblicher Ketzerei und des Verstoßes gegen kirchliche Gebote gemacht, weil er das damals noch gültige, von der Kirche geglaubte geozentrische System in Zweifel zog. Da er aber die Strenge der Inquisition fürchtete, wird er wohl den berühmten Satz, dass *„sich die Erde doch drehe"*, zwar nicht laut ausgesprochen, aber vielleicht gemurmelt haben. Auch er versuchte, die Wissenschaft endlich aus der Bevormundung durch die kirchlichen Institutionen zu lösen.

---

[233] http://www.bhah-bludenz.ac.at/physik/geschichte/physiker/galilei.shtml

Der niederländische Astronom und Physiker Christian Huygens [234](1629-1695) entdeckte mit seinem gemeinsam mit dem Linsenschleifer und Erfinder des Mikroskops Leeuwenhoek konstruierten, astronomischen Fernrohr die Jupitermonde und den Ring des Saturns. Er entwickelte und formulierte den Wellencharakter des Lichtes und legte damit den Grundstein für die moderne Optik. Nach seinem eigenen Bekenntnis wurden für ihn *„die Welt zu seinem Vaterland und die Wissenschaft zu seiner Religion"*[235].

Andreas Vesalius (1514-1564), der seine anatomischen Kenntnisse durch Sektionen von Leichen Hingerichteter erwarb, erweiterte mit seinen anatomischen Tafeln das allgemeine Wissen von dem menschlichen Körper. War seit der Antike die Lehre Galens von den Körpersäften (Blut, gelbe und schwarze Galle, Schleim) die Grundlage jeder Krankenbehandlung und der Aderlass und Brechmittelgaben die Therapieoptionen, um die Säfte wieder in ein Äquilibrium zu bringen, so wandte sich Theophrastus Bombastus von Hohenheim (Paracelsus) vehement gegen die vorherrschenden mittelalterlichen Lehrmeinungen und die „sture" Bücherweisheit („Schulmedizin"[236]) der damaligen medizinischen Autoritäten und vertrat die Ansicht, dass es in der Medizin weit verfehlt sei, sein Wissen nur vom Hörensagen und Lesen von Lehrbüchern zu beziehen, sondern vielmehr seien nur Erfahrung und das Vertrauen auf Gott das Wesen einer wirklichen Heilkunst[237].

Ungefähr zur selben Zeit verteidigte Francis Bacon (1561–1626) mit allem Nachdruck seine neue, nur auf der Empirie beruhende Forschungsmethode. Auch er war der Ansicht, dass die Wahrheit nicht durch Autoritäten vermittelt werden solle, sondern dass das Wissen nur durch experimentelle Erfahrung erworben werden könnte. Er formulierte als erster eine klare Theorie der induktiven Methodik: Es seien Experimente zu machen, um und aus ihnen allgemeine Schlussfolgerungen ziehen zu können und diese dann durch weitere Experimente zu überprüfen, um sie entweder als richtig anzunehmen oder als falsch zu verwerfen. Er stellte überdies die

---

[234] Rossi, P., Die Geburt der modernen Wissenschaft in Europa, München 1997.
[235] Vgl. Krafft, F./ Mayer-Albich, A. (Hg.), Große Naturwissenschaftler, Hamburg 1970.
[236] Auch heute wird die „Schulmedizin" von Homöopathen, Alternativmedizinern etc. angeprangert, die eine „holistische" (Ganzheitsmedizin, Naturmedizin) der gelehrten akademischen Medizin vorziehen. Die Ver-wendung des Begriffes Schulmedizin gilt auch den Vertretern der wissenschaftlichen Medizin als abwertend, denn fälschlicherweise suggeriere nämlich "Schule" Lehrmeinungen, die in starren Denkstrukturen verhaftet und jeglichen Neuerungen abgeneigt wären.
[237] Vgl. Benzenhöfer, U.: Paracelsus, Reinbek bei Hamburg 2003.

Behauptung auf, dass die Wissenschaft lediglich dem Erwerb von Wissen dienen solle, das zur Kontrolle und Beherrschung der Natur (Ausbeutung) von den Menschen genutzt werden könnte. Die Beschäftigung mit anderen wissenschaftlichen Aspekten wäre seiner Meinung nach sinnlos.

4.2.5 Die unselige Trennung von Geist und Materie

Einer der bedeutendsten Persönlichkeiten des 17. Jahrhunderts war sicher der französische Philosoph, Mathematiker und Physiker René Descartes (1596–1650), der die weitere Entwicklung der abendländischen Zivilisation entscheidend prägen sollte. Sein Konzept einer vollständigen Wissenschaft von der Natur war der erklärte Versuch, nur absolute Gewissheit zu vermitteln zu wollen: Die Wissenschaft müsse logisch aufgebaut sein und nur auf so einleuchtenden Prinzipien beruhen wie die Mathematik selbst. So erklärte er: *„Alle Wissenschaft ist sicheres, evidentes Wissen, wir lehnen jegliches Wissen ab, das nur wahrscheinlich ist, und meinen, dass nur die Dinge geglaubt werden sollten, die vollständig bekannt sind und über die es keinen Zweifel mehr geben kann"*[238]. Entscheidend in der Methode von Descartes ist natürlich – wie oben bereits angemerkt – sein alles umfassender Zweifel, der ihn zu dem berühmten Ausspruch veranlasste: „ cogito ergo sum". Diese Erkenntnis bringt ihn auch zu der verhängnisvollen, aber schon in der antiken Philosophie vorgefassten Schlussfolgerung, dass Geist und Körper (Materie) im Grunde verschieden und nicht miteinander vereinbar seien, eine These, die das abendländische Denken und die Wissenschaften bis ins 20. Jahrhundert ganz entscheidend beeinflusst hat. Vor allem hat sie dazu geführt, dass sich die auf die Materie konzentrierten, so genannten „exakten" Naturwissenschaften alsbald von den Geisteswissenschaften absonderten. Erst durch die Beobachtungen subatomarer Phänomene und den Erkenntnissen der Quantenphysik im 20. Jahrhundert scheinen sich die scheinbar diametral gegenüberstehenden Wissenschaften wieder anzunähern (z.B. in den Kognitionswissenschaften, Psychologie, Medizin etc.).

---

[238] zitiert nach F. Capra, Wendezeit, München [6]1998, 56.

4.2.6 „Was wir wissen, ist ein Tropfen, was wir nicht wissen ein Ozean"[239].

War schon für Descartes das materielle Universum ein Uhrwerk, so schuf die Physik Isaac Newtons und seine mathematische Ausformulierung einer mechanistischen Naturauffassung ein völlig neues Weltbild, das scheinbar nur exakten mathematischen Gesetzen unterworfen zu sein scheint und wie ein Uhrwerk funktionieren müsse. Newton führte alle physikalischen Erscheinungen auf die Bewegung materieller Teilchen im Raum zurück, die durch ihre gegenseitige Anziehung verursacht wird. Eng mit dieser Auffassung verbunden ist auch ein strenger Determinismus, nachdem alles eine definitive Ursache und Wirkung haben müsste. Marquis de Laplace[240] meinte sogar, Zukunft und Vergangenheit einzelner Teile in einem System exakt berechnen zu können, wenn ihm zu irgendeinem Zeitpunkt der Zustand des Systems in allen Einzelheiten bekannt wäre. Zu dieser Zeit wurden die Grundlagen einer mechanistischen Auffassung nicht nur in der Physik und Astronomie, sondern leider auch in Biologie, Psychologie und Medizin ausgearbeitet.

In dem Augenblick als man die Welt zu einem mechanisch funktionierenden Uhrwerk herabwürdigte, das jederzeit einer objektiven Beschreibung standhalten könnte, war auch das Göttliche aus der bisher gültigen Weltanschauung verschwunden. Die dadurch entstandene spirituelle Leere ist eine Tatsache, die bis heute die Hauptströmungen unserer wissenschaftlichen Kultur belastet. Sie hat sicherlich auch einen nicht unwesentlichen Anteil an den Säkularisierungstendenzen, die sich in den abendländischen Gesellschaften seit Langem breit gemacht haben.

Im 18. und 19. Jahrhundert wird das von Descartes eingeführte, von Newton affirmierte und scheinbar bewiesene, mathematische Funktionieren der Welt auch auf alle andere Zweige der Wissenschaft ausgedehnt und führte zu der heute noch

---

[239] Zitat, das Isaac Newton (1643-1722) zugeschrieben wird.
[240] Pierre-Simon de Laplace (1749-1827) französischer. Mathematiker und Physiker schrieb 1799 die „Himmelsmechanik" und entwickelte 1814 eine analytische Theorie der Wahrscheinlichkeit. Seine These lautete: „Wir müssen also den gegenwärtigen Zustand des Universums als Folge eines früheren Zustandes ansehen und als Ursache des Zustandes, der danach kommt. Eine Intelligenz, die in einem gegebenen Augenblick alle Kräfte kennte, und mit allem der Welt begabt ist und die gegenwärtige Lage als Gebilde, die sie zusammensetzen, und die überdies umfassend genug wäre, die Kenntnis der Analyse zu unterwerfen, würde in der gleichen Formel die Bewegungen der größten Himmelskörper und die der leichtesten Atome einbegreifen. Nichts wäre für sie ungewiss, Zukunft und Vergangenheit lägen klar vor ihren Augen".

dominierenden Stellung der Physik mit den Gesetzen der Thermodynamik, der Chemie mit der daltonsche Atomtheorie und der Entwicklung der auf diesen beruhenden Technologien, die die Welt und die Menschen veränderten und auch die Gegenwart in jeder Hinsicht beherrschen.

War das 18. Jahrhundert das Jahrhundert der Aufklärung und der menschlichen Ratio gewesen, so wird das 19. Jahrhundert ein Jahrhundert der Experimente und neuen Entdeckungen auf allen Gebieten der Naturwissenschaften und damit der Entwicklung neuer Technologien, die zu einer völligen Neustrukturierung der Gesellschaft in den sich entwickelnden Industriestaaten führen musste.

4.2.7 Erste Aufbrüche im mechanistischen Weltbild

Die Grenzen der newtonschen Weltmaschinenkonstruktion wurden erst durch die Entdeckungen elektrischer und magnetischer Phänomene bemerkbar, da diese auf bis dahin unbekannten Kräften beruhen, die mit mechanistischen Modellen nicht mehr exakt beschreibbar waren und die die Einführung eines subtileren Begriffes, nämlich den des Kraftfeldes, erforderlich machte. Die Theorie der Elektrodynamik führte bald zu der Erkenntnis, dass das Licht ein schnell alternierendes, elektromagnetisches Feld darstellt, das sich wellenförmig oder korpuskulär als Photonen im Raum ausbreitet. Während Michael Faraday durch seine Experimente, die Kräfte der Elektrizität untersuchte, unternahm James C. Maxwell den Versuch, seine theoretischen Ergebnisse noch mit den überholten mechanischen Begriffen zu erklären, doch erkannte er bald die Unvereinbarkeit seiner Theorien mit der Wirklichkeit und hat sie dann nicht weiter verfolgt.

Das wissenschaftliche Denken des 19. Jahrhunderts wurde nun in eine völlig neue Richtung gezwungen. Das Weltbild, das vormals noch statisch gedacht war, wurde nun von einer neuen Sicht, nämlich der der Dynamik und des Wandels, abgelöst. Den Anstoß zu dieser Entwicklung gaben die Geologen, die anhand sorgfältiger Studien fossiler Relikte in den einzelnen Erdschichten erkannten, dass eine Entwicklung im Laufe der Erdgeschichte von niederen zu höheren Formen stattgefunden haben müsste, die in den einzelnen geologischen Schichten abgelesen werden können. Obwohl evolutionäre Vorstellungen auch schon früher von Kant und Laplace geäußert wurden, so war es nun Jean Baptist Lamarck, der als

Erster die These von einer fortschreitenden Entwicklungsgeschichte der Lebewesen aufstellte, eine für die Biologie damals völlig neue Idee, hatte doch noch vor kurzem der bedeutende schwedische Botaniker Carl von Linné (1707-1778) es so formuliert: *„Wir haben so viele Arten, wie sie jeweils von den Händen des Schöpfers geschaffen wurden"*[241].

Anfang des 19. Jahrhunderts schufen der Embryologe von Baer, der Augustiner-mönch Gregor Mendel und später auch Ernst Haeckel die Voraussetzungen, die die Erforschung der Gene und des menschlichen Genoms im vorigen Jahrhundert ermöglichten, die uns wahrscheinlich noch so manche Überraschung bescheren werden.

4.2.8 Darwin, die Evolutionstheorie und die Abkehr vom Glauben

1858 veröffentlichten Charles Darwin und Alfred Wallace nach langjähriger unabhängiger Forschungsarbeit ein Konzept, nach dem der Erfolg der Reproduktion im Wesentlichen von der Adaptation einer Spezies oder Population von den Umgebungsbedingungen (Klima, Wasser- und Nahrungsressourcen) abzuhängen scheint. Bei dieser Theorie einer natürlichen Auslese ist besonders hervorzuheben, dass diejenigen, die am besten an die Umgebungsbedingungen angepasst sind, natürlich bessere Chancen vorfinden zu überleben, um sich zu vermehren und damit ihre nun adaptierten Gene an die nachfolgende Generation weiterzugeben. Es ist anzunehmen, dass die Argumentationen von Thomas R. Malthus[242] Darwin maßgeblich beeinflusst haben, nach denen das Problem der ausreichenden Nahrungsversorgung jede Generation veranlasst, um die jeweiligen Versorgungs-quellen zu kämpfen, denn eine Bevölkerung wächst erfahrungsgemäß immer schneller an (exponentielles Ansteigen) als das zur Verfügung stehende Nahrungsangebot[243] (lineares Ansteigen). Die Gewinner in diesem Wettstreit um die vorhandenen Ressourcen sind daher dann die Überlebenden, die entsprechend der natürlichen Auslese ihre Gene an die nächste Generation weitergeben können. Die natürliche Auslese ist aber nur ein Teilaspekt der darwinschen Theorie. Er vertrat auch die Ansicht, dass alle verwandten Organismen von einem gemeinsamen

---

[241] v. Linné C. in Systema Naturae (1736) zitiert nach Randall, J. H., The Making of Modern Mind, New York 1976, 486.

[242] Thomas. R. Malthus, engl. Nationalökonom. Seine Bevölkerungstheorie: Essay on the Principle of Population, wurde 1798 veröffentlicht.

[243] Heute sind neben Trinkwasser auch Energieressourcen häufig Anlass für Auseinandersetzungen zwischen einzelnen Bevölkerungsgruppen.

Vorfahren abstammen müssten und dass man sich die Welt nicht als statisches, sondern als ein dynamisch-evolutionäres System vorzustellen habe. Offensichtlich ließ er in seinen Schriften aber die Frage nach der Rolle der göttlichen Hand im Schöpfungsgeschehen im Wesentlichen unbeantwortet. Doch seine revolutionären Ansichten haben einen Streit zwischen Kreationisten und Evolutionisten vom Zaun gebrochen, der bis heute noch nicht zu Ende gedacht erscheint (z. B. in den USA). Nach Ansicht des Erfinders der Psychoanalyse Sigmund Freud (1856–1929) ist die Vorstellung einer evolutionären Entwicklung der Menschheit von einem tierischen Vorfahren zu einer der drei wesentlichen Kränkungen des Selbstwertgefühls der Menschheit geworden[244].

4.2.9 Wissenschaftliche Revolutionen des 20. Jahrhunderts

Das 20. Jahrhundert war durch eine Reihe revolutionärer wissenschaftlicher Erkenntnisse gekennzeichnet, die unsere Weltsicht wesentlich veränderten. Darwins Evolutionstheorie und auch die Psychoanalyse, die von Wien ausgehend die Welt erobert hat, führten zu völlig neuen Einsichten hinsichtlich der Entwicklung des Menschen und seines Seelenlebens. Durch die Einbeziehung des Unbewussten in die Entwicklung der menschlichen Psyche können heute viele bislang rätselhafte Wesenszüge des Menschen gedeutet und teilweise auch geklärt werden. Planck, der Begründer der Quantenphysik (Wellen-Teilchen-Charakter des Lichtes) und die Relativitätstheorie, die Einstein schon 1905 formulierte, veränderten schlagartig das naturwissenschaftliche Bild von der Welt, des Raumes, der Zeit und der Materie. Dem Atomforscher und Chemiker Otto Hahn gelang die erste Atomspaltung, die zu der Herstellung der unseligen Atombombe führte. Werner Heisenberg erweiterte die einsteinschen Theorien um die Unschärferelation und folgerte aus dieser, dass im subatomaren Bereich nur Wahrscheinlichkeitsaussagen gemacht werden könnten. Eine auch für die Philosophie wichtige Aussage, die Carl Friedrich von Weizsäcker zu der Formulierung des Indeterminismus anregte, nach dem sich aus empirischen Fakten zwar Möglichkeiten, nicht aber Gewissheiten ableiten ließen.

---

[244] http://de.wikipedia.Kränkungen_der _Menschheit 08.10.2008.

Astronomen und Kosmologen erarbeiteten nun eine neue Theorie, nach der das Universum durch einen Urknall[245] („Big Bang") entstanden wäre, das sich weiterhin in Raum und Zeit ausdehne. 1929 konnte die Expansion des Universums durch die Beobachtung der Rotverschiebung und 1965 durch den Nachweis der Mikrowellen-Hintergrundstrahlung bestätigt werden. Mit Hilfe der einsteinschen Relativitätstheorie stellten dann der Physiker und Mathematiker Stephen Hawking und sein Kollege Roger Penrose die Theorie auf, dass das Universum einen Anfang gehabt haben müsse[246]. Diese Theorie implizierte aber gleichzeitig die Frage, was denn vor dem Anfang gewesen wäre? Da ihm die Singularität der kosmologischen Genesis dann doch nicht befriedigend erschien, weil sie eine „creatio ex nihilo" zuließe, verwarf Hawking seine Theorie und ersetzte sie durch die Annahme, dass das Universum in sich geschlossen wäre und von außen nicht beeinflusst werden könnte, also nur einfach *Sein* ist[247]. Damit verteidigte er seinen atheistisch-materialistischen Standpunkt, der allerdings weder zu beweisen noch zu widerlegen ist.

Die Naturwissenschaften, die von so vielen gepriesen und gleichsam wie Gott angebetet und verherrlicht wurden und auch werden, haben bisher aber ihr wesentlichstes Versprechen, die Natur in den Griff zu bekommen, keineswegs einlösen können und so bestehen an der „Allmacht" der Wissenschaft heute wieder mehr Zweifel als je zuvor und die menschliche Geschichte wird auch weiterhin in vieler Hinsicht von nicht vorhersehbaren Ereignissen überrascht werden. So erlauben uns zwar die Gesetze der Mechanik die Vorhersage eines Zustandes in einem geschlossenen System zu einem bestimmten Zeitpunkt aus der Kenntnis seines Zustandes zu einem früheren Zeitpunkt ohne Kenntnis der dazwischen liegenden Geschichte zu berechnen, es ist aber heute ein Faktum, dass alle Prozesse in der Kosmologie, Geologie aber auch in der Evolutionsbiologie von nicht wiederholbaren und nicht vorher sagbaren Ereignissen beherrscht wurden und werden. Die Quantenphysik, die Thermodynamik sowie die Genetik (zufällige oder evolutionäre Mutationen mit ihren immer wieder auch möglichen Rekombinationen) führen uns ständig vor Augen, dass es nicht vorhersagbare Ereignisse gibt, die wir in keiner Weise beeinflussen können. Die Wissenschaftsgeschichte aber soll uns

---

[245] Die Urknalltheorie ist zur Zeit die vorherrschende Vorstellung, wonach das Universum zwischen vor ungefähr 13,8 Milliarden Jahren durch eine kosmische Explosion entstanden wäre. Georges Lemaître war der Erste der 1927 bzw. 1931 diese Theorie formulierte. Der Ausdruck *big bang* stammt von Sir Fred Hoyle, der diese Theorie kritisierte. Später bekam Urknall-Theorie durch die Entdeckungen von Edwin Hubble und 1967 von Arno Penzias und Robert Wilson weitere Unterstützung.
[246] Hawking, St., A Brief History of Time. From the Big Bang to Black Holes, New York 1988, 50.
[247] ebd. 136.

immer daran erinnern, dass selbst vernünftiges Denken, logische Genauigkeit, auch die Überprüfbarkeit der Aussagen, Ergebnisse und Methoden und selbst die strukturellen Gegebenheiten der Erkenntnis keine Stabilität aufweisen können, die zwar historisch gesehen zu einem geistigen Gut geworden sind, das aber nicht unabänderlich ist, sondern gerade nur im zeitlichen und räumlichen Umfeld von Bedeutung sein kann.

4.3 Wissenschaft: Theorie und Kritik

Müssen wir heute annehmen, dass für viele Menschen im Zeitalter der „exakten" Naturwissenschaften infolge der unbestreitbaren Erfolge naturwissenschaftlicher Methoden und Technologien nur mehr die wissenschaftliche Welterklärung als der einzig zuverlässige Weg gelten könnte, um zu der Erkenntnis der Wahrheit zu gelangen? Die Naturwissenschaften erscheinen heute vielen Menschen als objektiv, universell, rational und durch wiederholbare Experimente gesichert. Dazu steht in einem natürlichen (?) Gegensatz die Spiritualität, die als subjektiv, vorrational und daher als zweifelhaft für jegliche Erkenntnis eingestuft wird.

Es gibt heute Wissenschaftler, die der Ansicht sind, dass die grundlegenden Prozesse im Universum rein materieller Natur sind, und dass sich komplexere selbst aus diesen ableiten lassen oder aus diesen entstehen können. Man glaubt also, dass sich neue Eigenschaften oder funktionelle Zustände ergeben, wenn die Anordnung der Einzelelemente einen entsprechend hohen Komplexitätsgrad erreicht hat. Entsprechend dieser Vorstellung wäre selbst unser Bewusstsein nichts anderes als ein emergentes[248] Phänomen, das auf rein materiellen Bedingungen basiere und gleichsam als eine berechenbare „geistlose" Biomaschine(dazu z. B. D. C. Denett, J. R. Searle), sich selbst außerordentliche Bewusstseinzustände und auch die Spiritualität selbst erschaffe.

Das Vorherrschen einer solchen naturwissenschaftlich materialistischen Betrachtungsweise und das unmittelbare Erlebnis des rasanten Fortschrittes haben dem Menschen den Blick auf die Transzendenz und seine Notwendigkeit für das

---

[248] Emergenz: Spontanes Auftreten von Phänomenen oder Strukturen in einem System infolge des Zusammenspieles verschiedener Elemente, wobei diese emergenten Eigenschaften offensichtlich nicht auf die Eigenschaften der einzelnen Elemente zurückzuführen sind.

menschliche Leben verschleiert. Mit der Entwicklung der modernen Atomphysik, der Formulierung der Quantenmechanik und der Genetik hat sich im vorigen Jahrhundert eine tief greifende Veränderung in unserer naturwissenschaftlichen Weltsicht vollzogen, die nicht nur unsere Denkweise veränderte, sondern auch weitreichende Folgen für die angewandte Naturwissenschaft und Technik hatte. War das naturwissenschaftliche Weltbild des 19. Jahrhunderts noch mit den alten klassischen, mechanistisch-deterministischen Vorstellungen verbunden, so sind wir heute gezwungen, unser neues Weltbild mit der Quantenphysik in Einklang zu bringen, ein Paradigmenwechsel, der sich nur schwer in unsere Umgangssprache übertragen lässt. Aber die Erkenntnisse der Welt der Physik und die Vorstellungen der Transzendenz stehen sich heute nicht mehr so diametral gegenüber wie früher, sondern eher in einem komplementären Sinn. Die Quantenphysik macht uns darauf aufmerksam, dass unser Wissen von der Welt nicht der letzten, absoluten Wirklichkeit, was immer man darunter verstehen mag, gerecht wird. Unsere Sinnesorgane und die zerebral gesteuerten Denkstrukturen erzeugen in uns allerdings ein Bild einer gegenständlichen Welt, das aber aus dem physikalischen Blickwinkel betrachtet mit der Wirklichkeit nicht in Einklang zu bringen ist und das mit unserem Dahinscheiden aufhört, real zu existieren.

Die Konstellation eines ungebrochenen Wissenschafts- und Fortschrittsglaubens war noch für das 20. Jahrhundert charakteristisch, so konnte sich die Wissenschaft gestützt auf die evidenten Erfolge der Technisierung, auch gegen alle Widerstände der Gesellschaft behaupten. Doch mit zunehmender Expertenkritik werden die Wissenschaften jetzt mit ihrer eigenen objektivierten Vergangenheit und Gegenwart konfrontiert: Da sie sowohl Produkt als auch Produzent der „Wirklichkeit" sind, müssen sie sich den Problemen stellen, die sie selbst analysieren, aber heute auch bewältigen müssen. Sie gelten daher nicht nur als die Quelle für Problemlösungen, sondern auch als Quelle für Problemursachen. Mit den Erfolgen der Wissenschaften scheinen auch die Risiken der wissenschaftlich-technischen Entwicklung überproportional zu wachsen[249]. Aber die Wissenschaften nutzen den Schwund ihrer Glaubwürdigkeit in der Gesellschaft dadurch, dass sie die Kritik selbst aufgreifen und geradezu in Expansionschancen verwandeln. „Die öffentliche Aushandlung von

---

[249] Beck, U., 1986, a. a. O., 255.

Modernisierungsrisiken ist der Weg der Verwandlung von Fehlern in Expansionschancen unter Bedingungen reflexiver Verwissenschaftlichung"[250].

4.3.1 Information und Wissen

Wissen ist Macht! Doch was können wir heute mit all dem Wissen, das über die verschiedensten Informationskanäle über den Menschen hereinbricht, anfangen? Selbst ein sehr gebildeter Mensch ist heute nicht mehr in der Lage, die Fülle der Datenmengen auch nur einigermaßen geistig zu verarbeiten, um alle Kenntnisse auch sinnvoll für sein geistiges und körperliches Leben zu nutzen.

Die bis vor Kurzem unvorstellbaren Erfolge auf dem Gebiet der Informatik haben die Wissensverbreitung im 20. Jahrhundert in jeder Hinsicht revolutioniert: Das allgemeine Wissen kann heute weltweit über das Internet abgefragt werden und selbst die neuesten Erkenntnisse[251] der Wissenschaft werden global über die Medien (Internet, Radio, Fernsehen, Zeitschriften etc.) auch populärwissenschaftlich mit größter Geschwindigkeit verbreitet und sind daher praktisch überall und somit für alle Menschen - zumindest theoretisch - abrufbar.

4.3.2 Wissenschaftstheorien

Unter dem Begriff Wissenschaftstheorie können wir eine allgemeine Auseinandersetzung mit *allen* wissenschaftlichen Erkenntnisbemühungen verstehen: So strebt jede Wissenschaftstheorie danach, wissenschaftliche Annahmen, Begriffe und die dafür erforderlichen erkenntnis- und gesellschaftstheoretischen Grundlagen zu analysieren und zu bestimmen. Es geht hierbei vor allem um die Fragen, ob alles, was Wissen hervorbringt, auch von Nutzen und als wissenschaftlich zu bezeichnen ist. Wie sind die wissenschaftlichen Vorbedingungen gelagert, wie versteht sich eine Gesellschaft, die Wissenschaft betreibt, was sind Motive und Interessen, die die Wissenschaft vorantreibt? Wie sind die gesellschaftspolitischen Rahmenbedingungen und die Ressourcen, mit denen die Wissenschaft betrieben wird? Alles

---

[250] ebd., 264.
[251] Leider ist es heute den meisten Menschen nicht mehr möglich, zwischen wirklichen und falschen Erkenntnissen oder auch Fakten zu unterscheiden, sodass Fehlinformationen zur Meinungsmanipulation benutzt werden können und auch werden.

Fragen, die nur im Kontext der wissenschaftlichen Erkenntnisse und über das Zustandekommen des jeweiligen Wissensstandes geklärt werden könnten.

Das heute vorherrschende Selbstverständnis der Wissenschaftstheorie geht davon aus, dass die Wissenschaften mit ihrer rational begründeten Autorität mit rein sachlicher Interpretation keine Werturteile fällen, sondern nur so genannte „neutrale" Zahlen, Informationen, Erklärungen, Fakten (?) als Basis für eine Entscheidungsfindung für unterschiedliche Problemlösungen geben können.

Wir sind heute geneigt, die moderne Wissenschaft als allgemeine Methode zur Schaffung intersubjektiv überprüfbarer Theorien, die gegebenenfalls korrigierbar sind, zu charakterisieren. Es ist allerdings nicht immer sinnvoll, von den bisher als sicher geltenden Prämissen auszugehen, denn diese sind zunächst selbst zu hinterfragen und demnach müssen wir alle Ergebnisse heute als vorläufig und korrigierbar betrachten. Das Anwachsen unserer wissenschaftlichen Kenntnisse erfordert m. E. daher eine ständige Erweiterung oder unter Umständen auch eine völlige Umstrukturierung bestehender Theorien, um entweder neue Erkenntnisse in diese zu integrieren oder um völlig neue Theorien entwickeln zu können. Außerdem hat die zunehmende Spezialisierung zur Produktion einer immer größer werdenden Unkalkulierbarkeit und Auftreten nicht immer latenter Nebenwirkungen geführt, weil man durch Aufsplitterung der Wissenschaft in viele Teilaspekte (Spezialisierung) das Gesamtkonzept aus den Augen verliert. Ganzheitliches Denken und das Bedenken der resultierenden Folgen sind somit - wenigstens theoretisch - eine unabdingbare Forderung, um zu einem vernünftigen Endergebnis zu gelangen.

In den entscheidenden Jahrhunderten der europäischen Wissenschaftsgeschichte hat es immer eine Vielzahl von Wechselbeziehungen zwischen der Wissenschaft und dem Glauben bzw. ihren Vertretern gegeben, die sich gegenseitig sowohl gefördert aber auch behindert haben. Doch man muss sich die Frage stellen, weshalb sich die moderne Wissenschaft fast ausschließlich im Rahmen der westlichen Zivilisation entwickelt hat und nicht auch in anderen Weltgegenden? War doch noch im 13. Jahrhundert die arabische Naturwissenschaft, vor allem auf den Gebieten der Astronomie, Optik und Medizin wesentlich weiter fortgeschritten als in weiten Teilen Europas. Auch in China stockte der wissenschaftliche Fortschritt, obwohl die

Chinesen in manchen Erfindungen (Papier, Buchdruck, Schießpulver etc.) den Europäern zunächst weit voraus waren. Man muss allerdings bedenken, dass die wissenschaftliche Erforschung der Natur auch noch zur Zeit der Scholastik in Europa keinen wesentlichen Stellenwert hatte und noch lange von den Lehrplänen verbannt blieb. Aber die abendländisch, christlich geprägten Wissenschaften und die Philosophie vertrauten immer schon auf den forschenden menschlichen Geist, auf die Vernunft und auf das menschliche Lernvermögen, weshalb sie sich auch alle Möglichkeiten offen hielten, sich zu entwickeln, obwohl sie zunächst die grundlegenden, theologischen Lehren der christlichen Kirche nicht in Frage stellen durften.

Der kometenhafte Aufstieg der modernen Naturwissenschaft und auch der Geisteswissenschaften, die Bereinigung der noch „weißen Flecken" auf allen Wissensgebieten, die individuelle Gestaltung in der Kunst, die Erforschung der Anatomie und die empirischen Erkenntnisse in der Medizin waren schon in der Renaissance zum Ausdruck eines neuen Lebensgefühls geworden, der sich von der Jenseitsorientierung der mittelalterlichen Welt abwandte und sich ganz auf das diesseitige Leben einließ. Die Reformation hatte außerdem durch das Infragestellen der kirchlichen Autorität vor allem in Nordeuropa dafür gesorgt, dass bei der Erkenntnis der Wahrheit dem Individuum mehr Eigeninitiative abzuverlangen wäre, womit ein weiterer starken Impuls für eine individuelle Erforschung geistiger Prozesse und natürlicher Phänomene ausging. Die Entwicklung einer völlig neuen Gesellschaftsordnung kam von der europäischen Aufklärung und im Zuge dieser auch von der Französischen Revolution, die Gott verwarf und die Vernunft vergöttlichte. Durch die „kopernikanische Wende" und die evolutions-theoretischen Erkenntnisse Darwins war die einzigartige Stellung des Menschen als Krönung der Schöpfung endgültig infrage gestellt worden. Der Mensch musste sich jetzt allein auf die Macht seiner Vernunft und den noch geltenden Dualismus von Körper und Geist verlassen. Obwohl alles von den Gesetzen der Mechanik beherrscht zu sein schien, konnte man die Sphäre des Geistes nicht einfach in das mechanistische Weltbild einbauen, denn der freie Geist war und ist beweglich und wurde geradezu zum Promotor der weiteren Entwicklung der abendländischen Wissenschaft und Gesellschaft.

Im 19. und 20. Jahrhundert konnte sich die von der Industrie massiv unterstützte Wissenschaft durch bahnbrechende Errungenschaften praktisch eine unangreifbare Vormachtstellung erobern und eine europäische „Leitkultur"[252] ausbilden, die allen anderen wissenschaftlichen Forschungsarbeiten anderer Länder und Kulturkreise jeglichen Fortschritt absprach und damit die dominierende Stellung in der Welt und in der wissenschaftlichen Forschung für Europa sicherte. Aber es ist unbestreitbar, dass die grundlegende Veränderung des Welt- und Menschenbildes aus den rasch wachsenden Erkenntnissen der Physik, Biologie und Genetik gewonnen wurden und wesentlich am Zerbrechen früherer Gewissheiten beteiligt waren und dass man heute umso eingehender gefordert ist, die Entwicklung der einzelnen Wissenschaftsbereiche sehr kritisch zu hinterfragen um nicht allen vielleicht voreiligen Schlussfolgerungen und Scheingewissheiten unbedingten Glauben zu schenken.

4.3.3 Kritik aus der Dritten Welt an der westlich orientierten Wissenschaft

Kritik an der westlichen Wissenschaft kommt heute auch vor allem aus der Dritten Welt. Man kann mit Recht behaupten, dass die Naturwissenschaften vorwiegend den Interessen der reichen Industrienationen (des Nordens) dienen, ohne dass sie die Sorgen und Nöte der Länder der Dritten Welt ernsthaft berücksichtigen. Nicht nur die natürlichen, sondern auch die wissenschaftlichen Ressourcen sind seit jeher leider weltweit ungleich verteilt. Selbst die medizinische Forschung bezieht sich in erster Linie auf Krankheiten, die in den reichen Industrieländern (Fettsucht, Diabetes, Gefäßerkrankungen etc.) grassieren und kümmert sich wenig um die Erforschung und Heilung von Infektions- und Tropenerkrankungen (Malaria, Hepatitis, Helmintosen, AIDS etc.) von denen aber wesentlich mehr Menschen unserer Welt betroffen sind und an ihnen sterben. Der Technologietransfer erfolgt ebenfalls nur zugunsten der ehemaligen und neuen Kolonialherren und kann nach wie vor nur als ein habgieriges Ausbeuten der armen Länder der Dritten Welt bezeichnet werden[253]. Die heutige Wirtschaftshilfe für die ärmsten Länder dieser Erde erscheint geradezu

---

[252] Der Gedanke von einer europäischen „Leitkultur" stammt von Basam Tibi, wonach die Werte für eine erwünschte Leitkultur der kulturellen Moderne entspringen müssten, und die heißen Demokratie, Laizismus, Aufklärung, Menschenrechte und Zivilgesellschaft (Vgl. Tibi, B., Europa ohne Identität. Krise der multikulturellen Gesellschaft, München ¹1998, 154.)
[253] Babour, J.G., Wissenschaft und Glaube, Göttingen 2003, 208.

lächerlich in Anbetracht der Schätze, die von den Kolonialmächten in diesen Ländern geraubt und abtransportiert wurden.

Würde aber eine neue afrikanische oder asiatische Naturwissenschaft möglicherweise zu einer anderen, differenten Weltsicht führen? Diese Frage können wir heute wohl mit Sicherheit verneinen, da die modernen Naturwissenschaften und in vieler Hinsicht auch die Geisteswissenschaften im Westen entwickelt wurden und auch ihre Verbreitung in den Ländern der Dritten Welt durch in Europa ausgebildete Lehrer erfolgte und auch noch erfolgt. So ist nicht zu erwarten, dass sich in naher Zukunft in diesen Ländern eine neue, differente Wissenschaft herausbilden könnte. Da sich weder in Afrika noch in Asien oder Südamerika eine gleichwertige Wissenschaft – aus welchen Gründen auch immer - entwickeln konnte, sind diese Länder von den europäischen wissen- und wirtschaftlichen Revolutionen überrollt worden und sind heute noch vom Kultur- und Technologieransfer abhängig. Obwohl schon heute in den Schwellenländern (China, Indien und Brasilien) durch Nachahmung europäischer Entwicklungen ein überraschender Aufschwung zu erkennen ist, wird es wahrscheinlich noch sehr lange dauern, bis sich in diesen Ländern dieselben sozialen Bedingungen etablieren können, die uns heute in den Ländern der Ersten Welt bereits selbstverständlich erscheinen. Damit wird aber auch durchaus verständlich, dass in den meisten Ländern der Dritten Welt sich ein spirituelles Leben noch erhalten hat und einen weit höheren Stellenwert einnimmt als in den Industrieländern, in denen man sich von Tradition und Spiritualität weitgehend verabschiedet und sich dem Konsumrausch hingegeben hat. Deshalb wird heute die alte Festung Europa von Einwanderungswilligen bereits von allen Seiten belagert und bestürmt. Man kann auch schon erkennen, dass diese Mauer an einigen Schwachstellen bereits überrannt wurde. Den Migranten erscheint Europa deshalb noch so faszinierend und anziehend, weil ihnen die Medien einen nicht versiegenden Reichtum in den europäischen Ländern vorgaukeln und ihnen unverantwortliche Schlepper vormachen, dass hier noch genügend Arbeitsmöglichkeiten bestehen und dass man hier mit Sicherheit sein Glück machen kann. Aber wie viel Platz in diesem Boot noch vorhanden ist, kann heute wirklich niemand abschätzen. Möglicherweise wird das europäische Boot schon bald wegen Überlastung oder einseitiger Belastung unversehens untergehen, vielleicht aber werden nur die kulturellen Werte und

Errungenschaften infolge unserer Sorglosigkeit und Leichtfertigkeit durch fremde Einflüsse bald überwuchert sein?

4.3.4 Feministische Überlegungen und Kritik an der Wissenschaftstheorie

Schon in der Antike war die Vorstellung des Universums zunächst das geistige Produkt menschlicher Einbildungskraft und selbst die modernen Wissenschaften haben ihre Triebkraft in vieler Hinsicht der menschlichen Neugier und Intuition[254] zu verdanken. Deshalb stellt Sandra Harding sich selbst die Frage, wie kann man die Wissenschaft von einer „Pseudowissenschaft", von der so genannten „prälogischen" Weltsicht der Kinder und „primitiven Gesellschaften" unterscheiden und vor allem welche Rolle spielen die Geschlechtsdispositionen in der wissenschaftlichen Einbildungskraft?[255]

Wenngleich sich wissenschaftstheoretische Überlegungen auf Ergebnisse stützen, die aus wissenschaftlichen Untersuchungen der einzelnen Disziplinen erarbeitet und gewonnen werden, muss berücksichtigt werden, dass die Wissenschaft auch als eine spezifische Kulturleistung zu verstehen ist, denn Wissenschaften erarbeiten mit ihren speziellen Methoden nicht nur Abbilder der menschlichen Umwelt, sondern sind auch offenkundig ein Ausdruck der geschichtlichen und gesellschaftlichen Verhältnisse von Zeit und Örtlichkeit ihrer Entstehung. *„Dank der Frauenforschung hat sich manche Perspektive in der Wissenschaft verändert. Nachdem in der ersten Phase die Folgen der historischen Vernachlässigung von Frauen in den Künsten offengelegt worden waren, geht es nun darum, nicht nur Lücken zu füllen, sondern die Phänomene neu zu bearbeiten."[256]* Es geht sicher darum, Vernachlässigungen oder Unterlassungen weiblicher Perspektiven unter die Lupe zu nehmen und nachzuprüfen, was nachzutragen wäre und welche Perspektiven sich für ein zukünftiges Forschen auftun würden.

---

[254] Intuition gilt als nicht diskursives, nicht auf Reflexionen beruhendes Erkennen des Sachverhaltes eines in sich komplexen Vorganges, aber auch die plötzliche Eingebung als ahnendes Erkennen.

[255] Harding, S., Feministische Wissenschaftstheorie: zum Verhältnis von Wissenschaft und sozialem Geschlecht, Hamburg [1]1990, 251.

[256] Rieger, E., Nannerl Mozart, Frankfurt am Main 1991, 14f. Zit. nach Alt J.,A., 2002, a. a. O, 189.

Da die abendländische Wissenschaft an sich von ihren Wurzeln her patriarchal konzipiert und determiniert erscheint, moniert die feministische Wissenschaftstheorie mit Recht eine uneingeschränkte Geschlechterneutralität. Insbesondere übt die feministische Wissenschaftstheorie eine wahrscheinlich übertriebene Kritik an einer androzentrischen Orientierung der wissenschaftlichen Methodik und pocht auf den wissenschaftlichen Anspruch auf Werturteilsfreiheit. Die Wertfreiheit der Wissenschaft ist allerdings auf der anderen Seite selbst auch als gefährlich anzusehen, und zwar in einem erkenntnistheoretischen und gesellschaftlichen Sinn, weshalb S. Harding feststellt: *„Reflektiert die Konstruktion eines solchen kulturellen Mechanismus auch nicht ihrerseits bestimmte moderne, westlich-bürgerlich-männliche Werte?"*[257]

Während bei den so genannten exakten Wissenschaften, wie Astronomie, Physik, Chemie, Mathematik etc. geschlechtspezifische Metaphern kaum Verwendung finden, kann die Präsenz von Metaphern des sozialen Geschlechts in den Geisteswissenschaften wohl nicht geleugnet werden. *„Wer die Dogmen des Empirismus verteidigt, wird dieser Tatsache im Hinblick auf die Wissenschaft selbst keine Bedeutung beimessen, während die Anthropologie im Gegensatz dazu die Metapher für einen signifikanten Erklärungsfaktor hält."*[258] Die Verwendung geschlechts-spezifischer Metaphern insbesondere in der Biologie und Soziologie werden daher von feministischer Seite als Anzeichen dafür gewertet, dass diese Forschungsbereiche in vieler Hinsicht noch unausgereift erscheinen. Metaphern und Analogien, die uns in den Naturwissenschaften immer wieder begegnen, dienen nicht nur der Wissensvermittlung, sondern sie sind eigentlich auch ein notwendiger Bestandteil naturwissenschaftlicher Theorien, die allerdings wieder nur in ihrem sozialen und kulturellen Kontext zu verstehen sind.

Harding weist in diesem Zusammenhang besonders auf den Gegensatz von westeuropäischem Denken und feministischem und afrikanischem Denken hin und zitiert den Anthropologen Lucien Lévy-Bruhl[259], der hier noch, eher unbedacht, das feministische und afrikanische Denken als volkstümlich, prälogisch und abergläubisch kritisierte und dem logischen, exakten der modernen Wissenschaft

---

[257] Harding, S. [1]1990, a. a. O. 259.
[258] Ebd. 253.
[259] Lévy-Bruhl, L., African Traditional Thought and Western Science, London [2]1967, 37.

gegenüberstellte. Ein in Amerika sehr bekannter Ethnologe afrikanischer Abstammung hat diese eurozentrische Ansicht mit folgender kritischen Bemerkung kommentiert: „*Westeners forget that are not only indigenous cultures that have a deep commitment to non Western ideas about reality*" [260] . Die Ähnlichkeiten zwischen typisch weiblichen und afrikanischen Weltanschauungen lassen aber die Vermutung zu, dass es sich zwar bei diesen um ein vielleicht prälogisches, intuitives und auch emotionales Denken handelt[261], dass aber dieses wahrscheinlich vieles mehr in der Menschheitsgeschichte in Bewegung gesetzt und damit die Welt verändert hat, was allerding von „*der*" Wissenschaft nicht entsprechend registriert wurde. Es soll auch angemerkt werden, dass logisches und rationales Denken selbst den kulturell bedingten, gesellschaftlichen Konstruktionen unterliegt und bekanntermaßen haben sich die Kriterien für das, was als logisch zu gelten hat, in der westlichen Welt gerade im Laufe des 20. Jahrhunderts verschoben, weil die heute geforderten Kriterien der Logik den früheren Konstruktionen nicht mehr ent-sprechen konnten.

Das Vorkommen geschlechtsbezogener und eurozentrischer Verzerrungen in der Naturwissenschaft (aber auch in der Religion) wurden und werden von Feministinnen heute eingehend analysiert und auch kritisch hinterfragt und zwar auf verschiedenen Bezugsebenen, die sich ergeben

1. wegen der Chancenungleichheit beim Zugang zu Bildung und Forschung,
2. als Folge der offensichtlichen oder versteckten Art der Diskriminierung in Schule, Studium und Arbeitsplatz,
3. wegen der ungleichen Auswahl von Forschungsfragen, insbesondere in der Biologie und der Gesundheitsforschung,
4. wegen der einseitigen (männlich dominierten) Interpretation von Forschungsergebnissen, als Reflexion einer von Männern dominierten Kultur

H. Longino, eine bekannte Wissenschaftsphilosophin, glaubt, dass eine feministische Perspektive zu mehr wissenschaftlicher Objektivität beigetragen hätte und hält der nachmodernen Wissenschaft vor, dass in unserer Kultur die Naturwissenschaft weiterhin geschlechts-bezogene Präferenzen widerspiegle, die nicht nur den Inhalt,

---

[260] Somé, M.P., Of Water and the Spirits. Ritual, Magic and Initiation of an African Shaman, New York-London 1994, 9.
[261] Harding, 1990 a. a. O., 195.

sondern auch die Praxis der Naturwissenschaft im Wesentlichen einseitig beeinflusse [262].

In Ihrem Buch „Science and Gender" verwehrt sich Ruth Bleier[263] gegen die wissenschaftlich umstrittene Behauptung, es gebe zwischen den Geschlechtern mentale Unterschiede in der Beurteilung der Außenwelt, wobei Männer eher rational mit der linken Hirnhälfte, Frauen aber mit der emotionalen rechten Hirnhälfte die Entscheidungen träfen. Das bedinge nach evolutionsbiologischen Kriterien, die *angeblich* angeborene Überlegenheit der Männer in der Mathematik, im logischen Denken und in ihrem räumlichen Vorstellungsvermögen. Obwohl bild- gebende Verfahren dies heute durch die örtliche Blutzuflussrate zu bestätigen scheinen, kann hinsichtlich der Verteilung von rational oder emotional generierten Kriterien bei der Urteilsbildung noch keine wirklich bindende Aussage gemacht werden, insbesondere als auch die rational-emotionale Umordnung im Gehirn bei Links- bzw. Rechtshändern beiderlei Geschlechts kaum noch erforscht ist. Außerdem spielen vor allem die Sexualhormone hinsichtlich der Emotionsverarbeitung, Kognition und Gedächtnis eine signifikante Rolle. Die Hirnforschung der letzten Jahre konnte den Einfluss reproduktiver Hormone auf komplexe geistige Fähigkeiten feststellen und auch ihre besonderen Wirkungen auf die Neurotransmittersysteme (s. u.) in Hirngebieten nachweisen[264], die mit der Verarbeitung von Kognition und Emotion befasst sind.

Christa Rohde-Dachser[265] hat in sehr engagierter Weise dargelegt, dass die psychoanalytisch-wissenschaftliche Theorie der Weiblichkeit lediglich der Ausdruck einer gesellschaftlichen Unbewusstheit des Patriarchats sein kann und damit die männliche Herrschaft über das Weibliche seit Langem widerspiegelt. Die Psychologie als Wissenschaft vom Menschen und die Psychoanalyse als Erkenntnisinstrument des Unbewussten eröffnet für sie eine realistische Darstellung menschlicher – das heißt weiblicher *und* männlicher – Existenz. Sie vertritt die Ansicht, dass sowohl Frauen wie Männer einem verzerrten Konstrukt der

---

[262] Longino, H., Objectivity and Feminist Theorizing, Liberal Education, 1981, 187 f.
[263] Bleier, R., Science and Gender: A Critique of Biology and Its Theories of Women, New York 1984.
[264] Stein, P. et al., Wie Sexualhormone das Gehirn beeinflussen, Urologik 2/2008, 36 f
[265] Rhode-Dachser, Ch., Expedition in den dunklen Kontinent. Weiblichkeit im Diskurs der Psychoanalyse, Gießen 2003 und dies. Geschlechtsmetaphern im Diskurs der Psychoanalyse, in Michael Buchholz, Metaphernanalyse, Göttingen 1993, 208 f.

Wirklichkeit, das auf der Grundlage einer gesellschaftlich bedingten Verdrängung entsteht, aufgesessen sind. Wenn aber die Unbewusstheit historisch bedingt und eben nicht als konstitutiv und unveränderbar zu betrachten ist, dann müsste auch die permanente Veränderung der gesellschaftlichen Verhältnisse die unbewussten Zuschreibungen der Geschlechtsrollen, die in immer größeren Widersprüchen zur gelebten Wirklichkeit stehen, erkannt und verstanden werden und sich somit in der Zeit von selbst auflösen. Von ihrer feministischen Position ausgehend, erklärt sie, dass das weibliche Geschlecht dem männlichen gleichwertig ist, sich aber von diesem, nicht nur biologisch, unterscheidet. Sie meint, der wesentliche Irrtum der männlich besetzten Wissenschaften läge nicht darin, das Weibliche nicht entsprechend anerkennen zu wollen, sondern in der *phallozentrischen* Blindheit (?) der Wahrnehmung, die nur zum Ausschluss nicht, aber zur Erkenntnis führen könne.

Bei der Themenauswahl laufen sowohl Forscher als auch Forscherinnen selbst in Gefahr, eigene Präferenzen und Vorurteile in die Arbeit einfließen zu lassen, ganz zu schweigen von den Hypothesenbildungen und kritischen Prüfungen, die natürlich durch eigene vorher gefasste Meinungen und Vorlieben geprägt sein können[266] und deshalb zu falschen Schlüssen führen müssen.

Zweifellos ist heute eine geschlechtsneutrale Naturwissenschaft im Rahmen der geltenden Normen wissenschaftlicher Objektivität anzustreben, die die inszenierten Verzerrungen nicht nur deshalb ablehnt, weil sie patriarchalen Ursprungs sind, sondern weil sie schlicht und einfach „schlechte Naturwissenschaft" darstellen und offensichtlich die nötige Objektivität vernachlässigen. So wird heute immer wieder darauf hingewiesen, dass die Wissenschaft nur in einer ganzheitlichen Denkweise zu betreiben ist, wobei holistisches Denken zwar nicht einseitig als eine Domäne der Frauen gelten kann, doch dürften Frauen sensibler als Männer gegenüber den Zusammenhängen in der Natur und den wechselseitigen Abhängigkeiten sein und sich deshalb stärker um eine Entwicklung, Kooperation und Symbiose bemühen.

---

[266] Vgl. Alt, J. A., 2002, a. a. O., 189. und Freeman, D., Liebe ohne Aggression, München 1983.

4.3.5 Parawissenschaft - Pseudowissenschaft

Als wertender oder beschreibender Begriff Parawissenschaft oder Grenzwissenschaft bezieht sich dieser auf Erkenntnisansprüche, die sich am Rande oder außerhalb der akademischen Wissenschaften etabliert haben. Diese Ansprüche haben als Grundlage Auffassungen, Praktiken und Theorien, die vorwissenschaftlich oder eben fälschlicherweise als Wissenschaft ausgegeben werden.

Als Parawissenschaften gelten „Aussagensysteme, die explizit oder implizit den Anspruch auf Wissenschaftlichkeit oder auf überprüf- beziehungsweise Belegbarkeit mit den Methoden der Wissenschaft stellen, bei denen jedoch der mehr oder minder starke Zweifel besteht, ob sie diesen Anspruch auch einlösen können" (E. Wunder[267]). Die Bezeichnung Parawissenschaft kann sich aber auch auf die Erforschung paranormaler Phänomene beziehen, wenn sie also von den zu untersuchenden Gegenständlichkeiten her definiert wird. Damit wird sie als eine nicht institutionalisierte Form der Wissenschaftlichkeit gekennzeichnet. Hinsichtlich paranormaler Erlebnisse, die manche "begnadete" Menschen zu haben glauben, ist sich die Wissenschaft uneinig: Ob nämlich solche Erlebnisse für die etablierte Wissenschaft nur noch nicht erklärbar sind, oder ob es sich bei diesen bloß um Einbildungen der sie beschreibenden Personen handelt.

In der Diskussion um die Definition der Wissenschaft stellt sich auch das Problem der Pseudowissenschaftlichkeit: Wie soll diese definiert werden, von welchen Prämissen geht sie aus und wie kann sie von klaren wissenschaftlichen Erkenntnissen abgegrenzt werden? Stehen pseudo-wissenschaftliche Aussagen in einem natürlichen Widerstreit mit den etablierten wissenschaftlichen Theorien? Scheinbar aber belebt diese Konkurrenz, so nimmt man an, das wissenschaftliche „Geschäft". So fühlen sich Wissenschaftler herausgefordert, ihre eigenen Aussagen klarer zu formulieren und für kritische Prüfungen offen zu halten. Dass sich hinter den vielen kolportierten, *„verrückten"* Ideen manchmal die eine oder andere Erkenntnis verbergen kann, haben mittlerweile auch schon die meisten Wissenschaftler begriffen. So hat Karl Popper 1953 zu dieser Problematik festgestellt: *„Ich möchte eine Unterscheidung treffen zwischen der Wissenschaft und der Pseudo-wissenschaft, wohl wissend, dass auch die Wissenschaft häufig irrt und*

---

[267] E. Wunder, zitiert nach http://alien.de/wiki/index.php/Grenz-_und_Parawissenschaften 16.02.2009.

dass es eben geschehen kann, dass die Pseudowissenschaft über die Wahrheit stolpert.[268]

Die moderne Wissenschaft geht heute prinzipiell davon aus, dass ihre Ergebnisse als nur vorläufig und eher als Kompromiss zu betrachten sind, weil stets neue Erkenntnisse denkbar sind und sich unsere Weltsicht ständig verändert. Die Pseudowissenschaften hingegen gehen von bereits als definitiv angesehenen, aber oft nur fiktiven Ergebnissen aus, die durch einzelne, ausgewählte und manchmal auch nur scheinbar belegte Fakten („Pseudofakten") untermauert werden, die so eine gewisse wissenschaftliche Objektivität vortäuschen können. Pseudo-wissenschaftliche Theorien, die eher durch Intuition als durch durchgeführte experimentelle, objektivierte Ergebnisse erstellt werden, sind für viele Menschen deshalb so *glaub*haft und vertrauenswürdig geworden, weil diesen pseudo-wissenschaftlichen Spekulationen oft ein wohlfeiles, pseudo-wissenschaftliches Mäntelchen umhängt wird und sie in populärwissenschaftlichen Büchern und Zeitschriften mit großem Medienaufwand als letzte Erkenntnis oder als bahnbrechende Errungenschaft breitgetreten werden.

4.3.6 Wissenschaft als kognitive Transformation

Die Wissenschaftsgeschichte, die wie oben in Kürze beschrieben, erklärt den Aufstieg der modernen abendländischen Wissenschaft mit ihren konsekutiven, gesellschaftlichen Umwälzungen einerseits als eine kognitive Transformation in der Geschichte der endogenen Entwicklung geistiger Strukturen, andererseits auch als einen, durch externe Faktoren, wie technische, ökonomische und kulturelle Bedingungen der Gesellschaft bestimmenden Aufschwung, wobei wir erkennen müssen, dass

1. die Entwicklung der Erkenntnisformen als eine eigenständige Variable der kulturellen Evolution zu betrachten ist und
2. die gesellschaftlichen Strukturen und die Umwelt der Wissenschaft nicht einfach als kontingente Randphänomene oder als komplementäre Dimensionen der Entwicklung logischer

---

[268] Popper, K., Science, Pseudo-Science, and Falsibility, in: Conjectures and Refutation, London 1978, 33.

Denkstrukturen abgetan werden können, sondern als für diese konstitutiv bestimmend zu betrachten sind[269].

4.3.7 Wissenschaftsgläubigkeit oder der Glaube an die Wissenschaft

Der Begriff Wissenschaftsgläubigkeit (Szientismus) wird meist für jene Auffassung verwendet, wonach naturwissenschaftliche Methoden in allen Wissenschafts- bereichen angewendet werden müssten, kann aber auch den unbedingten Glauben an eine umfassende wissenschaftliche Welterklärung bezeichnen. Der Szientismus wird daher meist als jene Haltung definiert, nach der die Wissenschaft beansprucht, die ganze Wirklichkeit, einschließlich den Bereichen des Menschlichen mit ihren Methoden beschreiben und erklären zu können, was allerdings m. E. höchstens nur für geringe Teilbereiche der Wirklichkeit zutreffend sein kann. Die Geschichte bietet uns zahlreiche Beispiele für die „unmenschlichen" Konsequenzen menschlicher Hybris.

K. Popper hat in diesem Zusammenhang in einer wissenschaftlichen Zeitschrift hinsichtlich des menschliches Wissens folgende Warnung ausgesprochen: *„Es dürfte uns gut tun, uns manchmal daran zu erinnern, dass wir zwar in dem Wenigen, was wir wissen, sehr verschieden sein können, dass wir aber in unserer grenzenlosen Unwissenheit alle gleich sind"*[270].

Schon Hegel hat Kritik an dem Begriff Wissenschaftsgläubigkeit und seiner Deutung geübt und bezeichnete ihn abwertend als einen physikalistischen, mechanischen Begriff. Martin Heidegger hat nicht nur berechtigte Bedenken gegen die Wissens- und Erklärungsansprüche einer szientistischen Kosmologie angemeldet, sondern er richtete vor allem seine scharfe Kritik gegen die Anmaßungen der empirischen Forschung und der Wissenschaft sowie gegen das eklatante und ungetrübte Selbstbewusstsein und den blinden Fortschrittsglauben der Wissenschaftler.

---

[269] van den Daele, W., The Social Construction of Science, in: Mendelsohn, Weingart, Whitley (Hg.), The Social Production of Science, Boston 1972, 27.
[270] Popper, K., Journal for General Philosophy and Science, Jg. 26 Nr. 2 1995, 43.

Ludwig Wittgenstein hielt die moderne Weltanschauung sogar an und für sich für eine Täuschung, weil sie ja nur höchstens uns glauben machen kann, die so genannten „Naturgesetze" könnten als Erklärungen der realen Naturerscheinungen gelten[271]. Nur in einem beschränkten Ausmaß kann sich der Mensch durch Intuition und/oder wissenschaftliches Mühen einen Zugang zu der Welt der Transzendenz verschaffen, aber das gelingt dem Menschen nur auf sehr verschlungenen und steinigen Pfaden, die meist mit Irrtümern und Kontroversen aller Art gepflastert sind. Vielleicht wird es einmal möglich sein, auf dem Weg der exakten Wissenschaften zur Erkenntnis der Wahrheit zu gelangen, aber wahrscheinlich - wie oben bereits angedeutet – höchstens zu Teilaspekten der Wahrheit. Wenn aber die Wissenschaft für sich die Alleinherrschaft für Wissen beanspruchen möchte, dann, so kann Walter Heitler[272] mit Recht diesen Weg als unheilvoll bezeichnen. Die alte These, die Welt sei berechenbar, ist schließlich nichts weiter als eine schlichte Mär, das erklärt zumindest der Mathematiker Rudolf Taschner[273] und widerspricht der Behauptung von Pierre-Simon Laplace, dass *„er Gott nicht mehr brauche, nicht einmal als Hypothese"*, da ja sowieso alles berechenbar wäre (Er hat dies behauptet, weil er gerade die geringen Abweichungen der Planetenbahnen infolge der Beeinflussung durch Jupiter und Saturn als harmlos erkannt hatte).

Aber es bedarf aufwendiger und umfassender wissenschaftlicher Forschung, um für den Menschen ein jeweils an die sich ändernde Umwelt und Gesellschaft angepasstes Verhalten zu erkunden, zu entwickeln und plausibel zu vermitteln. Weil aber die meisten Menschen die Mühen eines schwierigen, wissenschaftlichen Erkenntnisgewinnes scheuen, suchen sie nach vorgefertigten Mustern und Lehrmeinungen, an die sie ohne Zweifel zu hegen glauben können, um nach diesen auch ihr Leben einzurichten. In der Regel werden und konnten diese Bedürfnisse auch von den Religionen durchaus adäquat befriedigt werden. Da aber im Laufe der wissenschaftlichen Erkenntnisse manche der religiösen Aussagen widerlegt wurden, kam es zu einer so tiefen Erschütterung der allgemein vorherrschenden Glaubensvorstellungen, dass vielen Menschen die bislang vermittelten Glaubensinhalte buchstäblich abhanden gekommen sind. In diesem spirituellen

---

[271] Wittgenstein, L., Tractatus logophilosophicus, 6.371.
[272] Heitler, W., Wahrheit und Richtigkeit in den exakten Wissenschaften, (Abhandlungen der Mathematisch-Naturwissenschaftlichen Klasse/ Akademie der Wissenschaften und der Literatur Mainz), Stuttgart 1972, 63.
[273] Taschner, R., Die Mär, die Welt sei berechenbar, in Die Presse, August 2008.

Vakuum machte sich als Religionsersatz mithin auch ein echter Glaube an die Wissenschaften breit, weil von diesen zumindest behauptet werden kann, alles besser und vielleicht sogar widerspruchsfrei erklären zu können. Natürlich könnte man einer ernst gemeinten, hypothetischen Überlegung eines anerkannten Wissenschaftlers durchhaus Glauben schenken, doch darf man sich nicht täuschen lassen und die Behauptungen unkritisch als erwiesene Tatsachen hinnehmen! Viele Menschen erliegen aber häufig kritiklos der Suggestion solcher Theorien, insbesondere, wenn sie, von einer in der Öffentlichkeit bekannten, wissenschaftlichen Autorität geäußert und populärwissenschaftlich breitgetreten wurde. Interessanterweise entziehen sich gerade solche Thesen gar nicht so selten der nötigen Kritik[274], da sie ja von vornherein als wahr angenommen werden und meist ohne Pause in den Medien als neueste Erkenntnisse kolportiert werden. Wissenschaftliche Irrtümer, die als solche nicht rechtzeitig erkannt wurden und werden, bergen in sich immense Gefahren und können verheerende Wirkungen hervorrufen, wie wir sie leider bereits in der Vergangenheit (z. B. auch in der wissenschaftlichen Medizin) erfahren haben.

In einem Interview, das K. Popper der Zeitschrift L´Express 1982[275] gewährte, betonte er, dass diejenigen, die nur an die Wissenschaft glauben wollen, wohl selbst am wenigsten von der Wissenschaft verstünden, denn Wissenschaftler könnten und dürften nicht nur an ihre Theorien glauben und an ihnen festhalten, denn gerade sie müssten immer wieder eine selbstkritische Haltung zu allen Annahmen einnehmen, weil ein Irrtum nie ausgeschlossen werden kann und auch schon die Prämissen falsch konzipiert sein könnten. Damit ergibt sich seiner Meinung nach der fundamentale Gegensatz von Wissenschaft und einer Gläubigkeit an die Wissenschaft.

---

[274] http://www.interdis-wis.de/wissenschaftsglaeubig.htm. Kaegelmann, H., Einschätzung und Irrtumskorrektur 24.10.2008.
[275] Popper, K., Aufklärung und Kritik, ²1994, 38.

4.3.8 Intuition und Wissenschaft

„Ein guter Künstler lässt sich von seiner

Intuition führen, wohin sie will.

Ein guter Wissenschaftler befreit sich von

Vorstellungen und hält seinen Geist

offen für das, was ist."[276]

Alle Ideen entstammen der menschlichen Intuition, doch sollte niemand daran glauben, dass eine Idee an sich schon notwendigerweise richtig sein müsste, weil man an sie glaubt. Ein Mangel an kritischem Geist gleicht dem Dogmatismus, einem der Fehler, der schon zu oft und von zu vielen begangen wurde. *„Die Intuition allein erlaubt nicht, die Welt zu erkennen oder zu verstehen. Die Intuition ist aber ein Mittel, der Wahrheit vielleicht manchmal näher zu kommen"*[277].

Für viele Menschen sind die modernen Wissenschaften so attraktiv geworden, weil sie scheinbar für alles eine Erklärung finden könnten, so dass man zumindest heute oft den Eindruck gewinnen kann, dass *die* Wissenschaften vielleicht sogar die Effizienz einer intellektuellen Bekehrungsinitiative oder sogar einer Offenbarung haben könnten.

---

[276] Laozi, Daodejing, zitiert nach Woogler, R.J., Existenz anderer Welten und ihre Bedeutung, in Grof, St., u. a., Wir wissen mehr als unser Gehirn. Die Grenzen des Bewusstseins überschreiten, Freiburg im Breisgau 2003, 120.

[277] Popper, K., [2]1994, a. a. O., 39.

5 Spiritualität im Spiegel der Wissenschaft

5.1 Psychologie der Spiritualität: Annäherungen

Psychologie ist die wissenschaftliche Beschäftigung mit der Psyche[278], der Seele[279] als Lebensprinzip. Sie versucht das Erleben und Verhalten der Menschen, ihre Entwicklung im Laufe des Lebens und alle dafür maßgeblichen inneren und äußeren Ursachen durch wissenschaftliche Methoden aufzudecken. Sie beschäftigt sich vor allem mit den mentalen Prozessen, Verhaltensmechanismen und mental-behavoristischen Interaktionen, die sie mit empirischen Methoden, d. h. durch Beobachtung und auch mittels Experimente zu ergründen sucht. Insbesondere erforscht die Neuropsychologie physiologische Prozesse, die sich im Zentral-nervensystem (ZNS) abspielen und versucht, die Auswirkungen dieser Prozesse auf psychophysische und psychosomatische Vorgänge empirisch und experimentell zu interpretieren. Gewisse Prozesse können mittels der Elektroenzephalographie und mit bildgebenden Verfahren aufgedeckt und veranschaulicht werden.

„Seelisches Sein erschöpft sich nicht in Innerlichkeit und Bewusstsein und auch nicht im Unbewussten, sondern unser Dasein ist weltlich und zeitlich. Die Welt als der Ort, in dem wir sein können, und der in sich unendlich und nicht zu Ende zu denken ist, ist darum der Umkreis, aus dem das Numinose auf uns zukommt. In der Frage nach der Welt als ganzes und nach der Natur als Quelle alles Wirklichen, in Fragen also, die seit Jahrtausenden die Philosophie beschäftigt haben, liegt eine der wesentlichen Quellen des Religiösen, weil hier unser Geist sich selbst transzendentiert und in eine Beziehung zum Unendlichen, Absoluten und Einen gerät"[280].

Die seelische Wirklichkeit, mit der sich die Psychologie befasst, wird im höchsten Maß von den zwischenmenschlichen Begegnungen beeinflusst, die unser Leben im Wesentlichen gestalten und es erleben lassen und so auch zur Quelle des Religiösen in uns wird. Nur was der Mensch aus seinen durchlebten, erlittenen und durchlittenen Erfahrungen macht, kann daher als Spiritualität im eigentlichen Sinne bezeichnet werden: Die Transzendenz erweist sich auch in der unausschöpfbaren

---

[278] Psyche, griech. Lebensodem, Lebenskraft, die Seele als Prinzip des physischen Lebens oder das Leben, das durch das Vorhandensein der Seele im Körper bedingt ist.
[279] Vom germanischen Wort saiwolo abgeleitet „die von der See kommt", daher auch Seelenvogel.
[280] Uslar, D. von, Sein und Deutung. Grundfragen der Psychologie, Stuttgart ²1989, 67.

Tiefe des Ichs, in welchem sich die Einheit des Seins und der Welt zeigen und offenbaren lässt. Spiritualität ist dem Sinn nach gefilterte Lebenserfahrung. Aber sie ist sicher mehr als nur die „Binnenerfahrung" des Eigenselbst und des Gewordenseins. Sie ist nicht nur auf die menschliche Haltung und schon gar nicht auf jene Praktiken, wie Gebet und Meditation, die mit ihr assoziiert werden, reduzierbar. Sie ist psychologisch gesehen ein Wandlungsgeschehen, wenn der Mensch von der Transzendenz, vom Numinosen berührt wird.

Da die Bedeutung der Transzendenzerfahrung, somit Spiritualität für das Leben der Menschen in letzter Zeit wieder zunehmend an Aktualität und breiterer Akzeptanz in der Öffentlichkeit gewonnen hat und eine wahre Flut an Publikationen den Markt zu überschwemmen droht, kann man sich nicht des Eindruckes erwehren, dass sich heute vielleicht schon Millionen von Menschen auf den Weg gemacht haben müssen, um nach dem Sinn des Lebens zu suchen und nach Selbsterkenntnis Ausschau zu halten. Die essentielle Frage aber, die am Anfang all dieser Bemühungen stehen soll, ist: Wo und wie soll man erfolgreich nach dem suchen, was dem Leben Sinn gibt und damit ganz allgemein gesagt, dem Menschsein Zukunftschancen eröffnet? In den Traditionen oder überkommenen Religionen, die zumindest scheinbar in der Alten Welt (in den europäischen Ländern) ihren Deutungsanspruch verloren haben oder in den Weisheitslehren des Ostens, in den spiritistischen oder anthropo-sophischen Lehren? Das jetzige Oberhaupt der römisch-katholischen Kirche Papst Benedikt XVI. hat als Kardinal Joseph Ratzinger einmal darauf hingewiesen, dass man sich vielleicht besser in die eigene Religion (und das gilt auch für die Spiritualität) vertiefen sollte, als das Heil in anderen (fremden?) Glaubensüberzeugungen zu suchen. Auch der Dalai Lama, das geistliche Oberhaupt der Tibeter und Friedens-nobelpreisträger wollte bei seinem Besuch in Frankfurt (30.07. – 02.08.2009) im Westen sicher nicht missionieren, denn er empfahl den Anwesenden keine Konversion sondern gab ihnen den Rat, mit der Religion, mit der sie aufgewachsen sind, die Erfüllung zu suchen. Dass die tibetischen Praktiken auf dieser Suche hilfreich sein könnten, stellte er jedoch nicht in Abrede. Führen aber nicht alle Wege nach Rom, oder vielleicht doch nach Jerusalem, Mekka oder Benares oder zu all den anderen spirituellen Zentren der verschiedenen Religionsgemeinschaften und damit zu dem endgültigen, gemeinsamen Ziel?

5.1.1 Neuropsychologie und spirituelle Phänomene

Die akademisch-wissenschaftliche Neuropsychologie versucht schon seit einiger Zeit mit den neueren bildgebenden Verfahren (wie CT, MRT, fMRT, PET, SPEKT [281]) herauszufinden, wie Vorstellungen spiritueller Natur im Gehirn, dem Organ unseres Bewusstseins, entstehen und was sie bewirken können.

Der Neuropsychologe Persinger stellte 1983 die Hypothese auf, wonach spirituelle Phänomene nichts anderes wären als Artefakte, die in den tieferen Anteilen des rechten Temporallappens ihren Ursprung hätten. Diese neuronalen Aktivitäten wären gleichsam ein „Gottesmodul" [282], wie es auch der Neuropsychologe Ramachandran postulierte. Zu diesem Zwecke wurde ein Helm („God helmet") mit elektromagnetischen Stimulatoren entwickelt, mit dem gezielt durch schnell fluktuierende Magnetfelder selektiv bestimmte Hirnareale aktiviert werden können. Zunächst erschienen die Ergebnisse seiner experimentell-stimulativen Hirnkartographie als fantastisch und spekulativ und begegneten einer allgemeinen Skepsis. Mit weiteren Experimenten konnte Persinger[283] aber dann feststellen, dass bei Temporallappenstimulation gläubige Juden die Anwesenheit von Elia, Christen die von Jesus oder der Jungfrau Maria mit dem Gefühl einer intensiven Seligkeitserfahrung zu spüren meinten. Was umso erstaunlicher ist, als niemand das Aussehen oder das Anwesenheitsgefühl von Elia noch das von Jesus oder Maria kennen kann. In der weiteren Folge hat Newberg[284] die These aufgestellt, dass der Mensch von Natur aus spirituell veranlagt sei, da scheinbar der *homo sapiens sapiens* im Verlauf seiner evolutionären Hirnentwicklung zu der Einsicht gelangt sein müsste, dass eine Verbindung mit einer höheren Wirklichkeit für den Fortbestand seiner Spezies von Vorteil wäre(?).

---

[281] Computertomographie, Magnetresonanztomographie, funktionelle Magnetresonanztomographie, Positronenemissionstomographie, Kernspintomographie

[282] Ramachandran,V.S., Blankeslee, S., Phantoms in the Brain: Probing the Mysteries of Human Mind, New York 1998, 175. Deutsche Übersetzung: Die blinde Frau, die sehen kann: rätselhafte Phänomene unseres Bewusstseins, Reinbek bei Hamburg 2001.

[283] Persinger, M.A., The temporal lobe: Biological basis of God experience. In R. Joseph (Hg.) Neuro Theology, San Jose 2002, 273 - 278.

[284] Newberg, A., d´Aquili, und Rause, V., Der gedachte Gott. Wie Glaube im Gehirn entsteht, München - Zürich 2003.

1983 hat Persinger[285] den Ausdruck „*cognitive kindling*"[286] geprägt, mit dem er die vielfältigen halluzinatorischen (sensorische: auditive, visuelle, haptive) Phänomene, die bei tiefer Meditation auftreten, bezeichnet. Ausgehend von experimentellen Studien, bei denen durch regelmäßige Elektrostimulation limbischer Hirnareale (Nucleus amygdalae, Hippocampus) epileptiforme Zustände hervorgerufen werden können, versuchte er und sein Kollege Richards das Anwesenheitsgefühl von bestimmten Personen, das bei tiefer Meditation auftritt, zu erklären. Experimente wurden auch bei meditierenden Mönchen mit der fMRT angestellt, wobei ebenfalls eine verstärkte Durchblutung im rechten Temporallappen und in der Hippocampusregion nachzuweisen war. Für ihn und seine Kollegen stellen diese Experimente einen Beweis (?) dar, dass der Ort der cerebralen Verarbeitung spiritueller Erfahrungen jedenfalls im Temporallappen gelegen sein muss.

Bei der Applikation bestimmter Magnetfelder auf die Schläfenregion konnten auch Phänomene erzielt werden, die mit einer erhöhten Thetawellenaktivität (s. u.) einhergehen und damit einen erhöhten Metabolismus der synaptischen Verbindungen zwischen beiden Hirnhemisphären aufweisen. Andresen[287] hat im Jahr 2000 aus religions-psychologischer und anthropologischer Sicht scharfe Kritik an den Folgerungen der Hirnforscher geübt, da nachgewiesenermaßen sowohl mit externer wie auch interner Elektro- oder Magnetstimulation funktionelle Veränderungen in den zentralen Hirnregionen nachgewiesen werden können. Es ist aber für jeden Radiologen, Neurologen und auch ernsthaften Neuropsychologen einsichtig, dass die Interpretation der erhobenen Befunde mehr als fragwürdig erscheinen. Trotzdem kann mit großer Wahrscheinlichkeit angenommen werden, dass sich im Temporallappen Schalt- bzw. Verarbeitungszentren für spirituelle Erfahrungen befinden dürften. Auf die, von den Neurotheologen Newberg und d´Aquili entwickelten Entwürfe für eine Modell des spirituellen Lebens mit ihren fünf Funktionsmodalitäten des autonomen Nervensystems kann hier nicht näher eingegangen werden[288].

[285] Persinger, M.A., Religious and Mystical Experiences as Artefacts of Temporal Lobe Function: A General Hypothesis. Perceptual and Motor Skills, 58 (3), 1983, 963 - 975.
[286] "cognitive kindling", Erkenntnismäßiges Anfachen.
[287] Andresen, J., Meditation meets Behavioural Medicine, Journal of Consciousness Studies 7 2000, 40 – 43.
[288] van Queckelberghe a. a. O., 452

5.1.2 Die Hirnforschung und die Schaffung eines neuen, naturalistischen Menschenbildes

Seit der Antike wissen Ärzte, wie die Hirnforscher der Neuzeit, dass der Mensch ein sehr verletzliches Wesen ist. Schon kleinste Verletzungen des Gehirns durch Trauma, Blutung, Infarkt (infolge einer Gefäßblockade) oder Infektion können zu schwersten Ausfällen des Alltagsbewusstseins führen, es kann sogar das *Bewusstsein* völlig ausschaltet werden. Ist der Mensch mit einem „veränderten" Bewusstsein oder überhaupt keinem Bewusstsein noch Mensch, der sich selbst als Ego erleben kann? Ist die von den Neurowissenschaften herbeigeführte Aufhebung des noch gültigen, metaphysischen Menschenbildes mit seinen zwei Naturen, dem körperlichen und geistigen, heute noch der Mensch mit einer spirituellen Kapazität oder ist der Mensch doch nur eine mehr oder minder eine berechenbare Biomaschine, die nach den Gesetzen der Chemie, Physik etc. funktioniert? Die Frage, ob der Mensch neben seiner Natur noch Wesens-bestimmende Merkmale besitzt, die der naturwissenschaftlichen Betrachtung vielleicht nicht zugänglich sind, wird heute ebenso diskutiert wie die Frage nach der Relevanz der Begriffe Sinn, Spiritualität, Religion und Transzendenz[289].

5.2 Selbstbewusstsein – Bewusstseinsveränderung[290]

Bewusstsein[291] ist p. d. eine Grundgegebenheit des menschlichen Lebens, es ist die fundamentale seelische Funktion der Wahrnehmung der Außenwelt und gleichzeitig die Interaktion der eigenen Innenwelt mit der Umwelt Das Bewusstsein, engl.: „consciousness" wird im Webster Comprehensiv Dictionary[292] treffend als Zustand des Erkennens der Außenwelt und die Fähigkeit der Selbsterkenntnis beschrieben. Das Bewusstsein ist nur durch die eigene, subjektive Erfahrung möglich, es ist die Erkenntnis der Wirklichkeit. Erst durch unser Bewusstsein wird die materielle Welt erschaffen[293]. In der medizinischen Psychologie wird das Bewusstsein als

---

[289] Lüke, U., Meisinger, H., Souvinier, G. (Hg.), Der Mensch - nichts als Natur? Interdisziplinäre Annäherungen, Darmstadt 2007, 1 f.
[290] Bewusstseinsveränderung oder ASC (**A**lternate **S**tate of **C**onsciousness)
[291] Die ASSC, die Association for the Scientific Study of Consciousness, die 1994 in Berkeley von Patrick Wilkens begründet wurde, beschäftigt sich vor allem mit den Fragen außerordentlicher Bewusstseinszustände. Sie ist die Herausgeberin des elektronischen Journals PSYCHE, zur Förderung einer interdisziplinären Erforschung des Bewusstseins, der Bewusstseinsveränderungen und seinen Beziehungen zum Gehirn
[292] Webster, Comprehensiv Dictionary, Köln 2002.
[293] Vgl. Goswami, A., Das Bewusste Universum, Stuttgart 2007.

Zusammenspiel von Aufmerksamkeit, Orientierung, Denken, Fühlen, Erinnern und Handeln definiert. Philosophisch kann man das Bewusstsein als das wache, subjektive Gegenwärtighaben (Erleben) einer Sache (Ereignis oder Gegenstand = Objekt) und seiner selbst, dem es gegenwärtig ist, sowie auch der Vollzug der Vergegenwärtigung beschreiben[294], aber das Phänomen des Bewusstseins selbst kann derzeit wissenschaftlich nicht befriedigend erklärt werden.

Mit dem EEG[295] kann man elektrophysikalisch vier Bewusstseinszustände unterscheiden, die sich manifestieren als

im EEG charakterisiert durch:

1. Tiefschlaf :   Deltawellen (0 – 4 Hz)

2. Traumschlaf (REM[296]):   Thetawellen (4 – 8 Hz)

3. Wachzustand

      in Ruhe: Alphawellen (8 – 14 Hz)

    in Erregung: Betawellen (14 – 30 Hz)

4. integrative Bewusstseinszustände (Trance oder ASC[297])

     4. a. religiöse Trance   } unterschiedliche

     4. b. Besessenheitstrance }

     4. c. meditative Zustände }   Wellenmuster

Bei den integrativen Bewusstseinszustaänden lassen sich sehr unterschiedliche Wellenmuster des Beta- und Theta-Typs (sogenannte „spikes and waves"), sowohl in sensorischen als auch in motorischen Hirnarealen[298] nachweisen.

Neben der Ableitung der Hirnströme, die bei mentalen Prozessen auftreten, hat die funktionelle Magnetresonanztomographie (fMRT) mit einer räumlichen < 1mm und einer zeitlichen Auflösung von < 1 Sekunde in den letzten Jahren zunehmend an Bedeutung gewonnen. Die räumlich und zeitlich hochauflösenden Abbildungen der

---

[294] Definition nach Halder, A., Philosophisches Wörterbuch, Freiburg im Breisgau ²2003.

[295] EEG: **E**lektro **E**ncephalo **G**ramm, Messung summierter elektrischer Potentiale und ihre Aufzeichnung. Ursache der Potentiale sind physiologische Vorgänge der Gehirnzellen, die durch ihre elektrischen Potentiale eine Informationsverarbeitung im Gehirn signalisieren. Die DC (**D**irect **C**urrent) Signale liegen in einem Messbereich von 5-100 ⯑V.

[296] REM: **R**apid **E**ye **M**ovement: Schnelle Augenbewegungen werden in der Phase des Traumschlafes beobachtet.

[297] ASC: Alternate states of consciousness: Veränderter Bewusstseinszustand.

[298] Vgl. Einteilung nach Kremer, J, Trance als multisensuelle Kreativitätstechnik, http://www..sonic.net/-j.kremer,Trance, htm 10.10. 2008.

menschlichen Hirnstrukturen, erlauben uns heute, durch Ausnutzung hämody-namischer Durchflussraten eine Kartierung mentaler Prozesse zu erstellen und auch die zeitliche Relevanz unterschiedlicher mentaler (kognitiver) Prozesse zu beurteilen. So können mentale Prozesse, die sich in ein und derselben Hirnregion abspielen oder in neuronal eng verbundenen Arealen realisiert werden, einer bestimmten mentalen Funktion zugeordnet werden[299].

5.2.1 Das Ich-Bewusstsein

Wir wissen, dass das Bewusstsein kein allgemeines sein kann, sondern ist in direkter Erfahrung nur der Persönlichkeit zugänglich, zu der es gehört (s. o.), es ist zudem die fundamentale Voraussetzung des Erkennens des Selbst[300]. Bewusstseininhalte sind zwar über das Medium der Sprache vermittelbar, doch die vermittelten Inhalte können bei zwei verschiedenen Personen nie kongruente Bilder, Gefühle oder Intentionen erzeugen[301]. Noch schwieriger ist die sprachliche oder bildhafte Über-mittlung der Inhalte an Personen, die nicht dem gleichen Kulturkreis[302] angehören, da die Bewusstseinsinhalte immer von der eigenen kulturellen Entwicklung geprägt[303] und daher praktisch nicht austauschbar sind, es sei denn, dass eine Person jahrelang in dem für sie nicht indigenen Kulturkreis lebt und sich die Kultur und Gedankengänge der für sie an sich fremden Mitmenschen angeeignet hat. Man hat schon seit Langem versucht, mit den Techniken der Psychoanalyse in die Gedankenwelt anderer Ethnien einzudringen, um einen Vergleich zum eurozen-trischen Denken zu ermitteln. Seit ungefähr der Mitte des vorigen Jahrhunderts werden immer wieder ethnographisch-psychoanalytische Untersuchungen publiziert, die hauptsächlich in westafrikanischen Ländern durchgeführt wurden, von denen man ableiten könnte, dass die Ausbildung der Psyche des vom abendländischen Kulturraum geprägten Menschen vielleicht auch nur als *ein* Spezialfall von den vielen

---

[299] Jänke, L., Methoden der bildgebenden Verfahren in Psychologie und Neurowissenschaften, Stuttgart 2005, ders., Impact Assessment of Neuroimaging, Zürich 2006. Cabeza, R., Kingstone, A., Handbook of Functional Neuroimaging of Cognition, MIT ^{2}2006.

[300] Reichelt, H. W., Bewusstsein – Bewusstseinsveränderung. Techniken – Mittel - Wege, Schriftliche Arbeit für M. Kremser, Einführung in die Religions- und Bewusstseinsforschung, 29. 06. 04.

[301] Vgl. Piaget, J., Biologie und Erkenntnis, Frankfurt/M. ^{2}1983.

[302] Kultur ist nach Clifford Geertz ein geordnetes System von Bedeutungen und Symbolen, mit deren Hilfe Individuen ihre Welt definieren, ihre Gefühle artikulieren und ihre Urteile fällen. Geertz C., Growth of Culture and Evolution of Mind, in Scheer, J.M. (Hg.), Theories of the Mind, Glencoe 1962, 724

[303] Internalisierung kultureller Gegebenheiten bei der kindlichen Entwicklung.

Möglichkeiten angesehen werden muss, wie sich eben das menschliche Seelenleben entwickeln kann[304].

5.2.3 Trance und Ekstase

Trance bezeichnet einen Zustand, bei dem die Seele den Körper verlassen zu haben scheint (OOBE[305]). Psychologisch ist Trance ein Zustand zwischen Schlaf und Wachsein (hypnagoger Zustand), der durch ungewollte, scheinbar auch nicht beeinflussbare Bewegungen (Automatismen) oder Lähmungen (Schlafparalyse) begleitet werden kann. Dieser Zustand tritt unter Hypnose ein oder kann auch bei einem Medium während einer Seance beobachtet werden. Es ist gleichsam ein traumähnlicher Zustand, bei dem natürliche Reaktionen auf äußere Stimuli fehlen. Neurophysiologisch wurde Trance von F. D. Goodman[306] als ein Oszillieren zwischen ergotropen (adrenergen) und trophotropischen (parasympathischen) Erregungsprozessen beschrieben, bei dem ein Abfall von Adrenalin, Noradrenalin, Glucose und Kortisol mit einem Anstieg der körpereigenen Morphine („Glückshormone", Endorphine[307]) zu beobachten sind. Hirnphysiologisch kommt es bei parasympathischer Dominanz im autonomen Nervensystem zu einer rechtsseitigen Hirnaktivitätssteigerung, während die Frontalhirnaktivität und die Beteiligung des limbischen Systems abnehmen, was zu der subjektiven Erfahrung transzendentaler Zustände führen kann.

Schamanismus

Religiöse Trance (schamanistische) Trance weist weit über die experimentelle und klinische Hypnose hinaus und ist das **spirituelle Erbe** fast aller Kulturen[308], die oft besondere Formen der Bewusstseinsveränderung für Heilrituale[309] nutzen.

---

[304] Parin, P., Morgenthaler, F., Parin-Mattèy, G., Die Weißen denken zu viel. Psychoanalytische Untersuchungen bei den Dogon in Westafrika, Hamburg 2006, 534.
[305] OOBE: Out Of the Body Experience.
[306] Goodman, F. D., Ritual and Alternate Reality, Bloomington 1988, 38 f.
[307] Endorphine sind endogene (körpereigene) Morphin ähnliche Polypeptid-Verbindungen, die von der Hypophyse und dem Hypothalamus produziert und bei bestimmten Emotionen, wie Aufregung, Schmerz, länger dauernder körperlicher Belastung, Orgasmus etc. ausgeschüttet werden und beruhigend wirken. Vgl. Pert, C. B., Moleküle der Gefühle: Körper, Geist und Emotionen, Reinbek bei Hamburg [1]1999.
[308] Vgl. Grof, St., Außergewöhnliche Bewusstseinszustände, in Grof , St. u.a.; Wir wissen mehr als unser Gehirn, Die Grenzen des Bewusstseins überschreiten, Freiburg im Breisgau 2002, 13.
[309] Vgl. van Queckelberghe, R., Eigner, D., Trance, Besessenheitsrituale, Berlin 1996.

Sowohl bei der klinischen Hypnose als auch bei der Trance wird eine virtuelle Welt geschaffen, besser gesagt, die reale Welt transformiert. Dies gelingt um so eher, wenn ASC durch die schon oben beschriebenen besonderen Rituale induziert werden: Trommeln, „Chanten"[310] (monotone, sich wiederholende, teils rezitierte teils gesungene Worte oder einfache Sätze), Singen, Tanzen, (vorwiegend Dreh- und Kreiselbewegungen), Lichteffekte, Meditation oder durch Stimulantien wie psychotrope Substanzen (Halluzinogene aus Pflanzen, Pilzen und Tieren, heute auch chemische Verbindungen, wie LSD[311] oder ähnliche Designerdrogen)und auch durch Alkohol. Es gibt auch andere Möglichkeiten, einen solchen außergewöhnlichen Bewusstseinszustand zu erreichen, so durch Sinnesdeprivation, Fasten (Umstellung auf eine reduzierte trophotropische Ausrichtung des Organismus) durch ein Sichaussetzen extremer Temperaturen, bei Erschöpfung z. B. durch Unterbrechung des normalen Lebensrhythmus (vor allem Wachbleiben während der Nacht), durch emotionale Manipulation etc.

Schon in prähistorischer Zeit waren psychotrope Substanzen bei den Jäger- und Sammlerkulturen (auch heute noch bei manchen indigenen Gesellschaften) bekannt, die für rituelle, spirituelle Zwecke verwendet und deren geheime Rezepturen immer schon von Generation zu Generation weitergegeben wurden[312].

A. Psychotropika

Psychotrope Substanzen sind Wirkstoffe, die das Alltagsbewusstsein verändern und die in Verbindung mit mystischem Erleben, verdrängte seelische Inhalte freilegen können. Diese Psychotropika sind zumeist Alkaloide, Glycoside aber auch ätherische Öle von Pflanzen und Pilzen. Der Gehalt der bewusstseinsverändernden Substanzen ist in verschiedenen Pflanzenanteilen verschieden stark angereichert und hängt von Standort, Jahreszeit und Alter der Gewächse ab. Beim Trocknen und Lagern verlieren sie meist ihre toxischen Wirkungen[313]. Natürliche Psychotropika sind seit Jahrtausenden bekannt: Vergorene Frucht- und Pflanzensäfte (Äthylalkohol), Tollkirsche (Atropa belladonna), Schlafmohn (Papaver somnifer), Stechapfel-

---

[310] Chanten wird auch als Heilmethode verwendet, bei der durch Wiederholen von Liedzeilen der Atem vertieft wird, wodurch das Gefühl von Liebe, Gemeinschaft, Mitgefühl geweckt werden soll, wodurch man zu einer ganzheitlichen Wahrnehmung und dem Gefühl von Leichtigkeit und Gelassenheit kommen kann.
[311] LSD: chem. Lysergsäure-Diäthylamid.
[312] Vgl.: Huxley, A., Doors of Perception, London 1954.
[313] Vgl.: Psychotrope Substanzen in Roche, Lexikon der Medizin, München ³1993.

gewächse (u. a. Datura stramonium) Bilsenkraut (Hyoscyanus niger), indischer Hanf (Cannabis indica), Fliegenpilz (Amanita muscaria), Mescalin aus der Kaktee Peyote (Lophophora williamsi) und andere.

B. Spiritualität der Schamanen

Der Schamane[314], der sich verschiedener Techniken und meist auch psychotroper (psychedelischer) Substanzen bedient, um sich in den Zustand der Trance zu versetzen, deckt als religiöser Spezialist weite Funktionsbereiche des gemeinschaftlichen und spirituellen Lebens ab. Er war/ist Heilkundiger, Wahrsager, Kultleiter, Seelenführer, Dichter, Sänger und Traumdeuter. Er hatte in den meisten der früheren Kulturen für das Überleben des Stammes und für das Gemeinschaftsleben eine außerordentliche Bedeutung, weshalb er von der Gesellschaft hoch geschätzt wurde und heute noch wird (z. B. in Sibirien, in der Mongolei und auch im städtischen Bereich des Westens). Als Schamane wird man in eine Familie von Schamanen geboren und ererbt das Wissen, das von Generation zu Generation weitergegeben wird. Die Ausbildung ist hart und dauert Jahre, wobei man in die Geheimnisse des Stammes, der Gesellschaft, der Mythen, der Welt der hilfreichen und bösen Geister, der Ahnen und den Zauber- und Heilmittel eingeweiht wird. Die Zeit der Initiation ist gekennzeichnet durch die so genannte Initiationskrise, bei der Einzuweihende schreckliche, psychische und auch körperliche Qualen durchstehen muss, um aus diesen gestärkt hervorzugehen, um seinen Aufgaben als Heiler gerecht zu werden. Auch wenn man nicht in eine Schamanenfamilie geboren wird, kann man bei entsprechender Begabung und Sensitivität von einem erfahrenen Schamanen in die Geheimnisse des Schamanentums eingeweiht werden, muss aber auch alle Belastungen, die diese Berufung mit sich bringt, auf sich nehmen.

---

[314] Vgl. Definition von M. Eliade: „Spezialist der Trance", dessen „Seele" den Körper verlassen und sich auf Himmels- oder Unterweltreisen begeben kann, in: Eliade, M., Schamanismus und archaische Ekstase-Technik, Frankfurt/M. 1975, 13 und nach M. Hoppal: Ein Mittler zwischen der Welt der Menschen und der Geister, des Überirdischen. Diese Vermittlung erfolgt in einem bewusst hervorgerufenen ekstatischen Zustand, den der Schamane meisterlich beherrscht, Hoppal, M., Das Buch der Schamanen. Europa und Asien, Luzern 2002, 8.

C. Schamanische Trance

Der Begriff Trance leitet sich von dem lateinischen Zeitwort *transire* ab, das soviel wie überschreiten bedeutet, also ein Überschreiten der Grenze zwischen den Welten.

Nach Hess und Rittner wird die Trance *„als ein Sammelbegriff für verschiedenste leib-seelische Veränderungen, die kulturabhängig bei Menschen in veränderten Wachbewusstseinszuständen auftreten können"*, bezeichnet. *„Der Auslöser, die Technik und das Ritual, durch die eine Trance induziert und strukturiert wird, sind vom jeweiligen soziokulturellen Kontext determiniert."*[315]

Die Trance während ritueller Handlungen wird oft mit den Mitteln der Musik (rhythmisches Trommeln, monoton, aber meist mit an- und abschwellenden Rhythmik und sich verändernder Lautstärke) und des Tanzes initiiert, um eine besondere Atmosphäre zu erzeugen, die den Identifikationsprozess der teilnehmenden Gruppe ermöglicht. Die dabei verwendeten Ausdrucksformen (Rhythmik, verwendete Musikinstrumente) der Musik, die Art der Bewegungen und Haltungen sind kulturspezifisch und daher sehr verschieden. Rezitation und Gesang als Kommunikationsmittel machen oft in Form von Fragen und Antworten die imaginäre schamanische Welt den Anwesenden wahrnehmbar (wie z. B. der Gebrauch der Kopfstimme als Geisterstimme bei zentralafrikanischen Pygmäen[316], die die Anwesenheit der Geister signalisieren soll).

Das schamanische Ritual ist grob gesehen durchwegs dreiphasisch strukturiert, nach dem Schema:

1. Phase: Übergang vom Alltagsbewusstsein in den Zustand der Trance, initiiert durch Musik (Trommeln, Gesang) Bewegung (Tanz) und eventuell durch Einnahme psychotroper Substanzen.

2. Phase: Himmelsreise oder Reise in die Unterwelt mit einem, meist theriomorphen[317] Helfer zu den Geistern (Göttern) und Einigung mit den Geistern in

---

[315] Hess, S., Rittner, P., Verändertes Wachbewusstsein in Deckner-Voigt, H.H., Knill, P., Weymann, E.(Hg.), Lexikon Musiktherapie, Göttingen 1996, 398.
[316] Fachner, J., Musik und veränderte Bewusstseinszustände- ein Überblick, musicworldtherapy 2006, 10.
[317] Ein helfender Geist in Gestalt eines Tieres

Art einer symbolisch-theatralischen Darstellung vor den versammelten Gruppenmitgliedern.

3. Phase: Rückkehr aus der Geisterwelt und Trance in die Alltagswelt.

Nach Rouget[318] sind für die Trance Bewegung (Tanz), Musik (oder auch Lärm in modo accelerando und crescendo) zur Initiation, eine Krise mit sensorischer Überstimulierung, jedoch scheinbar ohne halluzinatorische Erlebnisse und bei der Rückkehr in das Alltagsbewusstseineine retrograde Amnesie charakteristisch, während die Ekstase in Ruhe und Stille über den Menschen hereinbrechen kann, ohne Krise verläuft, aber mit dem Gefühl des Einsseins mit dem Universum oder mit der Menschheit und mit Halluzinationen einhergeht, an die man sich nach der Rückkehr in das Alltagsbewusstsein erinnern kann.

D. Besessenheit-Trance

Eine andere Art der Trance ist die Besessenheit-Trance, die auch für Heilungen seit Menschengedenken in vielen Teilen unserer Welt von großer Bedeutung ist und auch in Europa zunehmend wieder an Bedeutung gewinnen soll[319]. Raymond Prince hat die Vermutung geäußert, dass während der Besessenheitstrance ein Bewusstseinszustand eintritt, der als Dissoziation[320] bekannt ist, bei dem ein anderes Ich (Selbst) die Kontrolle zu übernehmen scheint, das als heilendes Agens selbst fungieren soll[321], wobei durch die exzessive, sensorische Stimulierung während dieses Zustandes neurophysiologische Prozesse in Gang gesetzt werden, die z. B. das bisherige Konditionierungsmuster des Patienten zusammenbrechen lassen, womit es so für das suggerierte, neue Muster des Heilers empfänglich wird. Diese Dissoziationstechniken werden nicht nur von Psychologen, Schamanen, sondern unter anderen auch von modernen Gurus (z. B. Bhagwan Rajneesh[322] oder auch

---

[318] Vgl.: Rouget, G., A Theory of the Relations between Music and Possession, Chicago 1985.

[319] Vgl.; Narby J., Huxley R., Shamans through Time. 500 Years on the Path of Knowledge, New York 2001.

[320] Als Dissoziation bezeichnet man einen Zustand der Abspaltung des Bewusstseins: Unterbrechung des normalerweise integrativen Funktion des Bewusstseins, des Gedächtnisses, der Identität und der Wahrnehmung.

[321] Prince, R., Variations in Psychotherapeutic Procedures, in Triandis, H.C., Draguns, J.G.(Hg.), Handbook of Cross-Cultural Psychology, Boston 1980 Bd. 6, 314.

[322] Bhagwan Rajneesh, auch „Osho" oder „Acharya" Rashneesh (1931-1990) kontroversiell beurteilter moderner indischer Guru, der wegen des Verdachtes des Betruges, des versuchten Mordes, des Drogenschmuggels und auch des sexuellen Missbrauches Minderjähriger 1981 in Oregon, USA vor Gericht gestellt wurde.

Sathya Sai Baba) mit rhythmischer Musik, Tanz und Lichteffekten inszeniert, um Jünger für ihre Lehren zu konditionieren[323]. Ähnliche Praktiken werden auch von Schamanen in Nepal bei ihren spirituellen Übungen[324] angewandt, die diese Heilrituale als völlig normal betrachten. Für Außenstehende sind es wunderliche Heilungen, die aber der besonderen Anwendung der im Westen nur wenig bekannten natürlichen Gesetzmäßigkeiten und Kräfte zuzuschreiben sind[325]. In dieses oft länger währende Ritual (Absingen von Mantren, Beräuchern, Besprühen mit Flüssigkeiten [Wasser, Alkohol], Austreiben des/der Krankheitserreger mit Reisig etc.) sind die Patienten mit eingebunden, die die Veränderungen des besessenen Mediums miterleben. Die Rückkehr des Besessenen in das Alltagsbewusstsein ist bei dieser Form der Trance meist mit extremen Konvulsionen, tonisch-klonischen Krämpfen (wie sie auch bei den Formen des Grand mal, „morbus sacer"[326] beschrieben werden) verbunden, die unbedingt die Anwesenheit eines Helfers erforderlich machen.

E. Geistiges Heilen

Geistiges Heilen von Körper, Geist und Seele ist seit Langem bekannt und auch in der einschlägigen Literatur belegt. Die Angaben sind allerdings insbesondere in den neueren Analysen sehr widersprüchlich. Handauflegen, aber auch Fernheilungen durch Bittgebete oder Meditation sollen erfolgreich sein, obwohl sich ihre Wirkung rational nicht erklären lässt. Imagination heilender Bilder haben Schamanen seit jeher benutzt, um eine Heilung zu bewirken. Heute gängige moderne Therapieformen wie Hypnose, Biofeedback knüpfen an diese uralten Heilmethoden an. Trotz massiver Kritik von Seiten der Schulmediziner, die das Geistheilen als eine Form der Scharlatanerie ablehnen, sind breite Bevölkerungsschichten von dieser überzeugt. Im dem Maß wie die Kritik an der als seelenlos empfundenen „mechanistischen", akademischen Schulmedizin zunimmt, desto mehr nimmt die

---

[323] Vgl.: Kakar, S., Schamanen, Mystiker und Ärzte. Wie Inder die Seele heilen, München 1984, 133.

[324] Vgl.: Eigner D., Ritual, Drama, Imagination. Schamanische Therapie in Zentralnepal, Wien 2001.

[325] David-Neel, A., Magic and Mystery in Tibet, London 1965, im Vorwort und Bethlenfalvy, G., Institut für Südasien, Tibet und Buddhismuskunde der Universität Wien: persönliche Mitteilung im Oktober 2008.

[326] Morbus sacer: Epilepsie, Krampfanfälle, die meist mit Bewusstlosigkeit, Zungenbiss, Einnässen verbunden ist, der oft eine Aura mit quasi religiösem Inhalt vorangeht, weshalb sie auch als „Heilige Erkrankung" bezeichnet wird.

Plausibilität der Geistheilung zu[327]. Wie die Metaanalyse von 100 Studien über die Effizienz von Fernheilungen, die von Astin et al.[328] in den „Annals of Internal Medizin" im Jahr 2000 publiziert wurde und die von einer Heilungsrate von 57 Prozent sprechen, zu bewerten wäre, sollte man allerdings zur Diskussion stellen.

5.2.3 Spiritualität und Psychotherapie

Wie oben bereits angedeutet waren in früheren Zeiten Schamanen für das psychische Wohlbefinden ihrer Volksgruppe zuständig. Heute haben Psychologen und Psychotherapeuten diese Funktion im weitesten Sinn übernommen, insbesondre als man den „Seelsorgern" dafür weitgehend die notwendige Kompetenz abgesprochen hat. In der heutigen psychologischen Praxis ist scheinbar kein Platz mehr für religiöse und/oder spirituelle Probleme, da die klinische, wissenschaftlich ausgerichtete Psychologie diese Probleme weitgehend ausgeklammert hat und daher lediglich als Randphänomen behandelt. Trotzdem glauben heute mehr Leute wieder daran, dass spirituelle Praktiken, mitunter besser heilend wirksam werden können als die klassischen Psychotherapieformen. Das heutige Verhältnis von Psychotherapie und Spiritualität kann ablehnend, aber auch durchaus bejahend sein: Stand die Psychologie im ausgehend 19. Jahrhundert und noch bis in die 70er Jahre des vorigen Jahrhunderts der Spiritualität und Religiosität eher feindlich gegenüber, versucht die Psychotherapie mittlerweile auch an die Spiritualität anzuknüpfen, um sie in ihr Therapieschema einzubauen, da es sich herausgestellt hat, das sie für den Therapieverlauf förderlich und damit für die Gesundung des Patienten nützlich wäre.

Die Spiritualität ist allerdings in den heute stark divergierenden Richtungen psychologischer Therapieansätze ungleich stark ausgeprägt: Während Psychoanalytiker, Neofreudianer und Verhaltenstherapeuten dazu neigen, visuelle oder auditive Sensationen als pathologisch zu werten, dürften Anhänger einer humanistischen oder transpersonalen Psychotherapie diesen spirituelle Phänomenen, selbst mystischen Erfahrungen gegenüber aufgeschlossener sein. Gerade bei transpersonalen Psychotherapeuten, denen die akademisch

---

[327] Utsch, M., Religiöse Fragen in der Psychotherapie, Psychologische Zugänge zur Religiosität und Spiritualität, Stuttgart 2005, 236.

[328] Vgl. Bucher, A., 2007, a. a. O.,109. Astin, J.A. et al., The efficacy of „distant healing", a systematic review of randomized trials, Annals of Intern Medicine (2000) 132, 903 – 910. Dazu beachten wäre: Abbot, N.C. et al. Spiritual healing as therapy of chronic pain: a randomized clinical trial, (2001)Pain 89, 79 – 89.

ausgebildeten Psychologen stets mit Misstrauen begegnen, ist das Interesse an spirituellen Phänomenen sehr groß[329].

Bei aktivem Imaginieren können sich auch spirituelle Motive als nützlich erweisen, wobei jedoch für ein Reframing[330] immer ein eklektisches, patientenorientiertes Intervenieren erforderlich ist. Schon vor Behandlungsbeginn müssen spirituelle Neigungen und Kenntnisse des Klienten ausgelotet werden, um schon von vornherein gegen Einwände gegen die spirituellen Interventionen, die bei speziellen Psychotherapien angewendet werden, gewappnet zu sein. Es hat sich überdies herausgestellt, dass der Behandlungsverlauf sich wesentlich günstiger gestaltet, wenn auch eine spirituelle Beziehung zwischen dem Klienten und Therapeuten aufgebaut werden kann. Der Therapeut muss Hoffnung, Zuversicht und den Glauben an eine Heilung dem Patienten vermitteln können, wenn die Behandlung erfolgreich sein soll. Nur wenn der Therapeut seinem Patienten Mut zuspricht und ihn nicht primär als anormal, krank oder „nur" als endogen depressiv abstempelt, können alle individuellen, inneren (mentalen, geistigen) Ressourcen zur Heilung mobilisiert werden.

Zur Beurteilung von spirituellen Therapieeffekten ist in der Literatur wenig bekannt. Die Evaluierung spiritueller Behandlungen und Heilerfolge ist sehr schwierig, da kaum Vergleichsmuster bekannt sind, an denen sie gemessen werden könnten. Die Beurteilung kann immer nur eine subjektive sein, wobei auch immer Wunschvorstellungen mitschwingen. Deshalb dürfen wir uns nicht wundern, dass bisher nur widersprüchliche Ergebnisse zu verzeichnen sind. Wie sollte man die Behandlung von „leicht depressiven" Studenten richtig beurteilen, die einerseits mit christlich kognitiver Therapie, die Kontrollgruppe hingegen säkular behandelt wurde, insbesondere, wenn sich praktisch kein Unterschied nachweisen lässt? [331]

---

[329] Deepak Chopra, Renaud van Quekelberghe, Stanislav Grof u. A.
[330] Reframing: psychologischer Begriff einer Umdeutung des Denkmusters, das in der Regel durch Ordnen und Interpretation angenommen wurde. Das Ziel wäre z. B. positive Denkmuster, wobei die Ereignisse des Lebens in einem positiven Blickwinkel betrachtet werden.
[331] Pecheur und Edwards (1984) zitiert nach Bucher, A., 2007 a. a. O., 162.

6 Das Verhältnis von Spiritualität und moderner,wissenschaftlicher Medizin

6.1 Schulmedizin vs. Alternativmedizin (Komplementärmedizin)

Unter dem konventionellen Begriff **„Schulmedizin"** versteht man die Gesamtheit der diagnostischen und therapeutischen Maßnahmen, die auf wissenschaftlich überprüfbaren Erklärungsmodellen beruhen. Sie ist der Naturwissenschaft verpflichtet und bedient sich als so genannte Evidenz basierte Medizin[332] der Statistik und metaanalytischer Methoden, um ein möglichst sicheres Vorgehen in Diagnostik und Therapie zu garantieren. Die moderne wissenschaftliche Medizin ist aber auch zu einer gewissen Skepsis gegenüber ihrer eigenen Methoden verpflichtet, weshalb in verschiedenen Abständen die Ergebnisse einer Behandlung immer wieder neu hinterfragt werden müssen.

Die Schulmedizin ist an sich *verpflichtet,* nur Medikamente und Behandlungsmethoden mit nachgewiesener Wirksamkeit anzuwenden, weshalb wiederholte medizinische Überprüfungen der Behandlungsergebnisse erforderlich sind. Die Schulmedizin umfasst einen Großteil des Wissens- und Erfahrungsschatzes, das die Medizin der westlichen Welt seit der Antike, insbesondere durch die Forschungsergebnisse und Entwicklungen in den letzten zweihundert Jahren angesammelt hat (Schmerzausschaltung durch Narkose, Keimfreiheit durch Sterilisation, Keimbekämpfung durch Antibiotika, besondere chirurgische Techniken, Immunologie und Chemotherapie, Gesundheitsvorsorge, Bildgebende, diagnostische Verfahren, etc. etc.). Die schulmedizinischen Verfahren sind keineswegs so starr, wie die Verfechter alternativer Heilmethoden behaupten, sondern unterliegen ebenso Moden und Strömungen und werden durch neue Entdeckungen, Entwicklungen, diagnostische Verfahren (von Röntgen bis PET, s. o.) und Einführung neuer Medikamente und Heilmethoden immer dem neuesten Stand der Wissenschaft[333] angepasst. Es ist allerdings einleuchtend, dass der Anpassungsprozess oft nur

---

[332] Evidence-based Medicine (EbM): „auf Beweismaterial gestützte Heilkunde" ist eine bewusste und wohlüberlegte Nutzung der besten und neuesten Informationen für die Entscheidungsfindung in der Behandlungsstrategie eines Kranken. Die EbM beruht auf dem aktuellen Stand der klinischen Medizin auf der Grundlage klinischer Studien, die sie zwar selbst nicht durchführt, aber ihre Ergebnisse systematisch nutzt, um die Behandlung/Pflege von Patienten zu optimieren.
[333] Als die wichtigsten Zeitschriften der neuesten Entwicklungen in der Humanmedizin gelten Lancet und das New England Journal of Medicine (NEJM).

mühsam und langsam vonstatten gehen kann, weil der Kostenaufwand, der Zwang zur peinlich genauen Dokumentation für eine statistische Auswertung und der internationale Meinungsaustausch große, für Laien kaum nachvollziehbare Schwierigkeiten und finanzielle Belastungen mit sich bringen. Ein fest gefügtes, zementiertes Schulgebäude gibt es daher nicht und wird es auch nicht geben können. Der wissenschaftliche Ehrgeiz und auch die persönliche Ruhmsucht einiger Wissenschaftler hat die Medizin leider auch schon mehrmals in die Irre geführt, was heute aufgeklärte Ärzte besonders bedauern.

Der naturwissenschaftlich orientierte (allopathische) Zugang zur Krankheit betreibt heute sicher eine recht aufwendige und auch überaus kostspielige Diagnostik und Therapie, die nicht immer allen sinnvoll erscheinen mag und zunehmend von den Leidtragenden (Patienten) als kalt, seelenlos und unmenschlich empfunden werden. Patienten wollen eigentlich nicht mehr akzeptieren, nur als ein „Fall"[334] behandelt zu werden, bei dem ein Rädchen im biologischen System nicht mehr funktioniert[335]. Die Behandlung der Schulmedizin orientiert sich an den Richtlinien der „Evidence-based Medicine", also an den wissenschaftlich erarbeiteten Aussagen und Lehrmeinungen, die bei bestimmten Symptomen oder Erkrankungen mehr oder minder einen gesicherten Erfolg versprechen. Sie versucht, nicht nur die Diagnostik nach dem neuesten Stand der Erkenntnisse zu optimieren, sondern auch solche Heilmittel einzusetzen, die nach den entsprechenden Studien in einem hohen Maß einen Erfolg in der Behandlung der Ursachen oder Symptome einer bestimmten Krankheit versprechen. Es ist allerdings im Einzelfall immer doch noch zu erwägen, ob gerade die einzuschlagende Therapie für diesen „besonderen" Patienten auch wirklich zuträglich ist oder nicht. Da im Klinikalltag, in den großen Ambulanzen und größeren Arztpraxen den Ärzten oft viel zu wenig Zeit bleibt, den Patienten jene Zuwendung angedeihen zu lassen, die sie sich wünschen, wenden sich heute immer mehr Leidtragende an Heilkundige, die sich Zeit nehmen und eine alternative (holistische oder ganzheitliche Medizin) Heilmethode (Diagnostik und Therapie) anbieten können, da diese Heilbehandlung nicht dem strengen Reglement einer sozialmedizinischen Versorgung unterliegt. Der Nachteil dieser „alternativen" Medizin

---

[334] Koenig, H., G., Religion, Spirituality and Medicine: Application to Clinical Practice in JAMA (Journal of American Assistent). 2000; 284:1708: Patients want to be seen and treated as whole persons, not as diseases. …http://jama.ama-assn.org/cgi/content full/284/13/1708 07. 10. 2008.

[335] Illich, I., Die Nemesis der Medizin. Von den Grenzen des Gesundheitswesens, Reinbek bei Hamburg 1979.

ist allerdings, dass sie in den meisten Fällen aus der eigenen Tasche honoriert werden muss, weil die entstehenden Kosten zumeist nicht von der Sozialversicherung übernommen werden.

Im 19. Jahrhundert, als es noch keine Röntgenapparate, keine Ultraschalldiagnostik, keine Antibiotika etc. gab, mussten sich auch die im Westen akademisch ausgebildeten Ärzte (Schulmediziner) mehr auf ihre Fingerspitzengefühl und auf die Intuition verlassen und auf alt bewährte, meist pflanzliche Heilmittel zurückgreifen, um ihren Patienten wirklich helfen zu können. Die Intuition als eine, nicht durch den Verstand vermittelte Erkenntnis und das Feingefühl, das auf den fünf Sinnen beruht, erwiesen sich oft als erstaunlich effektiv und boten eine recht hohe Sicherheit in der Diagnostik. Vor den großen Errungenschaften der modernen Medizin klafften naturwissenschaftliche Erkenntnisse und intuitives Erkennen von Krankheiten noch nicht so weit auseinander, wie heute. Diese Art der Diagnosestellung spielt immer noch in der indischen, tibetischen, afrikanischen Heilkunst und in der traditionellen chinesischen Medizin (TCM) die wichtigste Rolle. Heilmittel (Arzneien) wurden vor der pharmakologischen Identifizierung der einzelnen Wirkstoffe und ihre industrielle Massenproduktion von den Ärzten anhand ihrer Kenntnisse und langjährigen Erfahrungen oder nach altbekannten und daher bewährten Rezepturen aus den vielen, damals noch bekannten, landesüblichen Heilpflanzen zusammengestellt. Es waren vornehmlich Auszüge, Aufgüsse, Mixturen oder pulverisierte, pflanzliche oder mineralische Heilmittel, wie sie auch noch heute von indischen, tibetischen oder chinesischen Ärzten verordnet werden und auch in den speziellen Apotheken zu bekommen sind.

In den meisten europäischen Kliniken und Krankenhäusern sowie von den meisten Ärzten wird Schulmedizin betrieben, weil die gesetzlichen Krankenkassen oft nur verpflichtet sind, schulmedizinische Methoden und die entsprechenden Medikamente zu honorieren[336].

Die **Alternativmedizin**, die sich auch als Naturheilkunde oder Komplementärmedizin bezeichnet, sieht Gesundheit nicht wie die Schulmedizin als ein Fehlen von Krankheit sondern als ein Äqilibrium und eine Krankheit als eine Störung dieses

---

[336] Vgl. Bauer, A., Geschichte der Schulmedizin, in: Universitas 52. Jg. 1997 Heft 2.

Gleichgewichtes, das sich innerhalb des biologischen Systems des menschlichen Körper-Seele-Geist - Komplexes abspielt. Die Naturheilkunde geht daher von einem „ganzheitlichen"[337] Ansatz aus. Der Mensch wird primär als gesund gedacht und die naturheilkundliche Behandlung dient in erster Linie der Mobilisierung der Selbstheilungskräfte des Menschen zur Wiederherstellung des inneren Gleichgewichtes oder zur Vorbeugung von Störungen dieses Gleichgewichtes, Öffnung von inneren Blockaden d. h. die Behandlung ist vom Prinzip her an der Gesundheit orientiert.

Die Naturheilkunde hat viele Wege beschritten, von Akupunktur, Aromatherapie, Homöopathie, Frischzellentherapie, Auspendeln, Steintherapie, auch Mistelpräparate für die Krebsbehandlung etc. etc. Diese Vielfältigkeit der Therapieansätze spricht für eine zielgerichtete adäquate Behandlung, sondern eher für das Ausprobieren von Möglichkeiten. Aber „recht hat, der heilt"!

Es ist durchaus vorstellbar, dass Medikamente, die aus Heilpflanzen und „Kräutern" durch Extraktion gewonnen werden (die meist neben den Wirkstoffen auch andere Komponente beinhalten, die die besondere Wirkungen der pflanzlichen Heilmittel ausmachen sollen!), schonender, verträglicher und ärmer an Nebenwirkungen sind als pharmazeutisch hergestellte Präparate. Nach schulmedizinischer Auffassung kann es jedoch kein wirklich wirksames Medikament geben, das keine Nebenwirkungen aufweist (Abgesehen vielleicht von den wirklichen Schein-präparaten[338], denn die Placebowirkung macht ungefähr 30 Prozent der Wirkung aller Heilmittel, sowohl alternativ, pflanzlicher als auch industriell erzeugter Medikamente aus!) Außerdem muss die oft nur mangelhafte Dokumentation der Wirkung pflanzlicher Heilmittel von schulmedizinischer Seite kritisiert werden.

Wollte ein Arzt, der sich der Schulmedizin verschrieben hat, eine Ausbildung in Traditioneller Chinesischer Medizin (TCM) anstreben, müsste er vollständig

---

[337] Ganzheitlich bezieht sich auf das Menschenbild als Einheit von Körper-Seele-Geist.
[338] Placebo, lat. „ich werde gefallen", Präparat, das keine spezifische medizinische Wirkung enthält (z. B. Milchzucker) und daher auch keine pharmakologische Wirkung entfalten kann. Der Placeboeffekt ist eine Heilwirkung, die bei einer Behandlung, die mit naturwissenschaftlich nachweislich nicht wirksamen Präparaten oder Methoden erzielt wird. Nachgewiesen ist eine häufig auftretende Verstärkung mit einer Behandlung mit einem Medikament mit nachgewiesener spezifischer Wirkung (Verum). Dieser Effekt dürfte durch Suggestion, Konditionierung oder Ausschüttung von Endorphinen zustande kommen. (vgl. http://de.wikipedia.org/wiki/Placebo). 02.02.2007.

umdenken. Das Ziel der allopathischen Medizin ist zwar die gleiche wie bei der TCM, nämlich die Heilung des Patienten, aber der Behandlungsweg ist ein völlig anderer. Allerdings scheint es unmöglich zu sein, beide Systeme zu harmonisieren oder verbinden zu wollen, da sie von gänzlich anderen Prämissen ausgehen. Da aber beide Systeme nachgewiesenermaßen Erfolge aufzuweisen haben, kann man nicht annehmen, das eine Behandlung richtig, die andere aber falsch wäre. Heilmethoden und Erfolge der TCM oder Ayurveda werden im Westen heute zwar anerkannt, gehören aber eher nicht zum Repertoire der Ausbildung europäischen Mediziner.

6.1.1 Der Mensch in der Gegenwart und seine Krankheit

Das exzessive Interesse des postmodernen Menschen an Gesundheit und der Ansturm auf die vielfältigen allopathischen und alternativen Gesundheitsein-richtungen lassen sich unschwer als Ausdruck des unerfüllbaren Wunsches des Erhaltes seiner individuellen biologischen Existenz erkennen. Allerdings wird der moderne Patient auf der forcierten Suche nach Sicherung seiner körperlichen und geistigen Gesundheit zu der Erkenntnis gelangen müssen, dass es wissenschaftlich gesehen gar nicht möglich sein kann, immer gesund bleiben zu können, weil jedes Individuum ständig dem Wechselspiel zwischen äußeren Einflüssen und körpereigenen (und älter werdenden) Regulierungssystemen ausgesetzt ist.

Andrew Weil[339] beschreibt in seinem Buch „8 Weeks to Optimum Health" als häufigste Krankheit unserer Gegenwart das „Disconnection Syndrome", indem er ausführt: *„Menschen sind in einem sehr hohen Maße soziale und gemeinschaftlich organisierte Wesen. Dem Menschen ist bestimmt, in Familien, Sippen oder anderen Gemeinschaften zu leben, wenn er jedoch diese Verbindungen verliert, leidet er [....] Heute jedoch sind die Menschen stolz auf ihre Unabhängigkeit und distanzieren sich von den anderen. Wenn aber der Rückzug zu sich selbst nicht ausgewogen ist, kann das ein Grund für das Auftreten von Krankheiten sein, zuerst auf der spirituellen Ebene, dann auf der mental-emotionalen Ebene, um sich schließlich auch in einer körperlichen Veränderung zu manifestieren. Wenn jemand mit der Philosophie der traditionellen chinesischen Medizin vertraut ist, erkennt er sofort die Analogie:*

---

[339] Andrew Weil M.D. Absolvent der Harvard Medical School, arbeitete als wissenschaftlicher Mitarbeiter am ethno-pharmakologischen Institut des Botanischen Museums der Universität Harvard. Er bereiste weite Teile der Welt auf der Suche nach Heilpflanzen und alternativen Heilmethoden. Er ist der Begründer des Zentrums für integrative Medizin in Tucson, Arizona USA.

Chinesische Ärzte meinen, dass eine nicht sichtbare, spirituelle Erkrankung mit einer Veränderung des Energieflusses jeder erkennbaren körperlichen Erkrankung vorausgeht."

Das „Disconnection Syndrom"[340] kann bei allen Menschen auftreten, selbst bei jenen die verheiratet sind, Kinder haben und auch in der Gesellschaft integriert zu sein scheinen. Es manifestiert sich häufig zuerst als „midlife crisis", wenn sich Menschen nicht mehr so beachtet fühlen wie vorher. Heute kann man nicht wirklich abschätzen, ob gerade unsere westliche Kultur schlechter dran ist, als andere. So meint A. Weil, dass trotz aller wirtschaftlichen Fortschritte noch z. B. in Japan, wie auch in anderen traditionellen Gesellschaften die Vereinzelung noch nicht so weit fortgeschritten zu sein erscheint, wie sie es in den westlichen, besonders in den europäischen Industriestaaten der Fall ist. Denn die Gesellschaft in den Industriestaaten hat selbst die Kernfamilie zugunsten eines heute weiter gefassten Begriffes von Familie aufgegeben, glorifiziert den Individualismus, die persönliche Unabhängigkeit und unterstützt im Grunde genommen, in allen Bestrebungen einen reinen Egozentrismus. Das muss eine tiefe, jedoch unbefriedigte Sehnsucht erzeugen, die Andrew Weil als eine der Wurzeln des Unbehagens in unserer Gesellschaft zu erkennen glaubt, weshalb man sich nicht wundern darf, weshalb eine Zunahme der Drogenabhängigkeit, das stete Ansteigen der Gewaltbereitschaft, der Jugendkriminalität und eine ernst zu nehmende Gefühlskälte im kommunikativen Miteinander zu beobachten ist.

6.1.2 Stress als Krankheitsursache und Stressabbau als mentales Heilen

Stressfaktoren gehören zu den wesentlichsten Stimulatoren des Lebens. Stress, wie z. B. das Auftauchen eines Aggressors oder einer lebensbedrohlichen Umweltsituation löst sowohl beim Tier als auch beim Menschen eine erhöhte Alarmbereitschaft aus. Ist es dem Organismus (dem Menschen) nicht möglich, sich adäquat an wiederkehrende, bedrohliche Umstände oder Reizeinwirkungen (Stressoren) anzupassen, reagiert er mit Stress bedingten Befindlichkeitsstörungen (Schlaflosigkeit, Müdigkeit, Kopfschmerzen, Bauchschmerzen, Unruhe etc.).

---

[340] „Entbindungssyndrom".

Das **Anpassungssyndrom** nach Selye: Fright (Erschrecken, Angst) – Fight (Kampf) or Flight (Flucht)[341] : Wenn du Angst empfindest, musst du kämpfen oder flüchten!

Alarmreaktion: Bei einer unerwartet auftretenden, als gefährlich erfahrenen Situation muss sich der Mensch plötzlich auf eine erhöhte Handlungsbereitschaft einstellen, die sowohl den Tonus seiner Muskulatur und seines Kreislaufes, als auch seine zentralnervöse Aufmerksamkeit und Entscheidungsbereitschaft betrifft, weshalb von der Hypophyse impulsiv ACTH (adrenocorticotropes Hormon) ausgeschüttet wird. Diese akute Ausschüttung setzt eine Freisetzung von Hormonen aus dem Nebennierenmark in Gang, die eine vegetative Wirkungskaskade auslöst, wodurch sowohl die Pupillen erweitert als auch der Blutdruck, der Blutzucker im Kreislauf und der Muskeltonus erhöht werden. Das Großhirn, als Organ unseres Bewusstseins ist zu träge, um diese Reaktionen in der geforderten Schnelligkeit in Gang setzen zu können, weshalb es von diesem Prozess ausgeklammert wird und das schnell reagierende Stammhirn[342] die Führung übernimmt. Es kann einerseits zum Schock kommen, wodurch der Organismus bewusstlos wird oder erstarrt (Totstellreflex) oder es wird die Nebenniere aktiviert, die vermehrt Glucocorticoide in den Blutkreislauf abgibt, wodurch die Proteinsynthese gehemmt und das Immunsystem blockiert wird! Dieser Zustand kann aber nur kurze Zeit aufrechterhalten werden. Im *Widerstands-stadium* werden Hormone aus der Hypophyse und Nebennierenrinde vermehrt ausgeschüttet, wodurch entzündliche Prozesse wieder in Gang gesetzt werden können. In diesem Stadium kann es entweder zur Heilung kommen, indem der Organismus zu seiner ursprünglichen Funktionsweise zurückkehrt oder aber der Mensch erschöpft sich in den Reaktionen und ist dann nicht mehr in der Lage, in sein normales Äquilibrium zurückzufinden, weshalb auch die Hormonproduktion in der Nebenniere zurückgefahren wird (Erschöpfungssyndrom). Aus gesundheitlichen Gründen wäre es wichtig, bereits in der Alarmphase den Stressfaktoren adäquat zu begegnen, bevor noch Krankheitssymptome auftreten. Der heilsame Effekt von

---

[341] Allgemeines Anpassungssyndrom nach Selye (Hans Selye, österr.- kanadischer Arzt, der das Syndrom 1936 beschrieben hat).
[342] Stammhirn: stammesgeschichtlich ältester Teil des Gehirns, am Übergang vom Rückenmark zum Gehirn gelegen. Auch als „Reptiliengehirn" genannt kontrolliert es die Überlebens-notwendigen Grundfunktionen des Körpers, wie Atmung, Herzschlag, Blutdruck. Spezielle Botenstoffe, wie Dopamin, Serotonin und Epinephrin, die im Stammhirn erzeugt werden und an die Gehirnzentren vermittelt werden, regulieren die Funktionen des Körpers. Vgl. auch Goller, H., Hirnforschung und Menschenbild, Innsbruck 2001.

körperlicher Bewegung ist hinlänglich bekannt[343]. Auch Physiotherapie, Hydrotherapie, Atemübungen, Autogenes Training, Feldenkrais, Entspannung durch Yoga, Tai Chi, Chi gong, ev. psychotherapeutische Sitzungen erleichtern den Umgang mit Stressfaktoren („problemorientiertes Coping"[344]). Es sind vor allem Energieströme, die in religiös spirituellen Traditionen die Befindlichkeit des Menschen nachhaltig beeinflussen: Die Chinesen glauben an „Chi", an einen Energiestrom oder eine Kraftquelle, die den Menschen durchströmt, die durch äußere und innere Einflüsse blockiert werden kann und dann wieder zum Fließen gebracht werden muss. In Japan nennen sie diesen Energiestrom „Raiki", hinduistische Traditionen „Prana" und christliche "Heiliger Geist". Krankheit kann als eine Blockade dieses Energiestromes aufgefasst werden[345]. Sind erst einmal grobe Gesundheitsstörungen eingetreten, die durch ständige Stressbelastungen hervorgerufen wurden, könnten aber erst nach entsprechender schulmedizinischer Diagnostik durchaus auch alternative Strategien probiert werden, um zu einem ausgewogenen, gesunden Leben zurückzufinden, wie sie von den traditionellen Heillehren angeboten werden (TCM, TTC, Ayurveda etc.).

Der Effekt der Spiritualität, als eine Domäne von Religion und Glauben, ist eine Realität und hat eine Dimension, die wir mit unseren Sinnen nicht erfassen können, sondern wir müssen sie erahnen und als wahr nehmen. Wenn wir uns die Frage stellen wollen, ob Spiritualität (oder Religiosität) imstande ist die Lebensdauer zu verlängert, so finden wir einige epidemiologische Studien, die es für möglich halten, wobei allerdings zu bedenken ist, ob vielleicht nicht die Spiritualität sondern einfach der dazu gehörige Lebensstil für ein gesünderes und längeres Leben ausschlag-gebend wäre? Für viele Menschen aber ist Glaube (s. o.) einfach ein Für-wahr-Halten von unbeweisbaren Phänomenen und unterliegt daher dem Anathema der Wissenschaft. Wir wissen natürlich, dass heute in der Schulmedizin in vieler Hinsicht größter Wert auf eine „evidence-based medicine" gelegt wird[346], die somit aber jede andere (alternative) Behandlungsoption, die nicht nach diesen Richtlinien erfolgt, zu

---

[343] vgl. Bucher, A. Psychologie der Spiritualität, Weinheim, Basel 2007, 107.
[344] „Problemorientiertes Coping": Bewältigungsstrategien, die durch problembewusste Stressreduktion äußere oder innere Problemsituationen zu beseitigen suchen. (Vgl.: E. Kübler-Ross).
[345] Ebd., 111.
[346] Vor allem aus forensischen Gründen, da neben der medizinischen Aufklärung unter anderen auch eine, der modernen Medizin entsprechende Behandlungsstrategie vor Gericht eingeklagt werden und bei eventueller Verurteilung mit enormen Bußgeldforderungen geahndet werden kann. In Österreich ist die Behandlung nur durch entsprechend ausgebildete Ärzte und Psychotherapeuten entsprechend dem ÄrzteG 1998 erlaubt.

diskreditieren versucht. Was nicht in Placebokontrollierten, randomisierten Studien nachgewiesen ist, wird daher oft als falsche Behandlung („malpraxis" oder Kunstfehler) verurteilt. A. Weil verweist daher auf die Notwendigkeit, Patienten auch den Zugang zu einer spirituellen Heilung zu eröffnen und bedauert, dass die Ausbildung der Ärzte in dieser Sparte - auch in den USA - erst in den Kinderschuhen steckt[347].

6.1.3 Das Selbstheilungssystem und medizinische „Wunder"

Alle Lebewesen besitzen ein Selbstheilungssystem, das es ihnen ermöglicht, sich in einer feindlichen Umwelt zur Wehr zu setzen. Dieses System ist nicht sichtbar und vom heutigen Wissensstand der klinischen Medizin schwierig, wenn überhaupt in seinen Einzelheiten nachzuweisen oder zu reproduzieren. Es ist allerdings auch aus der Sicht der biologischen Medizin eindeutig vorhanden und sicher für Heilprozesse nutzbar zu machen. Es war scheinbar eine evolutionäre Notwendigkeit, dass sich ein Organismus gegen alle ubiquitär vorhandenen Krankheitserreger verteidigen kann. Aber dieses System dient nicht nur zur Abwehr und Abtötung von Krankheits-erregern, wie Bakterien, Viren und Parasiten, sondern auch zur Heilung von Verletzungen und den vielfältigen anderen Erkrankungen (auch Krebs). Es gibt heute bereits breit angelegte Forschungen auf dem Gebiet der Selbstheilungskräfte (Immunsystem, humorale und zelluläre Abwehrsysteme[348] etc.), die aber leider wegen der Komplexität der Immunantworten des Organismus noch keine durchschlagenden Erfolge aufzuweisen haben. Weitgehend noch unbekannt ist die Art, wie geistige Kräfte für eine Heilung mobilisiert werden können. Sollten wir aber die Wirkungsweise des Selbstheilungssystems erst einmal in seinen Einzelheiten erklären können, müssten wir auch in der Lage sein, dieses System für die Erhaltung der Gesundheit einzusetzen. Was wir heute über das Selbstheilungssystem wissen, hat Andrew Weil, wie folgt zusammengefasst[349]:

1. Das Selbstheilungssystem (Immunsystem) ist mit Sicherheit in allen Organismen (selbst in Bakterien, die z. B. gegen Antibiotika Resistenzen entwickeln können!)

---

[347] Weil, A., Healthy Aging. A Lifelong Guide to Your Physical and Spiritual Well-Being, New York 2005, 228.

[348] Z. B.: T-Lymphozyten, Helper-Zellen.

[349] Weil, A., Spontaneous Healing. How to Discover and Enhance Your Body´s Natural Ability to Maintain and Heal Itself, London [3]1997, 75 (freie und gekürzte Übersetzung).

vorhanden. Die DNA[350] Moleküle besitzen alle nötigen Informationen, um Enzyme herzustellen und sie auch eventuell zu Reparaturzwecken einzusetzen.

2. Das Selbstheilungssystem arbeitet ununterbrochen und ist deshalb immer abrufbereit.

3. Das Selbstheilungssystem besitzt diagnostische Möglichkeiten, um Veränderungen im Organismus erkennen zu können und so geschädigte Strukturen zu entfernen und durch normale zu ersetzen.

4. Das Selbstheilungssystem neutralisiert nicht nur Schädigungen, sondern korrigiert gleichzeitig und ständig geschädigte Strukturen[351].

5. Das Selbstheilungssystem agiert selbstständig und aktiviert automatisch und vorwiegend selbstregulierend die Reparaturprozesse.

Die zellulären und humoralen Prozesse, die sich im Rahmen einer Immunantwort abspielen, sind äußerst kompliziert und manchmal auch überschießend (z. B. als allergische Reaktionen, Autoimmunerkrankungen etc.) und können in diesem Rahmen nicht diskutiert werden. Auch auf die Apoptose, den vorprogrammierten Zelltod im Rahmen einer physiologisch konzipierten, ständigen Erneuerung des Organismus, kann in diesem Rahmen nicht näher eingegangen werden.

Wir müssen, uns aber daran gewöhnen, dass selbst die übertechnisierte Schulmedizin weder in der Lage ist, eindeutige Diagnosen noch richtige Prognosen zu erstellen. „Halbgötter in Weiß"[352] gibt und gab es nicht! Diese Phrase wurde aber im vorigen Jahrhundert in den Medien zu einer, oft wiederholten, einprägsamen Redewendung und zu einem viel zitierten Schmähwort, um die Ärzteschaft in ihrer Gesamtheit zu diskreditieren, weil trotz der großartigen Heilerfolge der akademischen Medizin (z. B. Verbesserung der Überlebenschancen bei schwerem Diabetes durch Insulinzufuhr oder orale Antidiabetika, Verbesserung der Dialyseverfahren bei chronischem Nierenversagen, Organtransplantationen, lapraskopische Operationsmethoden u. Ä.) Mängel und Fehler (Diagnostik und Therapie) von der Presse aufgedeckt wurden. Ich glaube nicht, dass sich Ärzte jemals eine solche Anmaßung erlaubt hätten, sich als Halbgötter zu fühlen. Diese

---

[350] **D**esoxyribo**N**ucleid**A**cid: Grundbestandteil aller Lebewesen, ein Großmolekül mit einer Doppelhelixstrulktur, aus zwei Ketten von Zuckermolekülen, die, um sich geschlungen Sprossen-artig miteinander verbunden sind. Diese Sprossen sind durch Stickstoff enthaltende Moleküle verbunden und bilden die Nukleotide, die die einzelnen Organismen von einander unterscheiden.
[351] Vgl.: Lingfei, L., Xiaoping, Y., Yoshihiro, T., et al., The cell-cycle deregulator geminin inhibits Hox-function through direct polycomb-mediated interactions, Nature 427, 749-753 (19. 02. 04)
[352] Vgl. Beck, U., 1986, a. a. O., 267.

Vorstellung einer ärztlichen Allmacht muss jedem geradezu lächerlich erscheinen, wenn jemand auch nur einmal für kurze Zeit auf einer Intensivstation einer Klinik gearbeitet hat. Denn selbst der bestens ausgebildete Arzt, der sich sicher nicht göttlich vorkommt, aber oft im Vertrauen auf göttliche Hilfe seiner Berufung nachkommt, kann weder mit Messer, Feuer noch teuren Medikamenten eine Heilung erzwingen und schon gar nicht garantieren[353]. Der Arzt kann nur behandeln, es ist aber die Natur, die heilt[354]. Es gibt heute umfangreiche, gut dokumentierte Fallberichte, die belegen, dass es scheinbar doch medizinische „Wunder" gibt, d. h., es gibt Patienten, deren Prognose als so infaust galten oder gelten, dass eine Heilung nicht zu erwarten wäre, die aber (mit oder ohne Hilfe eines Heilers u. ä.) doch gesunden. Obwohl es den Vertretern der Schulmedizin immer schwer fällt (da es sich fast ausschließlich um Einzelfälle handelt und die meist schlecht dokumentiert sind) an solche Wunder zu glauben, werden immer mehr Fälle einer solchen wundersamen Heilung (Spontanremission?[355]) bekannt. Sie werden heute gut dokumentiert, um die Umstände, Möglichkeiten und Mechanismen einer solchen spontanen Heilung zu erforschen. Faulstich meint in seinem Bestseller „Das heilende Bewusstsein" daher mit Recht, dass es einen Quantensprung in der Medizin gäbe, *„wenn es gelänge, im Vergleich unterschiedlicher Heilungsgeschichten bestimmte biologische oder psychologische Gemeinsamkeiten zu finden, die allen gemeinsam sind."[356]*

6.1.4 Schulmedizin und spirituelles Heilen

Der akademisch, an einem naturwissenschaftlich orientierten Institut für Hirnforschung, ausgebildete Schweizer Psychiater Jakob Bösch hat in seinem viel beachteten Buch „Spirituelles Heilen und Schulmedizin"[357] ausgeführt, dass in der heutigen Zeit des spirituellen Aufbruchs immer mehr Menschen ihre sensitive Veranlagung entdecken und für ihre körperliche und seelische Gesundung nützen wollen. Es sei daher an der Zeit, dass sich auch die naturwissenschaftlich geschulten

---

[353] „Was Medikamente nicht heilen, heilt das Eisen, was das Eisen nicht heilt, heilt das Feuer, was aber das Feuer nicht heilt, muss als unheilbar angesehen werden": Hippokrates, Aphorismus 7, 87

[354] Medicus curat, natura sanat: Aphorismus, der ebenfalls Hippokrates zugeschrieben wird

[355] Einige solche intrazellulär sich abspielende Prozesse und Zellregulationen sind bekannt, siehe Fußnote 262.

[356] Faulstich, J., Das heilende Bewusstsein. Wunder und Hoffnung an der Grenze der Medizin, Taschenbuchausgabe, München 2008, 75.

[357] Bösch, J., Spirituelles Heilen und Schulmedizin. Eine Wissenschaft am Neuanfang, Baden-München 2006.

Ärzte mit spirituell Heilkundigen zu einer Kooperation zusammenschließen, um Patienten eine wirklich optimale Zuwendung und Behandlung anbieten zu können. Allerdings müssten in einem zukunftsweisenden Forschungsprojekt die Möglichkeiten und Grenzen der intuitiven Heilkunst oder Naturheilkunde und die der rationalen (technisch und wissenschaftlich abgesicherten) Schulmedizin abgeschätzt werden. Es erhebt sich gleichzeitig die Frage, wie weit sich spirituelle Möglichkeiten des Heilens überhaupt wissenschaftlich erklären, bestätigen oder widerlegen lassen. In der Medizinerausbildung jedenfalls wird heute schon ein Training von Sensitivitätsanlagen verlangt[358], das das intuitive Erkennen von Erkrankungen fördern soll[359].

Obwohl im Management, in der Personal- und Unternehmensberatung solche Fähigkeiten wie Intuition und Sensitivität sehr gefragt sind und ihre Erfolge mit wissenschaftlichen Methoden belegt zu sein scheinen, dürfte die Medizin in Europa diesen Trend möglicherweise verschlafen haben. Trotzdem hofft der Psychiater Bösch, dass sich auch die Medizin intensiver mit den Phänomenen der Intuition und des spirituellen Heilens befassen wird, vor allem aus der Erkenntnis heraus, dass die Übertechnisierung, insbesondere die apparative Diagnostik („Großgeräte") und Therapie (z. B. einzelne in Entwicklung befindliche Chemotherapien, Antihypertensiva, Langzeitbehandlung mit Antirheumatika u. Ä.) in der so genannten wissenschaftlichen Medizin zunehmend das zur Verfügung stehende Gesundheitsbudget bei Weitem übersteigen wird, sodass man gezwungenermaßen auf die Möglichkeiten alternativer Heilmethoden und Gesundheitsvorsorge – zum Heil der Patienten - zurückgreifen wird. Hinter vorgehaltener Hand werden heute von Gesundheitsökonomen bereits Strategien entworfen, wie man durch Einsparungen das Budget retten könnte, vielleicht indem man nicht mehr allen Patienten den Zugang zu teuren Therapien gewähren soll? Eine ethische Frage, die heute noch unbeantwortet bleibt, aber in den Raum gestellt wurde. Trotz aller Erfolge, die die moderne Medizin in der Behandlung von akuten und auch chronischen Erkrankungen aufzuweisen hat, ist aber in der westlichen Heilkunde das Wesentlichste abhanden gekommen, nämlich das Geistige, das in jeder (Heil-) „Kunst" verborgen ist.

---

[358] Wird an einigen Medizinuniversitäten in der Schweiz und Deutschland bereits angewandt.
[359] Aus forensischen Gründen ist diese Diagnostik durch die rationale der Schulmedizin zu überprüfen!

6.1.5 Grenzen der wissenschaftlich orientierten Medizin und mentales Heilen

Spirituelle Menschen verfügen sehr häufig über ein hohes Maß an Sensitivität[360], die sie vor anderen Menschen auszeichnet. Sie sind oft in der Lage, seelisch-geistige und körperliche Leiden zu erkennen, eine Fähigkeit, die ihnen selbst, aber auch anderen Heilsuchenden Mitmenschen hilfreich sein kann. Diese Fähigkeiten, so sie erkannt werden, müssen allerdings von einem kundigen Lehrer ausgebildet und lebenslang trainiert werden, damit sie auch wirklich zum Nutzen von Hilfesuchenden eingesetzt werden können.

Bei den diversen Heilberufen (Ärzte, Schwestern, Pfleger, Psychologen, Physio-therapeuten, Heiler etc.) sind solche Begabungen recht häufig zu beobachten, obwohl solch Begabte selten darüber sprechen wollen. Aber der Erfolg, den sie bei der Behandlung ihrer Patienten häufig haben, spricht für ihre außergewöhnlichen Fähigkeiten. Dass eine solche Begabung aber auch zu schweren seelischen Belastungen führen und sich in einer Dystonie, zeitweiser Apathie, Depression, Mutlosigkeit, Melancholie, Schlaflosigkeit und Selbstzweifel ausdrücken kann, ist den Psychologen und Psychotherapeuten durchaus geläufig. Empfindsame Menschen, die oft als Hypochonder oder auch als Psychosomatiker abgestempelt werden, tragen die Schmerzen und Leiden ihrer Mitmenschen mit sich und verzweifeln oft an sich selbst, wenn es ihnen nicht gelingt, diese Leiden abzuleiten. Deshalb wird heute in Krankenhäusern zunehmend eine Supervision gefordert. An sich müssten sie ihre Begabung oder Veranlagung als Geschenk akzeptieren und trainieren und sich nicht durch sie belastet fühlen, um nicht in eine psychotische Krise abzugleiten, die in vieler Hinsicht solchen Zuständen ähnelt, die bei schamanischen Initiationen auftreten („Initiationskrise"). Diese können unter Umständen sehr lange andauern und ihnen und ihren Familien große Qualen bereiten.

Obwohl die heilende Wirkung von Heilern weiterhin umstritten ist und meist als Selbstheilung oder als Placeboeffekt abqualifiziert wird, wird von manchen Autoren argumentiert, dass geistiges Heilen effizienter ausfalle und man eigentlich von einer subtilen Energie, die wirksam werde, ausgehen müsste (Qi, Prana, Mana, Reiki[361]

---

[360] Sensitivität. Einfühlungsvermögen (Hellsichtigkeit, Hellhörigkeit, Präkognition, Telepathie etc.)
[361] vgl. Bösch, 2005 a.a.O., 254.

etc.). Es werden aber auch holographisch-transpersonale Erklärungen angeführt: Da das Bewusstsein nicht lokalisierbar ist, sondern alles durchdringe und damit allgegenwärtig und mit allem verbunden erscheint („Interconnectedness"), könne der Geist nicht- räumlich gebundene Interaktionen bewerkstelligen[362](?), was zwar nach den üblichen physikalischen Gesetzen unwahrscheinlich erscheint, aber in Hinblick auf die Quantenphysik durchaus in den Bereich des Möglichen rückt[363] . Der Glaube an ein spirituelles Heilen ist medizinisch-psychologisch recht ungewöhnlich, doch sicherlich nicht von der Hand zu weisen. „Der Glaube kann Berge versetzen!"[364] (lautet ein bekanntes Sprichwort) und auch Heilung bewirken.

6.1.6 Spirituelle Selbstheilung und Heilsversprechen

Der aufgeschlossene, westliche Durchschnittsbürger, der sich eine eigenständige und selbstbewusste Lebenseinstellung angeeignet hat, kann durch Anleitung und durch erlernbare Entspannungstechniken oder durch Ziel-gerichtete Übungen, selbst induzierter Trance oder Autosuggestion[365] zu einer Sensitivität gelangen, wie sie natürlich begnadeten Menschen ohne ihr Zutun gegeben ist. Mit den Methoden der Autosuggestion kann man seine Verhaltensweisen und Einstellungen zu sich, zu seinem Leben und zu seiner Umwelt verändern. Da die mentale Beeinflussung des Unterbewusstseins als Quelle unserer Verhaltensweisen und Einstellungen entsprechende Veränderungen bewirken kann, ist es notwendig, diese Übungen in konsequenter Weise umzusetzen. Die Angebote an solchen spirituellen Seminaren und Ausbildungsstätten sind heute in größeren Städten zahlreich und vielfältig. Zunehmend werden auch in einigen Klöstern Kurse und Exerzitien angeboten, die zu einer Umstellung der Lebenseinstellung, zu einer Veränderung des Lebensstiles und damit zu einer gesünderen Lebensführung verhelfen können.

---

[362] Braud, W.G., Human interconnectedness. Research indications. ReVision. A Journal of Consciousness and Transformations 14 (1992), 140- 148.
[363] Bösch, J. Wissenschaftliche Grundlage des geistigen Heilens. http://www.jakobboesch.ch/texte/medicalforumib01.pdf und 02.pdf
[364] Kor 13,2
[365] Autosuggestion: Training des Unterbewusstseins, an etwas zu glauben. Das kann sowohl durch Selbsthypnose oder durch wiederholte Selbst-Affirmationen in Form beständiger, mentaler Übungen (z.B. Visualisierung des erwünschten Zieles) erreicht werden, womit ein vorher gefasster Gedanke zu einem festen Bestandteil des eigenen unbewussten Denkprozesses wird. Vgl.: Coué, E., Die Selbstbemeisterung durch bewusste Autosuggestion, Basel 1997.)

6.2 Schulmedizin heute und Spiritualität

Im Jahr 2007 fand auf Einladung der „Interreligiösen Ärzteplattform" eine Podiumsdiskussion über *„Spiritualität, Teil des ärztlichen Handelns!?"*[366] statt. Die Vertreter der großen Religionsgemeinschaften in Österreich, ein Professor der evangelischen Theologie und ein Philosophieprofessor der Universität Wien gelangten gemeinsam nach einigen Diskussionen zu der Ansicht, dass es das Leistungsvermögen der Ärzte oft übersteige, auch eine adäquate, spirituelle Hilfestellung geben zu können. Allerdings sind Ärzte im Rahmen der Begegnung von Mensch zu Mensch gefordert, auch die spirituellen Bedürfnisse ihres leidenden Gegenübers wahrzunehmen und nach gegebener Möglichkeit zu befriedigen.

Sicher ist, dass jede Krankheit eine Selbsterfahrung des Leides darstellt, mit dem man *selbst* konfrontiert wird. Ob man mit der Krankheit spirituell (psychisch?) zurechtkommt oder Hilfe benötigt, hängt in vieler Hinsicht von der psychischen Verfasstheit des jeweiligen Patienten ab. Von wem man diese Hilfe bekommt oder zumindest bekommen kann, ist im Wesentlichen von zeitlichen und lokalen zur Verfügung stehenden Mitteln und Personen abhängig.

---

[366] *Spiritualität, Teil des ärztlichen Handelns!?* Podiumsdiskussion am 05. 11. 07 im Großen Sitzungssaal der Ärztekammer für Wien.

7 Annäherungen: Wissenschaft und Spiritualität zu Beginn des 21. Jahrhunderts

So wie die Vorstellung, die Isaak Newton im 17. Jahrhundert formuliert hat und die von einem absoluten Raum, einer absoluten Zeit und von einer absoluten Bewegung ausging und über mehr als 200 Jahre das unwidersprochene Credo aller Naturwissenschaftler war, stellte die einsteinsche Relativitätstheorie mit einem Schlag alle bisherigen Einsichten auf den Kopf, da sich heute viele Erscheinungen des Kosmos mit seiner Theorie besser erklären lassen als mit allen früheren Konzepten. Doch schon die Urknalltheorie, die auch auf dieser Konzeption beruht, ist heute durch Beobachtungen von Phänomenen in weiter entfernten Galaxien infrage gestellt worden. Auch die Evolutionstheorie, die Darwin konzipiert hat, ist durch neuere Erkenntnisse (Genetik, DNA-Analyse[367]) bereits in vieler Hinsicht überholt. Wir müssen daher davon ausgehen, dass sich unser heutiges Weltbild schon in naher in Zukunft verändern kann[368] und wir werden wahrscheinlich es schon bald erleben, dass auch die Menschen ihre Ansichten, Einsichten und ihre Vorstellungen vom Leben und der Gesellschaft verändern werden. Die Naturwissenschaft hat in den letzten Jahrzehnten eine enorme Menge an Hinweisen zusammengesammelt, aus denen sich möglicherweise ein rein naturwissenschaftliches, „zufälliges" Weltbild zusammenzimmern ließe, doch diese Thesen entpuppen sich bei näherer Prüfung doch immer nur als ein Sammelsurium von nicht belegten Vermutungen verschiedener Fachdisziplinen.

Nach dem heutigen Erkenntnisstand verarbeitet unser Gehirn alle eintreffenden Frequenzen und Materieformen, die wir über unsere Sinnesorgane empfangen und über Nervenbahnen an unser Gehirn weiterleiten, zu der Welt, die wir tatsächlich um uns wahrzunehmen glauben. Diese unsere Welt ist, wissenschaftlich gesehen, ohne uns gar nicht existent, sondern nur als ein geistiges Produkt anzusehen, so zu sagen - eine reine Illusion, der wir bei unserem Hinscheiden ein Ende bereiten.

---

[367] Vgl.: Bauer, J., Das kooperative Gen. Abschied vom Darwinismus, Hamburg 2008 und Evolution Now. What Darwin Didn´t Know, National Geographic, Februar 2009

[368] „Tempora mutantur, nos et mutamur in illis" Die Zeiten ändern sich und wir in ihnen. Ein geflügeltes Wort, eine lateinische Phrase nach einer nicht bekannten mittelalterlichen Vorlage.

Schon vor Jahren hat Henri Bergson[369] eine Vorahnung von den kommenden Veränderungen gehabt und so schrieb der französische Schriftsteller Jean Guitton in seinem Buch über Gott und die Wissenschaft: *„Mehr als jeder andere hat Henri Bergson die großen begrifflichen Veränderungen geahnt, die die Quantentheorie mit sich bringen sollte. In seinen Augen, wie in der Quantenphysik, ist die Realität weder kausal noch lokal: Raum und Zeit sind Abstraktionen, reine Illusionen.“*[370]

Das Wesen der Wissenschaft ist somit der Versuch, objektiv die Wirklichkeit zu erforschen, aber auch die Spiritualität kann als ein Versuch der Wirklichkeits-erfahrung aufgefasst werden. Der Zugang zur Wirklichkeit ist allerdings völlig anderer. Während die Wissenschaft mit der Verarbeitung äußerer Sinneserfahrungen und mit Unterstützung technischer Hilfsmittel versucht, der Wirklichkeit auf die Spur zu kommen, sind spirituelle Erfahrungen rein geistiger Natur, eine individuelle Sicht nach innen. Äußere Erfahrungen sind intersubjektiv austauschbar und auch reproduzierbar, während innere, vor allem mystische Erfahrungen, weil sie individueller, subjektiver Natur sind, die zwar mitteilbar sind aber nicht austauschbar. Aber auch die spirituelle Erfahrung ist eine Leistung unsere Gehirns, sie ist die geistige Verarbeitung von etwas bereits Erfahrenem, denn das Gehirn kann sich nicht erdenken, was es nicht in irgendeiner Form bereits erfahren hat. Selbst die außergewöhnlichsten Phantasien sind ein Produkt eines gesunden (normalen?) oder kranken Gehirns.

Die Spiritualität ist aber heute in der sich als säkular wähnenden Gesellschaft abendländischer Prägung wieder gefragt und wahrnehmbar geworden, obwohl oder vielleicht gerade, weil sie ihre starren Bindungen an die dogmatischen Glaubenslehren der Kirchen gelöst hat. Die heute vielfältig gelebte und erlebte Spiritualität, die von östlichen Weisheitslehren, aber auch von westlich-spiritistischen Vorstellungen und ebenso von wissenschaftlichen Erkenntnissen beeinflusst wird, kann sich daher in den verschiedensten, durchaus auch in christlich erscheinenden Facetten widerspiegeln. Die wissenschaftliche Auseinandersetzung mit der Spiritualität und ihr zunehmender Einfluss auf wissenschaftliche Disziplinen, wie

---

[369] Henri Bergson (1859 - 1941) französischer Philosoph, Nobelpreisträger für Literatur 1927, prägte den Begriff „élan vitale" - als eine Kraft, die alle Gebiete des Seienden durchflutet und jede Entwicklung vorantreibt. Sie kann vom Menschen nicht rational, sondern nur intuitiv erfasst werden. Sie liegt allen künstlerischen und wissenschaftlichen Schöpfungen zugrunde und dynamisiert auch die Evolution in der Natur.

[370] Guitton, J., Gott und die Wissenschaft: auf dem Weg zum Metarealismus, München 1993, 23.

Psychologie, Psychotherapie, Medizin, Soziologie, Ethnologie und Ethologie machen heute die Notwendigkeit deutlich, einen intensiveren, interdisziplinären Dialog zu suchen, um so den wechselseitigen Wissenstransfer zu fördern.

Sri Aurobindo[371] erarbeitete in den ersten Jahrzehnten des 20. Jahrhunderts ein neues System zur Entwicklung spiritueller Kräfte, die zu einer Transformation des Bewusstseins führen sollen. Seine Lehre soll ein Einfließen des transzendenten Bewusstseins in das gewöhnliche Alltagsbewusstsein und somit in das persönliche Unbewusste ermöglichen, wodurch sich das Individuum aus den Fesseln seiner gesellschaftlich bedingten (konstruierten) Umwelt zu sich selbst befreien könnte. Allerdings Spiritualität kann man nicht theoretisch vermittelt bekommen, denn es gibt keine spezielle Methode sondern eine Vielfalt, wobei ähnlich wie in der Psychotherapie spirituelle Zugänge von Mensch zu Mensch in hohem Maße differieren. Wichtig sind die Entwicklung der eigenen Persönlichkeit, die Schulung des Geistes und die Erfahrung, die einem den Zugang zu der Wirklichkeit erschließt.

Die faszinierende Idee, dass selbst auch die Prozesse der Evolution von spirituellen Impulsen vorangetrieben werden, gewinnt in der gegenwärtigen naturwissen-schaftlichen und philosophischen Diskussion immer mehr an Boden. Wissen-schaftsgeschichte, Wissenschaftstheorie und auch gesellschaftskritische Untersuchungen von Wissenschaft und Technik und auch die Genderforschung haben sicher zu einer neuen Sicht der Welt geführt. Die Vorstellung, dass es eine Wissenschaft jenseits von Kultur und Gesellschaft gäbe, die allein wahres Wissen produziere, kann daher als absurd betrachtet werden. Die Erkenntnisse der Naturwissenschaften, die ja ebenso versuchen, die Wahrheit über das Sein zu entschlüsseln, sind - wie unser gesamte wissenschaftliche Wissen Stückwerk, Resultate von Erkenntnisprozessen konkurrierender Forschungsansätze, die nur im Kontext der spezifischen Untersuchungsgebiete und Methoden zu verstehen sind. Die Theorien sind nichts anderes als Entwürfe, die man unter Umständen in einen mehr oder weniger kohärenten Zusammenhang bringen kann. Theorien, die plausibel erscheinen können aber zu weiteren empirischen Forschungen führen oder

---

[371] Sri Aurobindo (1872-1950) indischer Evolutionsphilosoph, Politiker und spiritueller Lehrer, versuchte die westliche humanistische Bildung und das Wissen des Westens mit dem spirituellen Reichtum der indischen Traditionen zu verbinden. Er entwickelte das System des Integralen Yoga, der zu einer spirituellen Transformation führen soll.

auch eine theoretische Revolution auslösen. Die Wissenschaften liefern uns jedoch kein „erstes Wissen", das uns das Wahre an sich enthüllt, sondern sie sind lediglich als menschliche Konstrukte aufzufassen. Daher kann die Wissenschaft auch nicht absolut sein, sie ist daher auch keine Religion, wiewohl sie im vorigen Jahrhundert von vielen als solche aufgefasst wurde und als blinde Wissenschaftsgläubigkeit sicher mehr Schaden als Nutzen angerichtet hat. Sie ist aber doch auch ein Mittel, um auf dem beschwerlichen Weg zur Erkenntnis voranzukommen und kann vor allem dazu beitragen, den inneren Drang des Menschen nach mehr Wissen und höherer Erkenntnis zu stillen. Wollte man als Wissenschaftler die Grenzen der Naturwissenschaften übersteigen, so gelingt das nur durch eine konsequente Änderung des Blickwinkels aus dem Bereich der Naturwissenschaften in den Bereich der Spiritualität. Heute aber brauchen wir noch ein engeres und damit fruchtbares Miteinander von Wissenschaft und Spiritualität, damit durch gegenseitige Ergänzung, Bereicherung und Befruchtung neue Wege beschritten werden können. Unseren wissenschaftlichen Fortschritt verdankt Europa weder dem Prinzip des Zufalles noch der Notwendigkeit spontaner Einsichten, sondern ist in vieler Hinsicht das Resultat der genuinen, europäischen Kultur, die durch das lange vorherrschende christliche Weltbild ihre ganz eigene Prägung erfahren hat. Gerade so wie sich ein Individuum nicht in ein wissenschaftliches und ein spirituelles Wesen aufspalten lässt, lässt sich aber auch die moderne Wissenschaft nicht von jener Kultur abnabeln, von der sie ihre Kräfte erfahren hat.

Die Wissenschaft ist nicht nur eine Institution, die sich selbst zur Rechenschaft verpflichtet fühlen muss, sondern sie ist eng mit dieser europäischen Kultur und Zivilisation verbunden und somit auch dieser verpflichtet. Jeder Versuch, Wissenschaft und Spiritualität in der europäischen Gesellschaft von einander zu isolieren, wird zum Scheitern verurteilt sein. Den Auswüchsen wissenschaftlicher Techniken, wie beispielsweise der Atomtechnik oder der unkritischen Genmanipulation müssen wir heute mit entsprechendem Augenmaß begegnen. An sich kann es sich heute keine Gesellschaft mehr leisten, das geistige Gleichgewicht in der wissenschaftlichen Entwicklung durch Menschen gefährdet zu sehen, die moralische, ethische und spirituelle Verantwortung als zweitrangig betrachten und der rein wissenschaftlichen Forschung den Vorrang geben.

Heute wird der Nutzen der Naturheilkunde von der Schulmedizin mehr und mehr anerkannt und das Miteinander beider Richtungen zunehmend zum Wohl und Gedeihen der Kranken eingesetzt: Methoden der Naturheilkunde können die schulmedizinische Therapie unterstützen, womit eine optimale Behandlung der Patienten sichergestellt werden könnte. Seit ungefähr fünfzehn Jahren wird Naturheilkunde auch an deutschen Universitäten gelehrt, die in das Staatsexamen integriert ist. In Österreich können Kenntnisse der Naturheilkunde (vor allem der Homöopathie und Akupunktur) in Diplomkursen erworben und in die Praxis umgesetzt werden.

Da sich Europa vom Dogmatismus verabschiedet hat und auch die materialistischen Vorurteile des modernen, wissenschaftlichen Denkens überwunden zu sein scheinen, müssen wir uns zunächst von der narzisstischen Eigenliebe der Postmoderne befreien, dann aber sollten alle unsere wissenschaftlichen Bestrebungen auf eine Versöhnung mit dem spirituellen Kosmos gerichtet sein, denn das Grundproblem des abendländischen Denkens ist durch den Zwiespalt von Glauben und Wissen entstanden. Da sich die Sinnsuche der Menschen westlicher Prägung heute neuer, alternativer Strategien bedient, sollte es ihr auch gelingen, mit einer gewissen Glaubwürdigkeit und Praktikabilität die *Substanz des Humanen* (Jürgen Habermas[372]) in eine menschenwürdige Zukunft hinüber zu retten. Denn eine Gesellschaft, die einseitig die Wissenschaftsgläubigkeit vor die absolut notwendige Einheit von Wissenschaft und Spiritualität stellt, benimmt sich wie der „Zauberlehrling"[373] in dem bekannten Gedicht von Goethe, denn sie strebt unausweichlich dem Chaos und einer weltweiten Katastrophe zu. Es gilt daher, heute Brücken zu bauen für morgen, um zwischen Naturwissenschaft und Spiritualität zu vermitteln, damit sie sich wieder vereinigen können, und es zu einer gegenseitigen Reintegration und Befruchtung kommen kann[374].

---

[372] J. Habermas. Die verklärte Tora. Rede zu Gershom Golems 80. Geburtstag, in Rohner, M., Glück und Erlösung. Konstellationen einer modernen Selbstverständigung, Münster 2004, 141.

[373] Goethe, J.W. v., aus der Ballade Der Zauberlehrling (1797) „Herr, die Not ist groß!
Die ich rief, die Geister,
Werd´ ich nun nicht los."

[374] Kwon, D.-Ch., C. F. v. Brückenbauer zwischen Theologie und Naturwissenschaft, Frankfurt am Main-Wien 1995, Peters, T., Brücken bauen, Göttingen, Niedersachs 2006 und Babour, I., Wissenschaft und Glaube, Göttingen 2003.

8 Epilog: Zusammenfassender Ausblick - Brücken oder Gräben?

„Du haftest in der Welt, beschwert von Ketten,

doch treibt, was wahr ist, Sprünge in die Wand.

Du wachst und siehst im Dunkeln nach dem Rechten

dem unbekannten Ausgang zugewandt."[375]

Die heutige (postmoderne? postindustrielle?) Gesellschaft lebt in einem unaufhaltsamen Umbruch mit sicher noch unabsehbaren Folgen, sowohl in klimatologischer, gesellschaftlicher, ökonomischer, kultureller und auch geopolitischer Hinsicht. Wohl können wir unsere Hoffnungen auf die Kräfte der Natur und Leistungsfähigkeit der modernen Wissenschaft und ihre neuen Technologien setzen, die vielleicht in der Lage wären, die Menschen von ihren oft selbst gewählten Zwangssituationen zu befreien und das Leben auf unserem Planeten für alle lebenswerter zu gestalten. Doch die beschworenen Utopien von Frieden, sozialer Gerechtigkeit und Nachhaltigkeit wirken geradezu lächerlich angesichts der Wirklichkeit, die uns tagtäglich von den Medien vor Augen geführt wird. Waren schon in früheren Zeiten immer wieder Prozesse der Auflösung und der Säkularisierung der Gesellschaft zu beobachten gewesen, so erwies sich doch das menschliche Talent zu spiritueller Erneuerung immer wieder stärker als jeder Niedergang religiöser Überzeugungen. Neue Religionen sind als ein neues, dem Zeitgeist entsprechendes Sinn- und Deutungssystem auf den noch rauchenden Trümmern entstanden oder man hat sich ein neues tragfähiges, philosophisches System in einem moderneren Kleid „synkretisiert"[376]. Spätestens seit der Aufklärung kam es in Europa zu dem Massenexodus aus den traditionellen Kirchen mit einer Hinwendung der Menschen zu den Zerstreuungen der diesseitigen Welt oder zu den verschiedensten, neu gestrickten, oft mit Praktiken östlicher Traditionen vermengten Heilslehren – und dieser Trend scheint immer noch anzuhalten. Da die sichtbare Religion und auch ihre Ausübung weitgehend aus der Öffentlichkeit verbannt und in den westlichen Industrieländern fast ausschließlich in die private Lebenssphäre des Einzelnen verbannt wurde, haben viele Menschen die traditionelle Bindung an ihre spirituelle Heimat verloren und versuchen, sich nun auch mehr an diesseitigen

---

[375] Ingeborg Bachmann

[376] Brück, M. v., Sozialer Wandel und Neubildungen von Religion, in M. von Brück (Hg.), Religion. Segen oder Fluch der Menschheit ? Frankfurt/M. – Leipzig 2008, 347 f.

Zielvorstellungen zu orientieren: Aufklärung, Mündigkeit, Primat der Vernunft, Bildung, Solidarität, Gleichberechtigung, Gender[377], Multikulturalität, Konsum, Individualisierung und Säkularisierung sind die Postulate der Postmoderne, die wie Schlaglichter unsere postmoderne Geisteshaltung beleuchten. Könnte man aber vielleicht heute schon von einer zukünftigen Respiritualisierung, also von einer Trendwende sprechen und damit die seit Langem vorhergesagte Orientierungs-losigkeit (z. B. Nietzsche, Freud) ad absurdum führen? Sollte es möglich sein, unseren Blickwinkel und unseren Lebensstil Ziel-gerichtet in eine geistvolle Zukunft zu lenken?

Unsere viel gepriesene individuelle Freiheit, ein unbestreitbarer und unverzichtbarer Grundwert westlicher Zivilisation, hat auch Verantwortung mit sich gebracht: Die eigenverantwortliche Verpflichtung der *Selbststeuerung* des Lebens. Die Gesellschaft hat für ihren Teil die Verantwortlichkeit abgeschüttelt, sie gibt weder Leitlinien noch Orientierungsmöglichkeiten vor, nach denen individuelles Leben gestaltet werden soll. Es ist aber offensichtlich geworden, dass die Menschen nach neuen Methoden und Strategien Ausschau halten, die geeignet sind, die Intransigenz des menschlichen Schicksals zu bewältigen, wobei sie auf der Suche nach Sinn oft versuchen, sich der Eigenverantwortlichkeit zu entledigen, indem sie das Management ihres Lebens anderen Menschen aufbürden oder einer frei gewählten Gemeinschaft überantworten. Früher waren die traditionellen Kirchen, denen man von den Eltern meist von Kindheit an anvertraut wurde, für die Lebens-bewältigungsstrategien zuständig. Heute aber haben die christlichen Kirchen in Europa ihr früheres, religiöses Deutungsmonopol und damit ihre Vormachtstellung in der Daseinsinterpretation verloren und so müssen wir fraglos die zunehmende Distanziertheit der Menschen von kirchlichen Institutionen zur Kenntnis nehmen und zur Eigeninitiative aufrufen. Zwar wird in vieler Hinsicht unsere gesamte Lebensspanne von einer seelenlosen Wissenschaft und einer ebensolchen Technik beherrscht, aber es könnte sich auch eine neue Sensibilität für die Spiritualität und

---

[377] Gender befasst sich mit der Geschlechtsdifferenzierung, wobei einerseits das biologische Geschlecht (chromosomal, hormonal, phänotypisch), dem sozial und kulturell zugeordneten (Geschlechterrolle) und dem sexuell individuell, subjektiv erlebten Geschlecht (sexuelle Orientierung) gegenübergestellt werden. Die individuell erlebte, subjektive geschlechtliche Vorliebe (Sexuelle Orientierung: Hetero-, Bi-, Homo- und Transsexualität) kann sich schon in frühester Jugend herausbilden, aber auch erst in späteren Phasen des menschlichen Lebens zum Ausbruch kommen, eine sexuelle Transformation bewirken und damit die neue Geschlechtsidentität bestimmen, die dann häufig psychosoziale Probleme aufwirft, die heute von den Medien aufgegriffen und breitgetreten werden. Vgl.: Braun, Ch.v., Stephan, J. (Hg.), Gender-Studien. Eine Einführung, Stuttgart [2]2006.

eine Sehnsucht nach Sinn und Orientierung in unserer Gesellschaft etablieren. Wissenschaft und Spiritualität können und sollen sich heute nicht gegenseitig ausschließen oder als getrennte Entitäten gesehen werden.

„Geistige Phänomene wie Selbstbewusstsein, Willensfreiheit, Kreativität, selbst die Fähigkeit zu übersinnlicher Wahrnehmung finden einfache Erklärungen, wenn das Problem Geist und Körper im Gesamtkontext eines monistischen Idealismus und der Quantentheorie neu formuliert wird. Auf diese Weise können wir unsere Gesamtheitlichkeit begreifen und verstehen, wie wir mit dem, was die großen spirituellen Traditionen seit Jahrtausenden vermitteln, ganz und gar im Einklang sind.“[378]

Es ist daher keine Frage, dass die Welt der Wissenschaft wieder mit der Spiritualität zusammenfinden müssten, weil wir heute davon ausgehen müssen, dass die Naturwissenschaften, Technik und Medien eine noch größere Rolle im menschlichen Leben spielen werden und der Prozess der weiter zunehmenden Globalisierung[379] unsere Welt besonders durch die enge Verknüpfung internationaler Marktinteressen, Finanzflüsse und ausufernder Telekommunikation immer kleiner wird und endgültig zu einem „global village" zusammenschrumpfen wird. Wir werden alle An-strengungen auf uns nehmen müssen, um in dem rauen Klima der stetig expandierenden, möglicherweise implodierenden Märkte und in der eisigen Kälte, der lediglich an der Marktwirtschaft orientierten Technologien die Unmenschlichkeit des globalen Systems überleben zu können. Wir werden vor allem einsehen müssen, dass das stetig medial geschürte Verlangen nach mehr Konsum und Vergnügen nicht weiter zu befriedigen sein wird und uns ein Konsumverzicht abverlangt werden muss. Es ist aber leider eine Tatsache, dass die von den weltweit vernetzt operierenden Industrien produzierten Überkapazitäten, auf die bereits heute überfüllten Müllhalden gekippt und somit die Umwelt in Zukunft noch weiter belasten werden. Es wäre daher wesentlich sinnvoller, dem „unsinnigen" Konsumdruck und den Einflüsterungen der Medien zu widerstehen und dem Spirituellen mehr Raum in unsere Leben zu geben.

---

[378] Goswami, A., 2007 a. a. O. 31.
[379] Brück, M. v., Rückblick. Gute Religion – gutes Leben? Eine Debatte um Werte und Lebensformen im Zeitalter globaler Ratlosigkeit, Brück, M. v. (Hg.), 2008. a.a.O., 472.

Da uns das Jenseits verloren gegangen zu sein scheint, müssen wir ernüchtert zur Kenntnis nehmen, im Diesseits ganz auf uns selbst gestellt zu sein. Göttliche Offenbarung und Tradition sind für unsere europäische Gegenwart kaum mehr als eine Vorstellung aus früheren Zeiten. In dieser entzauberten Welt müssen wir daher versuchen, uns neu einzurichten, um zu uns selbst zu finden, um die Intransigenz unseres unvermeidbaren Schicksals auch geistig bewältigen zu können. Da uns heute schon nichts mehr heilig erscheint, weil wir uns von allen früheren Bindungen und Wertvorstellungen losgesagt haben, haben sich vor allem die Europäer der Beliebigkeit hingegeben. Ist aber wirklich alles beliebig[380]? Das scheint allerdings nicht der Fall zu sein angesichts des enormen Interesses an neuen Glaubens-überzeugungen und religiös-spirituellen Ritualen (die oft abgelöst von den traditionellen Religionen gesucht und gefunden werden), die für das „Wohlbefinden" ein großes Potential an Bewältigungskraft, Trost und Hoffnung spenden können. In auswegslosen Situationen wie einer lebensbedrohlichen Erkrankung, Arbeits-losigkeit, Scheidung, Verlust eines geliebten Menschen erweist sich eine mehr oder minder gefestigte spirituelle Haltung als wirksamer therapeutischer Faktor. Der Verarbeitungsprozess und die Bewältigungsstrategie hängen nämlich im Wesentlichen von der eigenen Haltung ab, wie eine schwierige Lebenssituation bewältigt werden kann. So kann z. B. die Meditation[381] durchaus dazu beitragen, eine spirituelle Haltung zu entwickeln, die Selbstvertrauen, Akzeptanz, Geduld, Großzügigkeit und Empathie bewirken. Die spirituellen Ressourcen sind zur Bewältigung der Krisensituationen als Trost und Hoffnungsspender heute mehr denn je gefragt. Vertrauen kann allerdings nicht verordnet werden, sondern muss erfahren werden und kann sich nur an einem vorgelebten Beispiel orientieren. Zukünftig wird sich auch die Medizin wieder mehr dem ganzen Menschen widmen müssen und neben den physischen, auch die emotionalen und spirituellen Aspekte eines Patienten in Betracht ziehen[382].

In der Unübersichtlichkeit und Ambivalenz der Postmoderne werden die Sehnsucht nach Orientierungsmöglichkeiten und der Bedarf an sinnvollen Lebensstrategien immer dringlicher werden. Ist es noch nicht klar geworden, dass die steten Events .

---

[380] Rehfus, W. D., Die Vernunft frisst ihre Kinder. Zeitgeist und Zerfall des modernen Weltbilds, Hamburg 1990, 106 f.
[381] vgl. Kabat-Zinn, J., Gesund durch Meditation. Das große Buch der Selbstheilung, München 1995.
[382] Koenig, H. G., Integrating Spirituality into Medical Practice: A New Era in Medicine, in Büssing et al. 2006 a.a.O, 238.

Vorstellungen hinsichtlich der Zukunft der Menschheit können immer nur spekulativ sein, doch die Hoffnungen und Erwartungen der Menschen werden sich auf unser Handeln auswirken und daher die Zukunft in jeder Hinsicht beeinflussen. Die Vergangenheit ist immer im Gegenwärtigen enthalten und wird die Zukunft weitgehend mitbestimmen. Die Natur ist weder statisch noch als vollendet zu betrachten, aber sicher unberechenbar und sie wird sich, wenn der Mensch sie nicht vorher völlig zerstört, auch weiter in die Richtung entwickeln, in die man sie vielleicht heute noch lenken könnte. Wir sehen bereits heute die Auswirkungen der globalen gegenseitigen Abhängigkeiten und müssen das steigende Bedürfnis nach einer sinnvollen globalen Steuerung erkennen. Auch sollten wir begreifen, dass wir Menschen für diese, unsere Welt verantwortlich sind und wir alle Strategien der Wissenschaften und auch die Möglichkeiten spiritueller Kräfte einsetzen müssen, um aus dem heutigen Dilemma der Orientierungslosigkeit herauszufinden. Es steht mir aber nicht zu, einem blinden Kulturpessimismus das Wort zu reden und die heutige Beliebigkeit, Unverbindlichkeit und den unüberschaubaren Supermarkt für spirituelle Surrogate zu verurteilen, da doch zu hoffen ist, dass es doch gelingen müsste, aus diesem sinnentleerten Irrgarten der Postmoderne mit konkreten, nachhaltigen und globalen Anstrengungen einen befreienden Ausweg zu finden.

9 Bibliographie

Lexika und Nachschlagewerke

Collier´s Encyclopedia, London - New York 1979.

Deckner-Voigt, H.H., Knill, P. und Weymann, E. (Hg.), Lexikon Musiktherapie, Göttingen 1996.

Duden. Oxford Standartwörterbuch Englisch, Lizenzausgabe der F.A. Brockhaus A.G. Mannheim für Weltbild Verlag GmbH, Augsburg 1999. Lexikon der Religionen. Phänomene. Geschichte. Ideen, H. Waldenfels (Hg.), Freiburg im Breisgau-Basel-Wien [4]1999.

Meyers Großes Taschenlexikon in 24 Bd., Mannheim [10]2007.

Roche Lexikon der Medizin, München – Wien - Baltimore [3]1993

The New International Webster´s Comprehensive Dictionary of the English Language, Encyclopedic Ed. Köln 2004.

Triadis, H.C., Draguns, J.G. (Hg.), Handbook of Cross-Cultural Psychology, 6 Bd., Boston 1986.

Die Bibel. Einheitsübersetzung der Heiligen Schrift. Gesamtausgabe, Stuttgart 1980.

Baier, K. (Hg.), Handbuch Spiritualität. Zugänge. Traditionen. Interreligiöse Prozesse. Darmstadt 2006.

Cabeza, R. und Kingstone, A., Handbook of Functional Neuroimaging of Cognition, Cambridge, USA [2]2006.

Bucher, A. A., Psychologie der Spiritualität. Handbuch, Weinheim 2007.

Cancik, H. (Hg.) Handbuch religionswissenschaftlicher Grundbegriffe (HRWG) Stuttgart 1988 - 2001.

Earhart, H.B. (Hg.), Religious Traditions of the World, San Francisco 1993.

Figl, J. (Hg.), Handbuch Religionswissenschaft, Innsbruck 2003.

Eliade, M., Geschichte der religiösen Ideen, Freiburg im Breisgau 1991.

ders. und Culianu, I., P., Handbuch der Religionen, Zürich - München 1990.

Halder, A., Philosophisches Wörterbuch, Freiburg im Breisgau [2]2000.

Hinnels, J., R., (Hg.), Handbook of Living Religions, London [21]1998.

Kluge, bearbeitet von Seebold, E., Etymologisches Wörterbuch der deutschen Sprache, Berlin – New York [22]1989.

Krafft, F. und Meyer-Albich, A. (Hg.), Große Naturwissenschaftler, Hamburg 1970.

Wehr, G. (Hg,), Das Lexikon der Spiritualität, Köln 2000.

Zeitschriften

IWM*post* Newsletter of the Institut für die Wissenschaften vom Menschen, Vienna and the Institute for Human Sciences at Boston University. 101/2009

Universitas. Orientierung in der Wissenschaft 56. Jg. 663 und 664 Stuttgart 2001.

Bücher

Alt, J.A., Das Abenteuer der Erkenntnis. Eine kleine Geschichte des Wissens, München 2002.

Antes, P.(Hg.), Die Religionen der Gegenwart. Geschichte und Glauben, München 1996.

Barbour, J.G., Wissenschaft und Glaube, Göttingen 2003.

Bauer, J., Das kooperative Gen: Abschied vom Darwinismus, [1]2008.

Baumann, Z., Ansichten der Postmoderne, Hamburg-Berlin [1]1995.

Beck, U., Risikogesellschaft. Auf dem Weg in eine andere Moderne, Frankfurt am Main 1986.

Benzenhöfer, U., Paracelsus, Reinbek bei Hamburg 2003.

Berger, P.L., Der Zwang zur Häresie. Religion in der pluralistischen Gesellschaft, Frankfurt am Main 1980.

ders., Sehnsucht nach Sinn. Glauben in einer Zeit der Leichtgläubigkeit. Gütersloh 1999.

ders. und Luckmann, Th., Die gesellschaftliche Konstruktion der Wirklichkeit, Frankfurt am Main [19]2003.

Biser, E., Gottsucher oder Antichrist. Nietzsches provokative Kritik am Christentum, Salzburg 1982.

Blaschke, F.(Hg.), A. Comte. Die positive Philosophie im Auszug, Leipzig 1933.

Braun, Ch. V. und Stephan, J. (Hg.), Gender Studien. Eine Einführung, Stuttgart [2]2006.

Brosziewski, A. et al. (Hg.) Moderne Zeiten. Reflexionen zur Multioptionsgesellschaft, Konstanz 2001.

Brown, P., The Body and Society: Men, Women, and Sexual Renunciation in Early Christianity, New York 1988.

Brück, M. v. (Hg.), Religion. Segen oder Fluch der Menschheit, Frankfurt am Main - Leipzig [1]2008.

ders. und Werbick, J. (Hg.), Traditionsabbruch – Ende des Christentums? Würzburg 1994.

Buchholz, M. (Hg.), Metaphernanalyse, Göttingen 1993.

Büssing, A. et al. (Hg.), Spiritualität, Krankheit und Heilung — Bedeutung und Ausdrucksformen der Spiritualität in der Medizin, Referate einer Arbeitstagung im Oktober 2005 in Arlesheim, Frankfurt am Main 2006.

Capra, F., Wendezeit. Bausteine für ein neues Weltbild, München [6]1998.

Carmody, D., und Carmody, J., Die großen Lebensfragen. Antworten der Weltreligionen, Graz – Wien - Köln 1984.

Dalferth, U., Gedeutete Gegenwart, Tübingen 1997.

Dawkins, R., Das egoistische Gen, Reinbek bei Hamburg 2001.

ders., Der Gotteswahn, Berlin 2007.

Durkheim, E., Die elementaren Formen des religiösen Lebens, Frankfurt am Main 1984.

Dürr, H.-P. (Hg.), Physik und Transzendenz. Die großen Physiker unseres Jahrhunderts. Über ihre Begegnung mit dem Wunderbaren,

Bern –München - Wien [2]1988.

Eigner, D., Ritual, Drama, Inspiration, Schamanische Therapie in Zentral-nepal, Wien 2001.

Eliade, M., Das Heilige und Profane. Vom Wesen des Religiösen,

Frankfurt am Main 1990

Figl, J., Die Mitte der Religionen. Idee und Praxis universalreligiöser Bewegungen, Darmstadt 1993.

Fischer, E.-M., Die Suche nach Sinn und Geborgenheit in der „Postmoderne", drei dialektische Annäherungen, Frankfurt an der Oder 1998.

Frankl, V. E., Der Mensch vor der Frage nach dem Sinn, München [9]1997.

ders. und Lapide, P., Gottsuche und Sinnfrage: ein Gespräch, Gütersloh 2005.

Freeman, D., Liebe ohne Aggression, München 1983.

Fromm, E., Psychoanalysis and Religion, New Haven 1950.

Gable, F. und Maslow, A. H., Beiträge zu einer Psychologie der seelischen Gesundheit, Olten 1979.

Gasser, M., Die Postmoderne, Stuttgart 1997.

Geertz, C., Dichte Beschreibung: Beiträge zum Verstehen kultureller Systeme, Frankfurt am Main 1987.

Golles, H., Hirnforschung und Menschenbild, Innsbruck 2001

Gopi., K., Biologische Basis religiöser Erfahrung, Weilheim in Oberbayern 1971.

Goodman, F.D., Ritual and Alternative Reality, Bloomington 1988.

Gostentschnig, M., Wissenschaft und Spiritualität. eine Abgrenzung. Diss. Uni. Wien 2008.

Goswami, A., Das bewusste Universum, Stuttgart 2007.

Grof, St. et al., Wir wissen mehr als unser Gehirn. Die Grenzen des Bewusstseins überschreiten, Freiburg im Breisgau 2003.

Grom, B., Religionspädagogische Psychologie, Düsseldorf – Göttingen 1981.

ders., Religionspsychologie, München – Göttingen 1992

Guitton, J., Gott und die Wissenschaft: auf dem Weg zum Metarealismus, München 1993.

Haack, F.-W., Europas neue Religion. Sekten – Gurus – Satanskult. Gütersloh 1991.

Haeffner, G., Philosophische Anthropologie, Stuttgart – Berlin - Köln [3]2000.

Halbfass, J., Religion, Stuttgart – Berlin 1976.

Harding, S., Feministische Wissenschaftstheorie: zum Verhältnis von Wissenschaft und sozialem Geschlecht, Hamburg [1]1990

Harris, S., The End of Faith, New York-London 2004.

Harrison, L.E. und Huntington, S.P., Streit um Werte, Wie Kulturen den Fortschritt prägen, Hamburg 2002.

Heidegger, M., Holzwege, Frankfurt am Main 1980.

Henning, Ch., Murken, S. und Nestler, E. (Hg.), Einführung in die Religionspsychologie, Paderborn 2003.

Heusser, P. (Hg.), Spiritualität in der modernen Medizin, Bern – Wien 2006.

Hock, K., Einführung in die Religionswissenschaft, Darmstadt [3]2008.

Hoppal, M., Das Buch der Schamanen. Europa und Asien, Luzern 2002.

Huxley, A., Doors of Perception, London 1954.

Illich, I., Die Nemesis der Medizin: von den Grenzen des Gesund-heitswesens, Reinbek bei Hamburg 1979.

James, W., Die Vielfalt religiöser Erfahrung: eine Studie über die menschliche Natur, Frankfurt am Main - Leipzig 1997.

Jänke, L., Methoden der bildgebenden Verfahren in Psychologie und Neurowissenschaften, Stuttgart 2005.

ders., Impact Assessment of Neuroimaging, Zürich 2006

Joas, H. und Wiegandt, K., Säkularisierung und die Weltreligionen, Frankfurt am Main 2007.

Kwon, D.-I., Carl Friedrich von Weizsäcker, Brückenbauer zwischen Theologie und Wissenschaft, Frankfurt am Main – Wien (u. a.) 1995.

Laing, R.D., The Politics of Experience, London 1967.

Lévy-Bruhl, L., African Traditional Thought and Western Sciences, London [2]1967.

Luckmann, Th., Die unsichtbare Religion, Frankfurt am Main 1991.

Luhmann, N., Funktion der Religion, Frankfurt am Main 1977.

ders., Vom Werden der Religion, Frankfurt am Main 1990

Lyotard, J.-F., Das postmoderne Wissen, Wien 1999.

König, M., E., P., Am Anfang der Kultur: die Zeichensprache der frühen Menschen, Berlin [3]1994.

Marcuse, H., The End of Utopia and The Problem of Violence,

Boston - London 1970.

Mendelsohn, E., Weingart, R. und Whitley, R. (Hg.), The Social Production of Scientific Knowledge, Boston 1977.

Mensching, G., Die Religion, Stuttgart 1959.

Michalski, K. (Hg.), Religion in the New Europe, Budapest (u. a.) 2006.

Möde, E. (Hg.), Spiritualität der Weltkulturen, Graz – Wien - Köln 2000.

ders. (Hg.), Woran glaubt Europa? Wien 2007.

Minois, G., Geschichte des Atheismus. Von den Anfängen bis zur Gegenwart, Weimar 2000.

Monod, J., Zufall und Notwendigkeit. Philosophische Fragen der modernen Biologie, München 1973.

Murphy, J., Die Macht ihres Unterbewusstseins, Genf [15]1977

Oberhammer, G. (Hg.), Transzendenzerfahrung. Vollzugshorizont des Heils. Das Problem in indischer und christlicher Tradition. Arbeitsdokument eines Symposiums, Wien 1978.

ders., Transzendenzerfahrung als absolute Begegnung, Wien 2003.

Onfray, M., Wir brauchen keinen Gott. Warum man jetzt Atheist sein muss, München - Zürich 2007.

Parin, P., Morgenthaler, F. und Parin-Mattey, G., Die Weißen denken zu viel. Psychoanalytische Untersuchungen bei den Dogon, Hamburg 2006.

Pauly, St., Spiritualität in unserer Zeit, Stuttgart 2002.

Ders., Philosophie der Ekstase, Frankfurt am Main 1993.

Pert, C., B., Moleküle der Gefühle: Körper, Geist und Emotionen, Reinbek bei Hamburg [1]1999.

Otto, R., Über das Individuelle in der Idee des Göttlichen und sein Verhältnis zum Rationalen, Breslau 1923.

Peter, T. (Hg.) Brücken bauen, Göttingen Niedersachs 2006.

Queckelberghe, R. van, Transpersonale Psychologie und Psychotherapie. Grenzenlose Grenze des Bewusstseins, Eschborn bei Frankfurt am Main [1]2005.

Ramachandran, V., S., Blankerslee, S., Phantoms in the Brain. Probing the Mysteries of Human Mind, New York 1998.

Randall, J.H., The Making of the Modern Mind. A Survey of the Intellectual Background of the Present Age, New York 1976.

Ratzinger, J., Werte in Zeiten des Umbruchs. Die Herausforderungen der Zukunft bestehen, Freiburg im Breisgau 2005.

Reckeweg, H.-H., Homotoxikologie. Ganzheitsschau der Synthese der Medizin, Baden-Baden [5]1978.

Rehfus, W., D., Die Vernunft frisst ihre Kinder. Zeitgeist und Zerfall des modernen Weltbilds. Hamburg 1990.

Reiter, A. und Bucher. A.(Hg.), Psychologie – Spiritualität - interdisziplinär-, Eschborn bei Frankfurt am Main 2008.

Riesman, D., Die einsame Masse, Reinbek bei Hamburg 1958.

Rhode-Dachsner, Chr., Expedition in den dunklen Kontinent. Weiblichkeit im Diskurs der Psychoanalyse, Heidelberg – Berlin - New York 1991.

Roob, A., Alchimie und Mystik. Das hermetische Museum, Köln 2002.

Rossi, P., Die Geburt der modernen Wissenschaft in Europa, München 1997.

Rouget, G., A Theory of Relation between Music and Possesion, Chicago 1985.

Rudolf, U., Islamische Philosophie. Von den Anfängen bis zur Gegenwart, München 2004.

Scheer, H.M. (Hg.), Theories of the Mind, Glencoe 1962.

Schlögl, M., Woran glaubt, wer glaubt. 16 Gespräche über Gott und die Welt, Wien [3]2007.

Sloterdijk, P., Kritik der zynischen Vernunft, Frankfurt am Main 1983.

Somé, P., M., Of Water and the Spirits. Ritual, Magic and Initiation of an African Shaman, New York - London 1994.

Stirner, M., Der Einzige und sein Eigentum, Leipzig 1892

Strauß, B., Aufstand gegen die sekundäre Welt. Bemerkungen zu einer Ästhetik der Anwesenheit, München – Wien 1999.

Theunissen, M., Seinsverwirklichung und Allgemeinheit. Zur Kritik des gegenwärtigen Bewusstseins, Berlin – New York 1982.

Uslar, D. von, Sein und Deutung. Grundfragen der Psychologie, Stuttgart [2]1989.

Utsch, M., Religiöse Fragen in der Psychotherapie. Psychologische Zugänge zu Religiosität und Spiritualität, Stuttgart 2005.

Vaas, R., Blume, M., Gott, Gene und Gehirn. Warum Glaube nützt. Die Evolution der Religiosität, Stuttgart [2]2009.

Virt, G., Damit Menschsein Zukunft hat. Theologische Ethik im Einsatz für eine humane Gesellschaft, Würzburg 2007.

Watzlawick, P. (Hg.), Die erfundene Wirklichkeit, Wie wissen wir, was wir zu wissen glauben? Beiträge zum Konstruktivismus, München [13]2001.

Webb, J., Das Zeitalter der Irritation: Politik und Okkultismus im 20. Jahrhundert, Wiesbaden [1]2008.

Weihschedel, W., Gott der Philosophen, Bd. 1, Darmstadt 1985.

Weil, A., Spontaneous Healing. How to Discover and Enhance Your Body´s Natural Ability to Maintain and Heal Itself, London 1997.

ders., 8 Weeks to Optimum Health, London 1998.

ders., Healthy Aging. A Lifelong Guide to Your Physical and Spiritual Well-Being, New York 2005.

Weizsäcker, C., F., von, Die Tragweite der Wissenschaft , Stuttgart 1990.

Wiredu, K., A Companion to African Philosophy, Blackwell 2004.

Zinser, H., Der Markt der Religionen, München 1997.

ders., "Kollektives Unbewusstes" und „Freie Assoziation" Zur Psychoanalyse in der Kultur und Religionswissenschaft. Tübingen 2000.

Websites.

http://alien.de/wiki/index.php/Grenz_und_Parawissenschaften

16.02.2009.

http://de.wikipedia.org/wiki/Hirntod

25.10.2007.

http://de.wikipedia.org/wiki/Placebo

02. 02. 2007.

http://jama.ama.-assm.org/cgi/content/full/284/13/1708

25. 10. 2007.

http://www.geocities.com/arbuess/SpRDeutsch.html

03. 10. 2008.

http://www.jakobboesch.ch/texte/medicalforum_ib01.pdf

25. 10. 2008

http://www.kirche-heute.ch/indexphp?   AusgabenNr358&Jahrgang=33&Id=3137

26 .01 .2009.

http://philolex.de/wissensc.htm

19. 02. 2007.

http://www.sonic.net/j.kremer,Trance,htm

10. 10. 2008.

http://www.spirituality-health.com/spirit/

20. 10. 2008.

http://de.wikipedia,org/wiki/Postmodernismus

29. 10. 2008.

http://de.wikipedia.Kränkungen_der_Menschheit

08. 10. 2008.

http://en.wikipedia.org/wiki/Health_psychology

10. 01. 2009

http://.www.bertelsmann-stiftung.de/bst/de/media/xcms_dms_24975_26976.2.pdf

10. 01. 2009

Kurzfassung

In unserer Gegenwart, die von großen intellektuellen, gesellschaftlichen und geopolitischen Umbrüchen geprägt wird, erleben wir eine geistige Orientierungslosigkeit, die vor allem in den westlichen Industriestaaten als eine direkte Folge des enormen naturwissenschaftlichen Aufschwungs und des Individualisierungsprozesses anzusehen ist. Die Konzentration auf sich selbst, auf seine eigene Individualität, der Rückzug in sein innerstes Wesen und die Suche nach höchst persönlichen, eigenen Vorstellungen der Selbstverwirklichung haben natürlich nicht nur Auswirkungen auf die Zukunft der etablierten Religionen und Kirchen sondern auch auf die gelebte Spiritualität. Ebenso haben neuere Erkenntnisse der Geisteswissenschaften den immer stärker werdenden Antagonismus zwischen wissenschaftlichem Denken und Spiritualität mit verursacht und vertieft. Infolge der unbestreitbaren Erfolge der Naturwissenschaft, insbesondere der Technik und der Medizin, sowie der nachlassende Einfluss der etablierten Kirchen haben die Menschen in Europa zudem in eine spirituelle Leere stürzen lassen, weshalb sich die Menschen auf der Suche nach Sinn veranlasst fühlen, jetzt alternative Wege zu beschreiten. Heute befassen sich die Menschen einerseits mit wissenschaftlichen, materialistischen Ideen und glauben auch an die Allmacht der Naturwissenschaften, andererseits aber werden heute neue spirituelle Wege erprobt, die sich an östlichen, spiritistischen oder neureligiösen Weisheitslehren orientieren. Gerade der Wunsch nach Erleben höheren Bewusstseinsdimensionen, in dem Bestreben nach Selbstfindung und auf der Suche nach spiritueller Heilung werden Rituale verschiedener Religionen versucht, um als Heilsuchende/r körperliche und geistige Gesundheit zu finden. Folglich geht es auch immer darum, die Intransigenz unseres menschlichen Schicksals bewältigen zu können. Psychologische und neurophysiologische Beobachtungen scheinen die schon länger gehegten Vorstellungen zu bestätigen, wonach unsere reale Welt eigentlich nur das illusionäre Konstrukt der Gesellschaft und des durch sie determinierten Individuums sein kann und das auch für das Individuum mit seinem Tod ein natürliches Ende findet. Die neuropsycho-logischen Experimente und die bildgebenden Verfahren haben Neurowissenschaftler veranlasst, an ein tief im rechtsseitigen Temporallappen lokalisiertes „Gottesmodul" zu glauben. Eine These, die jedoch keine allgemeine Zustimmung erfahren hat. Infolge der neueren Erkenntnisse der Quantenphysik könnte die seit Descartes wieder aufgeflammte, unselige Trennung von Geist und Materie in allen Disziplinen der Wissenschaft endlich beendet werden, damit es zu einer Wiedervereinigung von Wissenschaft und Spiritualität kommen kann. Es ist dann zu hoffen, dass die Menschen aus ihrer Orientierungslosigkeit wieder in eine sinnstiftende Richtung gelenkt werden können.

Abstract

At present we are experiencing a massive upheaval of intellectual, social and geopolitical conditions as a direct consequence of the enormous progress of the natural sciences just as the new findings and realisations of human sciences which cause a deepening antagonism between scientific school of thought and the traditional spirituality. As the undeniable success of the natural sciences, in particular, the advances in medicine and the fast declining influence of the traditional churches and their teaching of Christianity plunged the individualized, self-realizing human beings to a deep spiritual void. As a consequence modern individuals are on the way to search for alternative possibilities of understanding the course of life. Nowadays individuals are dealing more with the ideas of materialism and believing in a divine omnipotence of the natural sciences but on the other hand they experience an alternative path of spirituality which is closely influenced by thoughts and the teachings of eastern philosophical wisdom. They believe in the health rituals of so called "New Religions" and the clinical health psychology (CIHP). The desire to achieve a higher state of consciousness and in searching for self-awareness and salvation they attempt various spiritual rituals of different religions to acquire physical and spiritual health and to overcome the intransigence of the human fate. Psychological and neuro-physiologic observations seem to affirm the long assumed idea that our reality could only be the sole individual, socially determined construction and has to end fatally with the physical death of the individual. Neuroscientists believe to have experimentally localized with EEG and means of computerized imaging a "God module" deep inside the right temporal lobe of the brain, but many experts do not agree with this assumption. The 17th century fatal schism of mind and matter by Descartes should finally be ended by the new understanding of the quantum physics. Science and spirituality should be unified and therefore will end the spiritual disorientation and bring human beings to a deeper understanding of life and finality.

Der Autor

Harald W. Reichelt

geboren: 1940 in Wien

1958 Studium der Humanmedizin

1965 Promotion zum Doktor der gesamten Heilkunde an der Universität Wien

1972 Facharzt für Urologie und Andrologie

bis 2003 Oberarzt an Urologischen Abteilung am Krankenhaus der Stadt Wien

ab 2003 philosophische, theologische, psychologische, hirnphysiologische

und religionswissenschaftliche Studien an der Universität Wien

2009 Magister Arbeit „Wissenschaft und Spiritualität", 2009 Sponsion

ab 2009 Fortsetzung der religionswissenschaftlicher Studien

2013 Dissertation mit einer vergleichenden Untersuchung zu Heil und Heilen im Buddhismus und Christentum

2013 Promotion zum Doktor der Philosophie an der Universität Wien